中国古代文化常识

ZHONGGUO GUDAI WENHUA CHANGSHI

黄金贵 著

商務印書館国际有限公司

中国 · 北京

图书在版编目(CIP)数据

中国古代文化常识 / 黄金贵著. -- 北京 : 商务印书馆国际有限公司, 2022.3(2025.8 重印)

ISBN 978-7-5176-0860-8

Ⅰ. ①中… Ⅱ. ①黄… Ⅲ. ①中华文化-文化史-古代 Ⅳ. ①K220.3

中国版本图书馆 CIP 数据核字(2022)第 025416 号

ZHONGGUO GUDAI WENHUA CHANGSHI

中国古代文化常识

著　　者	黄金贵
出版发行	商务印书馆国际有限公司
地　　址	北京市朝阳区吉庆里 14 号楼 佳汇国际中心 A 座 12 层
邮　　编	100020
电　　话	010-65592876(编校部) 010-65598498(市场营销部)
网　　址	www.cpi1993.com
印　　刷	三河市紫恒印装有限公司
开　　本	880mm×1230mm　1/32
字　　数	380 千字
印　　张	14.5
版　　次	2025 年 8 月第 1 版第 3 次印刷
书　　号	ISBN 978-7-5176-0860-8
定　　价	65.00 元

前　言

古代文化知识、常识，这类书并不少见，但这本《中国古代文化常识》，非同一般。它是古代名物词语的文化史常识。

本书实际上是语言小品的汇集，但缘由是对古代文化词语的“探胜”。书中每个文化词语都是某类文化史的一个星点，故同时包含了大量多门类的中国古代文化常识，除了服饰、饮食、居处和交通四个版块，“其他”还涉及农田水利、军事、疾病、商业等许多文化类，可谓语言著作中含文化知识之最丰富者。于是书名难定于一。当今社会节奏快，读书、买书的人少了，出版社和作者都在想怎么首先让书名吸引“上帝”的眼球。一般人喜欢“文化”，冷淡“语言”，故书名如“文化词语”“名物词语”“词语”，都还是语言；称“文化常识”，大概会引人翻一翻吧？这就好。你只要一翻目录，准见文化珠玑，琳琅满目；读一读，保你……不说了，有点老王卖瓜，自卖自夸了。

我们所称的古代文化词语，就是古代名物词语。名物，就是世上的万事万物，广泛地说，它们都含文化。从语言上说，名物词语大都是名词，也有不少动词、形容词义。词汇，是词和语的总汇，分一般词语和文化词语两类。一般词义，用二三字的释语，若是古代的，加一条文例即书证。而文化词语，则除了简短的释义，还有对事或物的阐述，或者二者结合，释语较多。你查《辞海》就可发现，有的义项释语和书证短仅一行的，多是一般语词；有的义项释语长达数行的，必是文化词语。内容多少的不同，也反映了对它们解释的要求和方法的不同。一般词语，只要“释名”（“名”指词），即用几条语料得出一个词义或语义就行。而文化词语，则要释名又解物，且二者往往隐性交叉，常常要通过解物以释名；不仅要用很多语料，还要用文化史知识、考古文物资料。这样，其解释就有复杂性、综合性、趣味性，故对它们的解释可称为“探胜”。也许有人会说：那些文化词语，词典上查查不就解决了？诚然，很多名物词语大型辞书都有收录并解释。但是，一者限于体例，词典释语惜墨如金，常使人知其然而不能知其所以然；二者由于中华文化的博大精深，而学界长期忽视对名物词语的研究，词典编修者又并非都熟悉有关名物，于是词典中对名物词语的浑释、偏释甚至阙释，就多于一般语词。因此，对名物词语大有探胜的空间。

举织梭为例：今有规模的词典织梭词有两个：杼、梭，都释为“梭子”或“织具”。查两个词，得到两个字，你会满足吗？事实上查者对今日之梭或未必了然，古代之杼更不知。经探究而知，“杼”是战国秦汉时投纬、打纬合一的梭子，扁平、两头尖、中置纡引纬线。扁平为兼可打纬。而魏晋后出现的“梭”，则是专司投纬形如枣核的梭子，其打纬用筘推档完成。又进而探知战国以前还有更早的专司投纬的原始梭子“梱”，其义今所有词典都阙释，它是一根绕上纬线的短木棒，打纬另用扁的竹木片。于是三个梭名构成我国织梭的发展简史（详见第13节）。你看，多有趣的名物词语“探胜”，所探知的，既是准确的词语意义，又是新的文化知识。

本书旨意有三。一是知古。多了解一些名物词语，可以一举两得：扩充古汉语词汇，增加古代文化常识。如上举织梭例。二是知源。知今义、今物的来历，可以更好地理解与掌握今义。如“辖”的今义从车上制动的插销喻用而来（详见第145节）；“防”的防备、防止等义从低洼地四周水堤而来（详见第177节）。三是识今。语言有继承性，当今用的许多词义都是承古而来，识今必须探古。如“纪”“记”之别，“创纪录、纪年、纪传”之类必须用“纪”，都是中学语文中的一道常考试题，但谁也没有告诉学生“为什么”。本书从“纪”的本义查起，“探”出古代“纪”是综理或纵线的记载，回答了“为什么”（详见第212节）。

本书属于古汉语词汇方面的普及性读物，因此力求将每节写成短小精悍、深入浅出的语言小品，而它的对象和方法决定了它必须采用朴质求真的述说体，拒绝华词丽藻、抒发夸张和趣味掌故。凡属纠谬、辨说、新解，一般不予展开，引证从简。即便如此，本书古文献引语还是多于常见的知识小品，或会影响可读性。但是我们相信年轻的朋友，你看一篇，不习惯；看十篇，就自然；看百篇，会喜欢。不信，试试看。

当然，对大批量的、多门类的古代名物词语的研究可称筚路蓝缕；加之学养不深，研索不精，差谬必多，冀读者不吝指正。

作者

目　录

服饰

1. 布衣蔬食

成语“布衣蔬食”，一看就知道是形容平民的清苦生活，好像很好懂：穿布的衣服，吃蔬菜。有的词典也这么说。其实，这是皮相误读。

要说布衣，很早就有了。远古的尧舜都“冬日麑裘，夏日葛衣”，穿葛布衣。春秋以前，是葛布的世界。《诗经》中涉及葛的种植和纺织就有 40 多处。周代官府还专设“掌葛”之官管理葛的种植和纺织。那时有了葛布衣，但没有“布衣”之称。由于葛对气候和土质要求较高，加工也比较复杂，而大麻对气候和土质的适应性强，加工方便，故从春秋起，大麻渐盛。到战国时，成了大麻的世界。丝织品一直是高档衣料，葛衣也是贵重之物，唯有大麻织品成为平民阶层穿得起的衣料。甚至新兴地主阶级也有以穿麻布衣为荣的。由于大麻布的普及，战国时就出现了“布衣”一称。《盐铁论·散不足》说：“古者庶人耋而后衣丝，其余则麻枲（xǐ）而已，故曰布衣。”可见“布衣”专称大麻布衣。由于“布衣”主要是士人、下层平民所穿，故又作为庶人代称。《战国策》中唐雎所说“布衣之怒”就指“士之怒”。《吕氏春秋·行论》：“人主之行与布衣异。”秦以后一直有“布衣”之称。《史记·淮阴侯列传》记韩信“始为布衣时，贫”。诸葛亮《出师表》：“臣本布衣，躬耕于南阳。”古代棉花虽在三国时已遍及珠江、闽江流域，但全国盛行，要到元代。因此，无论从源与流看，古代的“布衣”与棉布衣无涉。故不能以为是棉布衣。

“蔬食”，不是吃蔬菜。“蔬”，本作“疏”，“疏”本义是开通疏理，引申为条陈，再引申为条畦而艺植的蔬菜。故上古、秦汉文献中有时见到的“蔬”是汉魏间人所改，一般不作蔬菜义。“蔬食”

即“疏食”，粗食，犹今说粗粮。《论语·乡党》“虽蔬食菜羹”，“羹”指菜，“食”当然指饭。皇侃疏：“蔬食，粗食也。”《礼记·杂记下》：“疏食不足祭也。”孔颖达疏：“疏，粗之食，不足祭也。”当然，汉代已有人工种植的蔬菜，“疏”有时也可指蔬菜，则“蔬食”成并列结构，《淮南子·主术》：“夏取果蓏，秋畜疏食。”高诱注：“菜蔬曰疏，谷食曰食。”但当与“布衣”相连用时，必指粗食。《汉书·王吉传》：“去位家居，亦布衣疏食，天下服其廉。”《后汉书·朱晖传》：“屏居野泽，布衣蔬食，不与邑里通。”《三国志·魏书·毛玠传》：“玠居显位，常布衣蔬食。”《晋书·范汪传》：“外氏家贫，无以资给，汪乃庐于园中，布衣蔬食。然（燃）薪写书。”这些“蔬食”，都指粗食，粗粮；一衣一食，二者都是偏正结构。再说，若以为是食蔬菜，则人工培植的蔬菜，古代一直不是清贫的标志物，如何与“布衣”相并举，表现清贫的生活呢？

2. 毯·氍毹

毯，毯子，是今天生活中的常用物。有的词典说它是“铺在床上或挂在墙上的较厚的毛织品、棉织品或棉毛混织品，大多有图案或图画”。这完全是对现代的毯子的解释。古代却唯有毛织品，故字从毛。

毯子，先秦就有了。不过，不称“毯”，而称“纰罽（bǐjì）”“织皮”。《尚书·禹贡》：“织皮昆仑，析皮渠搜。”新疆吐鲁番阿斯塔那古墓出土唐人抄本有唐人注：“织皮，毛布也。”其实，这些还是毛织物的泛称。毯子最早的专名当是“氍毹（qúshū）”，“毾㲪（tàdēng）”，见于汉代。汉乐府《陇西行》：“请客坐堂上，坐客毡氍毹。”此指坐褥。唐岑参《田使君美人舞如莲花北鋋歌》：“高堂满地红氍毹，试舞一曲天下无。”此指地毯。又《太平御览》卷七〇八引汉班固《与弟超书》：“月支毾㲪，大小相杂，但细好而已。”但这个名称不如“氍毹”用得广。

新疆是我国毛毯的故乡。罗布泊西岸地区、古代楼兰及附近遗址和孔雀河下游三角洲区域的墓葬群曾出土了较多的新疆地毯实物，有织毛毯、织花毯、拉绒毯等，多是汉代的遗物，已达到较高的工艺水平。如民丰出土东汉古墓的毛毯残片，其地经密度每厘米七八根，地纬密度每厘米四根，每五根地纬嵌四根彩色绒纬，绒纬围经打马蹄形结（陈维稷主编《中国纺织科学技术史》第394页）。新疆的毛毯技艺魏晋时东传中原。汉族人民因地制宜用相同组织法创造出丝毯。白居易《红线毯》诗：“红线毯，择茧缫丝清水煮，拣丝练线红兰染。染为红线红于兰，织作披香殿上毯。……一丈毯，千两丝！”

作为今天毯子正称的“毯”字，唐代才见。《晋书·张轨传》：

“轨即遗参军杜勋献马五百匹，毯布三万匹。”唐佚名《补江总白猿传》：“扪萝引絙而陟其上……其下绿芜，丰软如毯。”（引见《太平广记》卷四四四）至于“地”与“毯”相连，要到元代。真正记载地毯的最早文献是《元代毡罽工物记》一书。

无论毛毯、丝毯，都是毛纺织品。从毛毯而言：先将剪下的羊毛弹松，纺捻成毛线，有的要染上彩色；再按不同的工艺、经纬编织成各种毯子。

3. 毡·穹庐

布几乎都是纺织品，但有一类叫无纺织布，它就是毡（zhān）。

“毡”通贯古今。古代也作“旃”。《说文·毛部》：“氈（毡），撚毛也。”即蹂毛。《释名·释床帐》：“氈（毡），旃也。毛相着，旃旃然也。”它发源、盛产于内蒙古、新疆等地，比毯子要早。在距今三千多年的新疆哈密鱼儿沟古墓葬中，曾出土很多毡子。中原地区汉族人也早已掌握制毡技艺。《周礼·天官》有掌皮，就是监制毡布的官吏。毡的制作方法，据《新疆图志》等的记载，是将羊毛洗净，开水浇烫、揉搓，使之黏合，然后铺在芨芨草或竹苇编的帘子上，用马驴拖石磙子在上面滚压，将羊毛压成毛毡。这种通过湿、热、挤压等物理作用制成的无经无纬的厚布块片，具有特殊的回弹、吸震和保暖性能。

毡的用途极广。作毡帐，即蒙古包。《汉书·苏武传》：“赐武（苏武）马畜、服匿、穹庐。”颜师古注引孟康曰：“穹庐，旃帐也。”隋薛道衡《王昭君》诗：“毛裘易罗绮，毡帐代帷屏。”作衣裳。《战国策·赵策二》：“燕必致毡裘狗马之地。”汉蔡琰《胡笳十八拍》之三：“毡裘为裳兮，骨肉震惊。”《广志》曰：“羌女人披大华毡，以为盛服。”作床褥。曹操《与杨彪书》：“今赠足下青毡衣褥三具也。”作地毯。《拾遗录》曰：“汉武帝以毡绨藉地，恶辎之喧也。”（以上皆见《太平御览》卷七〇八）毡还可作鞋袜、帽子、坐褥等。

毡到唐代得到更大的发展。官府织染署下设毡坊使，专掌制毡，创制了各种彩色花毡，有十多种。像原州（甘肃）、夏州（陕西）等的白毡，安西（新疆）等地的绯毡，都是很著名的。唐以后，仍代代不衰。到元代，毡的品种已有六十多种。今天，毡的使用与制造，遍及全国各地。浙江绍兴一带人喜戴毡帽更是当地一种服饰民俗。

文献中，毡都称为“毡”，不像毯有许多别称。但值得注意的是另一种情况：有时“毡”实指毯。《三国志·魏书·邓艾传》记邓艾入山高谷深的险地，“艾以毡自裹，推转而下”。这里的“毡”当是毯。这是由于文献中“毯”字出现较迟、较少，而“毡”其物及称名所用极广，且二物又都是毛制品。因此，当阅读唐代以前文献遇到“毡”时，要注意其是否以“毡”赅毯而实指毯。

制毡

4. 帛·缯

唐白居易《重赋》:“缯帛如山积,丝絮似云屯。”“缯帛”就是丝绸。我国古代就是丝绸王国,丝织物极其丰富,“缯帛”两个字就是一般丝织物的总称。

所谓一般丝织物,即指无花纹、未染的素丝织物,锦、绣等就不在内。都是总称,但各有特点,并不重合。

“帛”字从巾白声,声兼义。与各种麻类纤维相比,蚕丝最白,故“帛”应作丝织物的总称。《礼记·礼运》:“后圣有作……,治其麻丝,以为布帛。”《孟子·梁惠王上》:“五亩之宅,树之以桑,五十者可以衣帛矣。”《荀子·赋》:“爰有大物,非丝非帛,文理成章。”可见,“帛”在上古都已作为丝织物大名。秦以后依然如此。《春秋元命苞》:“须女四星十二度,主布、帛。”唐白居易《琵琶行》:“四弦一声如裂帛。”杜牧《阿房宫赋》:“瓦缝参差,多于周身之帛缕。”“帛”作丝织物总称的用法贯穿整个古代。

难识的是“缯”,历来聚讼纷如。有的说“杂帛曰缯”(《三苍》)。有的说“币帛曰缯”(《礼记·礼运》郑玄注),即作为商品帛。有的说它是汉代对“帛”的称法,所谓“古谓之帛,汉谓之缯”,这为今天一些大型词典所采纳,等等。

种种说法均各执一端。

“缯”确实是汉代文献中才出现的。《史记·匈奴列传》:“其得汉絮缯,以驰草棘中,衣袴皆裂敝。”《汉书·灌婴传》:“灌婴,睢阳贩缯者也。”颜师古注:“缯者,帛之总名。”《说文》所释各种丝织物,如“紬,大丝缯也”,“缦,缯无文也”,“绨,厚缯也”,不一而足,都作总名。《后汉书·南匈奴传》说汉皇帝赠单于“缯布万匹”。《晋书》曰:“单道开燉煌人,常衣粗褐,或赠以缯服,皆不着。”《后周书》：“高祖与之宴，大悦，赠杂缯万段。”《列子·汤问》：“不待五谷而食，不待缯纩而衣。”“缯纩”，丝帛与丝绵。由上可知，“缯”不仅用于汉，也沿用于魏晋南北朝。它是用于汉至唐期间表示一般丝织物的总称。故不能笼统说“汉谓之缯”。

“帛、缯”不仅出现时间先后和使用时间长短不同，而且内涵也有微别：“帛”一般是指纯丝织品。而“缯”通用时才相当于“帛”，指一般纯丝织品；对用时则指杂帛，因此“杂帛曰缯”正道出了“帛、缯”的一个区别。于是在“帛、缯”并存的一个时期内，“缯”所指范围就比“帛”更广泛，难怪《说文·糸部》解释各种丝织物，往往用“缯”作为统称。颜师古《汉书注》多次说：“缯者，帛之总名。”这些正表明杂而不纯是缯的一个特点。这完全符合文字的构意。“缯”从糸从曾，声兼义，曾者增也。《孟子·告子下》：“所以动心忍性，曾益其所不能。”“曾”即“增”。《离骚》：“曾歔欷余郁邑兮。”王逸注：“曾，累也。”“累”亦缯义。《尔雅·释训》：“增增，众也。”故“缯”字会其意为增帛、众帛，也就是杂帛。

综上，二字可这样解释：

帛：一般丝织物（无花纹）的总称。缯：汉唐之间一般丝织物（包括不纯者）的总称。

5. 乌纱帽之“纱”

纱，有丝纱、麻纱、棉纱等。如问：乌纱帽的纱是什么纱？可以不假思索地回答：丝纱。

今天称纱者，一般都指棉纱或麻纱。但古代棉花的种植要到元代才普及大江南北，棉纱必在其后，其盛已是近代机制的产物；麻要纺成很细的纱，也是近代之事。因此，整个古代的“纱”，都指丝纱。

“纱”最早作“沙”。《周礼·内司服》：“掌王后之六服……素沙。”这里是说以“素沙”作六服的衣里。“纱”当从糸、沙，沙省声，指有细孔可通过沙粒的丝织物。最早的纱是从筛网的需要而产生的。它用最细的丝线编织，其仅透沙粒的小方孔密布均匀，透孔率要达到75%，故特别轻软透亮。不染色的是素纱。也可染色。在上古、秦汉，奴隶主、封建贵族多用它做夏衣和衬里。1970年辽宁朝阳魏营子西周墓出土有经纬密每厘米20×20根的方孔纱。1972年，长沙马王堆一号、二号墓出土丝质物中有一件薄如蝉翼的素纱禅衣，仅重49克，不到一两，经纬密每厘米62×62根。纱的用途很多，除了制衣，还常做帐。东汉马融教授弟子，据说好侈饰，“常坐高堂，施绛纱帐，前授生徒，后列女乐”（《东观汉记》），“绛”，深红色。六朝后，纱多用为官服。官服用黄纱、绛

戴乌纱帽的明代官员

纱，冠用乌漆纱，其首服习称乌纱帽。《北齐书·平秦王归彦传》：“齐制：宫内唯天子纱帽，臣下皆戎帽，特赐归彦纱帽以宠之。”以后凡文官戴乌纱帽，成了仕宦者的一种标志。明汤显祖《南柯记·卧辙》：“白头纱帽保平安，职掌批行和带管，有的钱钻。”今“乌纱帽”作为当官的喻词，使用更广。

由于使用日广，纱在唐宋时有很大发展，主要盛产于江南。唐代，古越州就产吴纱、轻容、花纱等几十品。宋代的两浙纱品更多。

6. 早期的丝纱“绡”“縠”

“纱”是丝纱的总名。内有不少种类，绡（xiāo）、縠（hú）是主要的两种。

“绡”，是生丝织成的纱，当然也是轻薄方孔丝织物。《说文·糸部》：“绡，生丝也。”其密度稀疏，经丝纤细，轻薄度次于一般的纱；因用生丝织成，又轻又挺括，常作舞衣、帷幔。曹植《洛神赋》：“践远游之文履，曳雾绡之轻裾。”晋王嘉《拾遗记》：“燕昭王二年，广延国来献善舞者二人……昭王处以单绡华幄。”（《太平御览》卷八一六引）

縠是绉纱，是表面起皱纹的轻薄方孔丝织物。《说文·糸部》“縠”字，朱骏声按：“今之绉纱也，不绉者，《周礼》之素纱。”（《说文通训定声》）《汉书·江充传》颜师古注：“纱縠，纺丝而织之。轻者为纱，皱者为縠。”这种品物文献中常见。《战国策·齐策四》：“王斗曰：‘王之忧国爱民，不若王爱尺縠也。’”楚宋玉《神女赋》：“雾縠以徐步兮，拂墀声之珊珊。”“雾縠”，薄如轻雾之縠。《汉书·江充传》：“充（江充）衣纱縠禅衣。”曹植《七启》：“黼黻之服，纱縠之裳。”从纺织技术说，縠的工艺比一般纱的平纹组织更复杂。关键是经丝要强捻，一般要在每米一千捻以上，而且相邻的经丝捻向要相反，即Z捻S捻（即逆时针与顺时针捻）相间，再通过煮练定形，这样织物方见出纱上凹凸的皱纹。从出土实物看，

素纱禅衣，马王堆汉墓出土

縠早在殷商时就产生了。河北藁城出土铜觚上有丝织品残片，经纬丝都加强捻，外观绉摺，有稀孔，是绉纱（《台西村商代遗址出土的纺织品》）。马王堆三号汉墓中出土浅绛色绉纱四块，每米约2000—2400捻。由于捻度较大，煮练定形后，皱纹非常明显。

縠在唐以后称为“绉”。《现代汉语词典》：“縠，〈书〉有皱纹的纱。”“绉纱：织出皱纹的丝织品，用起收缩作用的捻合线做纬线织成，质地坚牢，常用来做衣服、被面等。”这些释文基本正确。不足处是：一、捻合线主要是经线，也有纬线。二、古代“縠”之纱，应点明是丝纱。三、没有沟通古“縠”今“绉”之间的对应关系。

7. 丝纱中的“罗”

“纱”中的罗比“縠、绡”更为出名。从“罗绮”“罗纨”“罗縠”，到今语“绫罗绸缎”，都是古今常语。还有“天罗地网”“罗织罪名”等名词、动词之用。如此熟悉的“罗”，究竟是怎样的织造物呢？恐怕非人人皆知。有的词典说是“质地稀疏的丝织品”，有点浑泛。

“罗”字文献中遍见，或单用，或与其他表贵重丝织物的词连用。《战国策·齐策四》：“下宫糅罗纨，曳绮縠。”《楚辞·招魂》：“罗帱张些。”汉张衡《南都赋》：“罗袜躡蹀而容与。”晋王嘉《拾遗记》曰：“吴主孙权居昭阳宫，赵夫人乃织罗縠，累月而成，裁之为幔，内外视之，飘飘如烟气轻动，而房内自淳。”唐杜牧《秋夕》诗：“银烛秋光冷画屏，轻罗小扇扑流萤。”宋张俞《蚕妇》诗：“遍身罗绮者，不是养蚕人。”从这些文例可见，罗当是一种贵重丝织物。

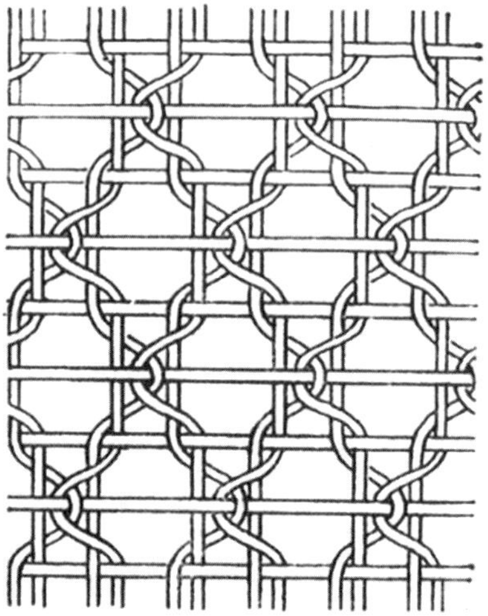
四经纹素罗组织结构，采自陈维稷《中国纺织科学技术史》（古代部分）

“罗”的本义不是丝织物之名。《释名·释采帛》：“罗，文罗疎也。”苏舆曰：“言文理罗罗而疎也”，意思是它的纹理像罗一样。“罗”是捕鸟兽的网，《诗经·王风·兔爰》：“有兔爰爰，雉离于罗。”“离”，附丽。这种丝织物也似罗网，故也名“罗”。由此可见，“罗”的本义不是丝织物，因而其字不属糸部，而是网部。

罗的主要特征是用绞经编织。即经丝相绞而织入一根纬丝，因而呈椒孔状。根据绞经的不同，有二经、三经、四经绞罗等多种。从大量的出土遗物可见，古代罗花式繁多，千姿百态。大别为素罗和花罗。素罗是不提花的，花罗是罗地见出各种花纹图案的罗织物。从纹饰与绞经的不同，有菱纹罗、平纹花罗、三经绞花罗、二经浮纹罗等。唐代官署专设罗作。据《新唐书·地理志》说，江南东道所贡丝织品最为丰富，宋代在润州（今镇江）也专设织罗务，每年要该地贡御用花罗数千匹。对金华府征的婺罗一万匹，花罗五百匹，品种繁富，如孔雀罗、瓜子罗、菊花罗等（据《康熙金华府志》）。明清的织罗工艺水平更高，品种更多。罗一直是誉冠全球的中国丝绸中主要的高级纺织品之一。

8. 早期麻纺“絘”“辟”

纺织之纺，按原料的不同，有麻纺、丝纺、毛纺等。我国（中原一带）古代以麻纺出现较早。

根据近代各地乡间古老的续麻技术和出土实物，可以推测最原始的纺麻应当是：将处理过的纤维条的一端分成两绺，把要与它接续的纤维与其中一绺并合捻转，连成一根；然后将另一绺与这并合的一绺并列，先向原方向捻动，继而向反方向回捻，这样便合成了麻线。这与草绳的搓捻差不多。属于新石器时代的六千年前的河姆渡遗址就出土了一些植物茎及捻成的线和一段草绳。据分析，就是用这种方法搓合的。

文献中，反映这种最早纺麻活动的是“絘（tián）”，或作“剡（yǎn）”。《淮南子·人间》：“男子不得脩农亩，妇人不得剡麻索缕。”又《氾论》：“伯余之初作衣也，絘麻索缕，手经指挂，其成犹网罗。”高诱注：“絘，锐。索，功也。”即搓线。《方言》第一：“緂、撚、未（从钱绎说），续也。”《方言》第六：“擱、剿，续也。”钱绎笺疏：“緂、擱并音剡，緂之或作擱，犹剡之或作絘，剿之或作縔也。……擱、緂、絘、剡字异义同。”据此，可以确定“絘、剡”就是撚意，以撚而续麻。今犹称两指搓转物为“撚”，即“捻”。伯余是传说中的黄帝时臣，正属于新石器时代。文献与考古遗址实物吻合。

“絘”完全是最原始的双手纺麻操作，它的进一步发展是“辟”，这是使用纺坠的捻合。《孟子·滕文公下》：“彼身织屦，妻辟纑，以易之也。”赵岐注：“缉绩其麻曰辟，练其麻曰纑。”朱熹也注：“辟，绩也。即是纺麻。”“辟”为什么有纺绩之意？孙奭疏以为“辟”即“劈”，分麻。朱骏声以为通“朩（pài）”，析麻。也有的以为主合，谓辟有合义，纺绩是并合麻纤维。按，诸说都偏执一端，应从声源索义。“辟”字有几个声源，其一是旋义。《礼记·投壶》：“主人般（盘）还曰辟。”“般还”即“盘旋”。“璧”，圆的有孔玉。“辟雍”，四面临水的圆屋。“避”，“回也”（《说文》），回有转义。这些“辟”，都有旋曲义。用于治麻（纤维），则显然是指纺坠的旋转，因纺坠发源于麻纺，并专用于麻纺。用纺坠加捻比手搓捻要快而好。朱骏声等以为是分麻、析麻，这是着眼于前道工序，因为一定是经过劈分，才能形成细松的麻纤维，然后可以并合。主合者则是从后道并合的工序而观。这些说法都没有揭示出“辟”者用纺坠加旋的特点。而从词义说，“辟”应指析麻、并麻的全过程，故赵岐等解为“缉绩”，是正确的。不过，须明确：这已是用了纺坠。古代纺织史告诉我们，在夏商周三代，特别是周代，纺坠已普遍使用。“辟”字用于治麻，正是以纺坠纺麻的标志。

汉代手摇纺车

9. “辟纑”之“纑”

“纑（lú）”字，古代也用得不多，但由于出自《孟子》“妻辟纑”的名句，这个词也多见了。“纑”字，有的词典释为“麻缕”，即麻线。也有的词典说指细麻线。那么它究竟是指什么？

“纑”，是指麻线，但不是一般的麻线，即不同于“缕”。《说文·糸部》：“纑，布缕也。”段玉裁注：“言布缕者，以别乎丝缕也，绩之而成缕，可以为布，是曰纑。”即指经过纺而可上机织布的麻线。段说甚确。《左传·昭公十九年》：“纺焉以废而去之。”孔颖达疏：“纺谓纺麻作纑也。”《孟子·滕文公下》：“彼身织屦，妻辟纑，以易之也。”赵岐注：“绩其麻曰辟，练其麻曰纑。”《辞源》据此立“练麻”一义。这大可不必。盖赵岐将“纑”作为动词义，已经错了；再说，凡纺麻都必经过练麻，即漂洗生麻，麻不练是无法纺的，称纺麻，当包括练麻在内。“辟”既是纺绩义，“辟纑”又是动宾结构，则“纑”自然还是指麻线，不过是可纺待织的麻线。可见，“纑”只有一义，指可纺待织的麻线，也即《说文》所解的“布缕”。

10.“绩”本是纺麻通称

“绩”，是古代用得最多的纺麻动词。《诗经·陈风·东门之枌》：“不绩其麻，市也婆娑。”郑玄笺：“绩麻者，妇人之事也。”又《七月》：“七月鸣鶪，八月载绩。”《国语·鲁语下》：“公父文伯退朝，朝其母，其母方绩。”《西京杂记》卷四：“尝有白燕衔白石堕后（元后）绩筐中。”“绩筐”，盛纺绩物之筐。《太平御览》卷八二六引王嘉《拾遗记》：“至夜每聚邻妇夜绩，以麻蒿自照。”宋陆游《夜意》诗：“凡沉洲渚渔歌远，人语比邻绩火明。”指纺麻时照明的灯光。可以说，“绩”是古汉语中表示纺麻活动的通称。

这是“绩”的本义。“绩”从糸责声，声兼义。责声有齐等义。“齰”，齿相值，朱骏声说：“整齐之意。”（《说文通训定声》）“積”，聚禾谷，必是有规则地置放。“帻”是使头发整齐的冠巾。“嫧”，整齐义（《说文》）。“绩”，则是指麻的整齐捻合。整齐，这是以纺坠纺麻特点的准确反映。盖用手指直接搓捻，必是粗糙不均；而使用纺坠，无论是吊锭或转锭，都已具有现代纺织机上纺锭的初步功能，它既能起加捻作用，又能起牵伸作用（参陈维稷《中国纺织科学技术史》一编四章），可以把麻纤维捻合得均匀、整齐、光洁。我们可以比较：“𦃃”是手指直接搓捻；“辟”虽也指纺坠捻合，但侧重在旋曲，还没有显出纺坠捻合的根本特点；“绩”侧重在整齐，正明显反映出纺坠捻合的特点、作用。于是，“绩”理所当然地成为表现纺麻生产活动的代表字了。从𦃃→辟→绩，是纺麻从低级到高级三阶段的标志词。

11．功绩

“功绩”的“绩”是什么意思？词典都没有说，因为难。

但是当我们知道“绩”的本义是纺麻后，也许就不难了。

所谓纺麻，就是将麻纤维捻合接续成线，然后变成织机上的经纬线，如此方可进入织作。故古注常将纺绩解释为“缉麻”“续麻”。虚化成义为继续义。《尔雅·释诂》：“绩，继也。”《左传·昭公元年》：“子盍亦远绩禹功，而大庇民乎？”“绩禹功”，绍继禹功。凡持续于一事，必成其功，故再引申为功劳。《尔雅·释诂》：“绩，功也。”《孟子·万章上》：“谟盖都君，咸我绩。”“谟”通“谋”。“都君”，指象的兄舜。孔传：“绩，功也。”《后汉书·循吏传》：“其绩用之最章章者也。”“绩用”，犹功用。

“功绩”，不同于“功劳”，非一般的功，而一定是大功、多功，当释为“功业、大功”。古今都是如此。《荀子·王霸》：“名若日月，功绩如天地。”杨朔《迎志愿军归国》：“我们的战士经历过多少艰难困苦，创造了多少惊天动地的功绩，终于重新回到祖国来了。”如此的“功绩”，其词素“绩”若取功劳义，“功绩”就成同义连用，其义为泛指的功劳，与使用的“功绩”不符。因此，这个“绩”当取“绩”引申的继续义，“功绩”就是功劳的继续，故表大功、多功之意，这样就与这个复合词的词义相符了。

12．纴·织纴

“纴（rèn）”，《说文·糸部》训为“机缕”，颜师古据此多次注“织纴”之“纴”为“机缕”，则是指织机上的线。今《辞源》“纴”字解为“织布帛的丝线”，“絍”字为“纺织”。“纴”究竟是什么？

“纴、絍”当为一词异体，其初文为“壬”。林义光说：“壬即滕之古文，机持经者也。象形，滕（蒸韵）壬（侵韵），双声旁转，故《礼记》戴胜（戴胜者鸟首，省文似滕，胜即滕借字），《尔雅》作戴鵀，亦作戴紝（见《释文》），巠为经之古文，古作巠，正象滕持经形，从壬。”（《文源》卷一）林氏说“壬”原指原始织机中缠卷经线的轴。今按，这可以代表整个织机，故其本义可为织机，名

腰织机织作示意图，采自《中国纺织科学技术史》（古代部分）

词。《战国策·秦策一》："（苏秦）资用乏绝，去秦而归……妻不下纴，嫂不为炊。""下纴"犹下机，正用其本义。作动词，为织布帛，常与"织"同义连用。《左传·成公二年》："楚侵及阳桥，孟孙请往赂之，以执斫、执针、织纴皆百人，公衡为质，以请盟。"《墨子·非攻下》："妇人不暇纺绩织纴。"《汉书·严助传》："男子不得耕稼种树，妇人不得纺绩织纴。"两句"不得"后都是二字同义连用。下句，"纺"，丝纺；"绩"，麻纺，二者泛指纺。"织"，一切编织活动的总称，"纴"则专指用织机织布帛，二者泛指织。也可作"纴织"。《北史·萧大圜传》："侍儿五三，可充纴织；家僮数四，足代耕耘。"

要之，"纴"有二义：1. 织机；2. 织布帛。

13. 梱·杼·梭

梭，梭子，织布牵引纬线（横线）的工具，两头尖，中间粗，形如枣核。在乡间老式织布机里，它是被织者左右手交替投行的。在纺织厂里，是用机械力飞速投射的。而在喷气织布机中，纬线是靠气流喷射的，梭子没有了。

梭子的存在状态就是运动，不仅工作时不息地左右运动，而且自身还不断变革，为了多给人间带来美丽、温暖。当它寿终正寝，被送进历史博物馆，人们真的还依依不舍呢！

梭子的第一个先祖叫“梱（kǔn）”。“梱”与“棍”同声源，“梱”就是棍，原始梭子就是一段细短棍，亦即细短棒，绕上线缕，人手持着在经线织口中横穿。穿一次梭，就用扁平木刀打纬，即打紧刚穿的纬线；然后再投……这种梭实相当于后来嵌入梭子当中的线圈——纡。云南晋宁石寨山发掘的汉代贮贝器盖子上有一组兄弟民族妇女用原始织机织布的多尊塑像，她们使用原始踞织机，有的在整理经纱，有的在用木刀打纬，有的正在用梱投纬，形象地展示了原始织布的过程。

梱这种古老的梭子，文献中也有所见。在刘向《列女传·鲁季敬姜传》中记有鲁季敬姜用织机各构件来比喻国家官吏的一段话。她说：“……持交而不失、出入而不绝者梱也。梱可以为大行人也。推而往、引而来者综也。综可以为关内之师。”“大行人”，外交部长。这里的各种引喻当来源于战国前的材料。状其“持交而不失，出入而不绝”，正是梱绕着纬线左右穿经的形象写照。正因为是梭子，故可引申为织义，字也作“綑”、“捆”等。《墨子·非乐上》：“妇人夙兴夜寐，纺绩织紝……綑布縿，此其分事也。”《孟子·滕文公上》：“其徒数十人，皆衣褐，捆屦、织席以为食。”赵岐注：“捆，犹叩椓也。织屦欲使坚，故叩椓之也。”这是说打纬，投纬动作可包括打纬，“捆屦、织席”即织屦织席。此节述农家许行追求原始生活的行迹，“捆”正是用梱而织。

绕着纬线的梱，在经线中间穿行时磕磕碰碰，功效太低；但打纬的扁平木刀却往来顺滑，它在经口一打，由梱牵入的纬线一下紧直了。人们试验：如果在打纬刀上刻出一条凹槽，将投纬的小木棒嵌进去……革命成功了，扁形、嵌入纬线棒的梭子出现了！它就是梭子的中祖“杼”。

《说文·木部》：“杼，机之持纬者。”字从木予声，予声有舒和义，“杼”是指能舒畅行纬的木质织具。它克服了原始梱梭的缺陷。江苏泗洪县曹庄出土汉画像石刻着《慈母投杼图》，图中有斜织机，机旁就有两头尖中间空的扁平状杼，杼中间空处即为放纡（绕纬线棒）的。此画表现母闻“曾参杀人”而投杼惊起的情景事。《战国策·秦策二》：“其母惧，投杼踰墙而走。”可见，至少在春秋战国时已有了投纬、打纬合一的梭子。《淮南子·氾论》：“……后世为之机杼胜复，以便其用。”成语“自出机杼”的“杼”，就是这个新梭子。

不久，人们又感到了杼的缺点：合二而一，织速慢、手费力。梭子又要革命了。人们想到了筘。筘是定幅工具，像一把大梳子，全幅的经线依次穿入梳齿。战国时，已使用脚踏提综斜织机。人们发现：如果一手投梭，一手推筘打纬，配合脚踏提综开口，织者四肢全得其所用，既快又省力。这就成了今天所见专司投纬的梭

汉代用杼的织机

子。于是，投纬、打纬在新高度上又分家了。坐织者一手推筘，一脚一踏，上面综口一开，另一手投梭，推筘手一松，筘重重落下，就是打纬一次。手脚尽其用，省力而效率高。

“梭”是俗字，又作“莎”，汉服虔《通俗文》说：“梭，织具也，所以行纬之莎。”（王祯《农书》卷二十一）莎鸡，一名梭鸡（据《尔雅翼》），故沙声、夋声可互通。“梭”应从杪声取义。《说文·木部》：“杪，木标末也。”故“梭”是木质、两端有尖锋的织具。后世，凡两端尖之物都以梭称。如：梭子蟹、梭枪、梭鱼。可见，梭子的最大特点是两头尖。这在形制上比扁平的杼有了改进，故为后世延用。

从上引《通俗义》看，这种梭最迟到东汉已出现了，但相当长时间，仍以“杼”称，因此“杼”也可指新式梭。《后汉书·列女传·河南乐羊子妻》：“复乃引刀趋机而言曰：‘此织生自蚕茧，成于机杼。’”《古诗十九首·迢迢牵牛星》：“纤纤擢素手，札札弄机杼。”两处的“杼”都实指新式梭，也可指专司打纬的筘。此“杼”的“札札”声，正是推筘打纬声。《木兰辞》的“唧唧复唧唧，木兰当户织”，也是新式梭的推筘打纬声。南朝陈萧诠《赋得婀娜当轩织》诗：“新粧入机映春牖，弄杼鸣梭挑纤手。”下句描写的正是织妇纤手挑指推筘投梭的形象。

“梭”字到南北朝多起来，那时，新式梭早已盛行。南朝陈徐陵《咏织妇》：“振蹑开交缕，停梭续断丝。”唐白居易《朱陈村》诗：“机梭声札札，牛驴走纭纭。”

14. 说"帽"
——我国最早的头衣

帽，今无人不戴，无人不晓，头上戴的都是帽。但其来历并不简单。

帽的历史比冠悠久。在穴居野处的远古时代，人们外出为了御寒，大张的毛皮披身作衣，小块的柔皮裹头，成了最早的帽。但到了商周时代，华夏文明发达，出现冠以后，中原的汉人反而不戴帽。《说文》解释帽是"小儿及蛮夷头衣也"。小儿未冠，夷狄——周边的少数民族未能冠，故这两种人不冠而戴帽，而中原的庶民则头上扎巾帻。到了汉代，帽才开始在中原的庶民中渐渐普及，文献中"帽"字也多见了。《汉书·佞幸传·邓通》："（邓通）以濯船为黄头郎。"因为按照五行观，土胜水，土是黄色，故颜师古注说："刺船之郎皆著黄帽，因号曰黄头郎也。"汉乐府民歌《陌上桑》："少年见罗敷，脱帽著帩头。"帩头是束发之巾，帽罩在帩头之外。到魏晋南北朝，戴帽已流行。《南史·何尚之传》说"尚之在家常著鹿皮帽"，到他拜大官时，皇帝驾到，百官侍位，好友沈庆之对他戏说："今日何不著鹿皮冠？"下臣用鹿皮制帽可随意，但不可擅自制作鹿皮冠。《梁书》记载庾弘远将受斩首之刑，临刑，"索帽著之，曰：'子路结缨，吾不可以不冠而死。'"据说孔子最勇敢的弟子子路在卫国从政失败被杀时，戴着冠，受刑前最后的一个动作便是将左右下垂的两条冠带在下巴下面结好。结缨是戴冠的完成动作，戴冠而死，表示自己始终是个正人君子。子路颇有从容就义的气度。庾弘远将被斩首，无法索冠，不得已只能以帽代冠，索帽而戴，虽无缨可结，也象征性地如子路一样"冠而死"。这里看出，戴帽在当时已相当普遍了。

古代头上的衣饰物很多，按照不同的用途和作用有冠、盔、笠、巾、帽等，总称为“头衣”。帽即便流行，也只是头衣的一种。帽是御寒的头衣。“帽”的初文是该字右上部分的“冃”，它是《说文》的一个部首，作冃，篆体作，如覆钵之状，正是冒于人首的头衣象形。故其功用是冒覆一物，后有“冒”字。然后用“巾、冒”构成“帽”，巾是一类头衣，合形声表示是一种冒覆在人首的头衣。冒覆就能御寒，故“帽”字的构意就反映了帽的基本形制与作用：它必须密封、整体覆盖，借以保温御寒，白居易所谓“裘温裹我足，帽暖覆我头”（《新沐浴》）。这种作用是人们生活的普遍需要，因此，帽是不分男女老少、上下尊卑，都可服戴的头衣。它较为简约、便易，故一般作日用便帽。

虽是便帽，品种也很多，远多于冠。如三国魏晋时的帢帽，起于晋代妇女戴的帷帽，唐代文人雅士喜戴的高筒帽，宋代的席帽，元代的盔式折边帽、四楞帽，明代六合一统帽等，都是曾流行于某个时代的帽式。今天这些名物都成为历史。但是有一种名帽，古代盛行最久，其名今也熟知常用，这就是“乌纱帽”。

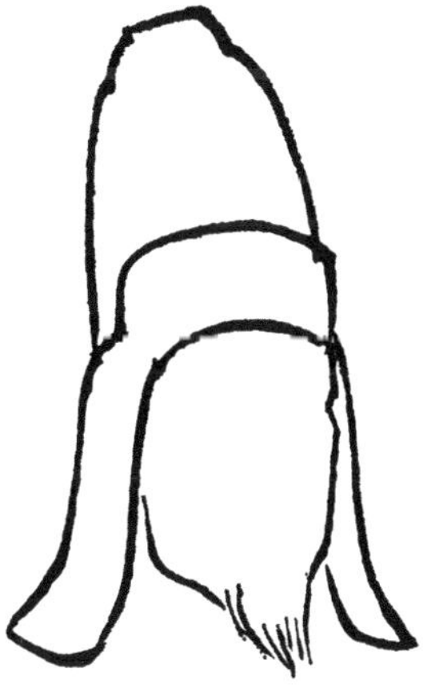

高筒帽

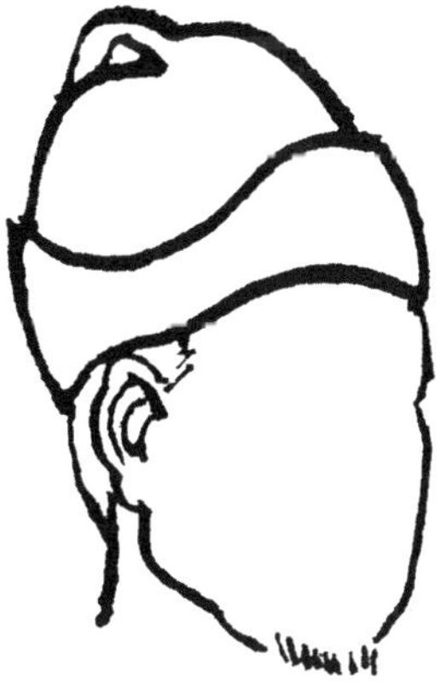

帢帽

乌纱帽早在南北朝时已作了皇帝与士大夫燕居之服。《南史・宋明帝纪》："……事出苍卒，上失履，跣，犹着乌纱帽。休仁呼主，衣以白纱代之。"于是也有白纱帽。唐武德九年太宗下诏天子至士庶百官同服乌纱帽。李白《答友人赠乌纱帽》诗："领得乌纱帽，全胜白接䍦。"（"接䍦"，文儒喜服之白纱帽。）也可省称为"乌帽"。《宋史・杜衍传》："出入从者十许人，乌帽皂履绨袍革带。"乌纱帽由幞头发展而成，用铁丝构成硬壳骨架，前部成圆帽形，后部高突，左右平伸出纺锤形两叶，帽内衬黑纱，外涂黑漆。此帽式从唐代以来深为百官士人喜服。今日，虽没有乌纱帽，但这个帽名流传下来，不过作为大小官职的代称，带有贬义色彩。人们常说某领导"不坚持原则，怕丢乌纱帽"，但不可说某人"工作很好，最近有了乌纱帽"。

15．“冠”不是帽

冠与帽，常被人误为一物异名，今有帽无冠，故好像“帽”是口语，“冠”是文言。如常见拍证件照时，常书面告知“要求免冠”，这个“冠”实指帽，不说“脱帽”而言“免冠”，似乎比较典雅。其实因不知古代冠帽是二物而误用。

古代有冠有帽，二物虽都加于人首，但差别甚大，到现代用的引申义，也各肖其祖。

二字构意已显不同。“帽”，初文作冃，原形就像一个倒覆的钵头。“冃”字，先变作“冒”，后来变为“帽”字。帽的基本功能就是将上半个头全覆盖。以后帽尽管品式五花八门，但都有此圆形覆盖的基本部分。而“冠”，《说文解字·冖部》说：“豢（juàn）也，所以豢发，弁冕之总名也，从元，元亦声，冠有法制，故从寸。”这个字是由冖、元、寸三体构成的会意字，元亦声。冖（mì），《玉篇》释“以巾覆物”，程度轻于帽，蒙盖较浅；元，头；寸，法度，合之为按礼制蒙盖头之巾。这就像简易的束髻小冠：用一块帛或皮，如覆手正罩头顶的发髻之上，以笄固之。宴居、朝礼宾客时都可服用。冠出现后，根据礼制的要求，发展出很多品类，很快产生了最复杂的冕冠。到汉代，“冠”成为弁冕和各种冠的总称。

帽只是为保暖御寒，而冠的功用有三：固发、饰首、示礼。所谓饰首，即作头上美饰，此为其装饰性。所谓固发，因中原的汉人留发、结发，冠可以“豢发”，冠以约束发，此为实用性。冠的主要功用是显示礼制，故更有礼仪性。礼仪性决定了它的构成。上古的冠，有一些基本的部件。一、长尺有数寸、穹庐状弯曲的冠梁。二、罩在发髻外周的冠圈，此又谓之“頍（kuì）”“缺项”“武”“委缨”。三、将冠横穿、固定发髻的冠笄。四、结于冠圈、下垂到颔下作结的两条缨带。若一端结于冠圈，绕于颔下，再上系于冠圈的丝带叫纮。五、两条冠缨打结后多余而下垂的冠缕。冠的礼仪性体现在色彩、质料、形制，目的为显示人物的身份、官爵与适应各种礼仪要求，即用于不同的礼仪场合。如天子玄冠朱缨，诸侯缁布冠缋（赤色）緌，大夫、士则缁布冠青缨无緌。斋冠，诸侯玄冠丹缨，士人玄冠綦缨。凡丧祭、婚仪、田猎、朝事、燕居、斋戒等，自天子至一般士人，戴冠都有定制。上古常见之冠，除冕弁外，还有束髻小冠、缁布冠、委貌冠、章甫冠等。春秋时孔子居鲁、居宋，常戴章甫冠。章，平；甫，方，平正而四方，这是商代的祭冠。

荆轲刺秦王，山东嘉祥武氏祠

到了秦汉，冠制更细，冠品更多，并沿用至后世。如通天冠，高九寸，汉时多前倾，后世多后仰；内衬黑介帻，冠外再加冕，皇帝专用。武梁祠汉画像石《荆轲刺秦王》图中的秦王所戴即此冠。高山冠，方高而前有山（冠中高起如山），为使者、谒者（掌迎宾事）、仆射（尚书省主管）所用。委貌冠，承周制而变，形圆而倾斜，前高后低如覆杯，近似皮弁冠，大射辟雍时，公卿、诸侯及在朝大臣服用。獬豸（解廌）冠，又称法冠。獬豸为传说中的独角神羊，主触不直者，象征执法公平，其冠方形，两角外展，高五寸，为御史等执法者服用。《太平御览》卷六八五引《唐书》曰：“侍御史朱放请复置朱衣豸冠于内府，有犯者御史服以弹，后御史张著服之以弹京兆尹严郢。”进贤冠，即儒冠，前高七寸，后高三寸，缨长八寸，内外文官服用。鹖冠，鹖鸟好斗而至死不却，故冠顶插鹖毛以示英武。冠呈方形，有前低后高之外筒，内衬帻，最早赵武灵王以赐武士，秦汉武官常服。此外，还有武弁大冠、远游冠、蝉冠等著于世的名冠，不可胜计。

进贤冠

獬豸冠

可以说，“冠”是古代头衣之冠，是中国古代官制文化的结晶。今天虽已不见其物，但在许多成语中常常见到它：冠盖相望、冠冕堂皇、衣冠楚楚、衣冠禽兽、怒发冲冠等。千万不能将它们小看作帽，必要译今语，勉强可作“礼帽”。在“夺冠”“冠军”等常用语中也能见到“冠”的踪影。“冠”的许多引申义如超群义、第一义、贯穿义，都用于今。

16.“兵弁”之“弁”

清代以来有“兵弁（biàn）”一词。清洪楝园《后南柯·甲阵》：“前军把敌人后路包罗。看元驹国兵弁叫苦一个个挂出降旛没奈何。”“兵弁”，《汉语大词典》释为“士兵和低级军官的总称”，则“弁”指低级军官。旧时还有“弁目”“武弁”“马弁”等，这些“弁”，当也是低级武官、军官之称。

“兵弁”类词的“弁”之军官、武官义从何而来？

弁不是帽，而是冠；还不是普通的冠，而是仅次于冕的一种礼冠。早在周代已有。弁冕二词常同义连用，喻指大官、要职。《穀梁传·僖公八年》：“朝服虽敝，必加于上；弁冕虽旧，必加于首。”喻指大官、要职。唐元稹《和乐天赠吴丹》诗：“弁冕徒挂身，身外非所宝。”但冕用于吉礼，弁用于朝事、朝聘、田猎等常礼。《释名·释首饰》：“弁，如两手相合抃时也。”按，上“厶”象冠其形，下“廾”示两手相合。金文中“弁”正象其形：上锐小，下广大，象人两手相合之状。

与冕冠一样，弁冠必与袍服相配。弁冠主要有四种。其一，爵弁服。綖平，无旒，色是爵（雀）头色，赤黑色，赤多于黑，故名。配玄衣纁裳，是士的最高服饰。爵弁服用于大夫祭于家庙，士之助祭于王、冠礼之三加、婚礼亲迎诸礼。其二，皮弁服。其形像覆杯，高五寸，白鹿皮（后用乌皮、乌纱）缝合，很像后代的瓜皮帽。天子有十二缝，像半只西瓜十二条纹。每缝用彩玉十二为饰，称“綦”。相当于冕上的十二旒。天子以下各按等差而减。皮弁与素衣、

明朱檀墓出土的皮弁

素裳相配。唐代阎立本所作南朝陈文帝像（《历代帝王像》）、宋人所摹晋顾恺之《女史箴图》中都能见到这种皮弁。明朱檀墓还出土了皮弁实物。据报告，其高 21 厘米，宽 31 厘米，前后各九缝，缝压金线缀五彩玉珠九颗，镶金边，两边有梅花形孔贯弁，与文献合。皮弁主要作天子、诸侯的常礼朝服。其三，韦弁服。形似皮弁，以韦（熟皮革）为之，以蒨草染成浅红色，主要作天子、诸侯、大夫兵事（非必战事）之服。汉时伍伯导引之武士的服色犹此。若战时，外要加甲胄。若非祠兵命将之时，也可韎布（十五升布染为浅红色）为衣而素为裳。《仪礼·聘礼》："君使卿韦弁，归饔餼五牢。"（"归"，通"馈"。"饔餼"，所杀牲。）郑玄注："变皮弁服韦弁，敬也。韦弁，韎韦之弁，兵服也。"韦弁服行至南北朝。其四，冠弁服。玄冠，即委貌冠，上加皮冠，不可云以冠加冠，故假弁以称，服则缁布衣、素裳、素韠、白屦，用于甸（田猎）事，即习兵之事，后浑称为皮冠。国君田猎，招虞人以此为符信。《左传·襄公十四年》："不释皮冠而与之言，二子怒。"杜预注："皮冠，田猎之冠也。"《昭公二十年》："昔我先君之田也，旃以招大夫，弓以招士，皮冠以招虞人。"在汉画像石的田猎图中可以见此冠式。

由上可见，弁冠除了第一种，多用于田猎、兵事，田猎也是习武；又都是贵族男子所服，引申之，到近代自然可以代称低级军官、武官。不过，它必须与"兵""武"等词连用以见义，而不可单用。

韦弁《新定三礼图》

17. 巾·帻

“巾、帻（zé）”古代却常连用。《宋史·隐逸传上·魏野》：“野不喜巾帻，无贵贱，皆纱帽白衣以见。”“巾、帻”是古代性质相近的两种便帽。

《释名·释首饰》：“巾，谨也，二十成人，士冠，庶人巾，当自谨修四教也。”秦以前，士以上戴冠无巾，士以下的庶民、士兵则无冠戴巾。戴青巾的叫“苍头”。《战国策·魏策一》：“今窃闻大王之卒武力二十余万，苍头二十万。”亡秦之际，陈胜残部有“苍头军”。《汉书·陈胜传》：“胜故涓人将军吕臣为苍头军……攻陈，下之。”一般百姓用黑麻布巾裹头，故称“黔首”。《礼记·祭义》：“明命鬼神，以为黔首。”郑玄注：“黔首谓民也。”孔颖达疏：“黔谓黑也，凡人以黑巾覆头，故谓之黔首。”汉末巨鹿张角自称天师弟子，数十万人起兵时用黄巾裹头作标志，这就是有名的黄巾起义军。一些隐士也扎巾。孔稚珪《北山移文》：“偶吹草堂，滥巾北岳。”谓周颙在北山草堂冒充为隐士。巾本是低贱者所服用，但汉末魏晋之时，一些王公贵族、文人雅士都以裹巾为雅。不过用的不是隐士、庶民的麻布巾，而是缣绢一幅，称为“幅巾”“缣巾”。《后汉书·鲍永传》：“悉罢兵，但幅巾与诸将及同心客百余人诣河内。”李贤注：“幅巾谓不著冠，但幅巾束首也。”《三国志·魏书·魏武帝纪》“建安二十五年”裴松之注引《傅子》：

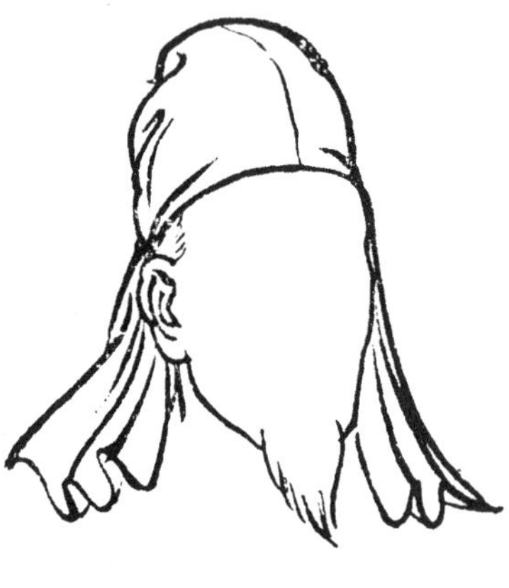

幅巾

“汉末王公，多委王服，以幅巾为雅，是以袁绍之徒，虽为将帅，皆着缣巾。”后代犹有这种便帽。苏轼《武昌九曲序记》：“幅巾迎笑，相携徜徉而上。”

“帻”，字从巾，广义也是巾，但无论其名其物，与巾大有不同。现在有的书说先秦的“黔首”“苍头”所裹头巾是最早的帻，帻先用于民间而后用于尊者，因为蔡邕《独断》说：“帻者，古之卑贱执事不冠者之所服也。”其实，蔡说未精。帻是个汉代词、汉代名物。“帻”，从巾责声，声兼义。责声有齐等义。“齻”“积（積）”“绩”等都有整齐之义。帻者，是用巾把四周头发整齐向上，并使其不散乱。《急就篇》卷三：“冠帻簪簧结发纽。”颜师古注：“帻者韬发之巾，所以整嫧发也。”《续汉书·舆服志》：“古者有冠无帻，至秦乃加武将官饰为绛袙（帕），以表贵贱。汉文后，上下群臣皆服之。”颜注是确论。盖帻起于秦绛帕，即帕头，但尚未定型，与一般巾的形制尚无大别。到了汉代，其头巾在额上前面作山，增高颜题（额）成帻屋，即像屋面顶，又旁增两耳，这才成了汉帻的基本格局。并且据说由于汉元帝为了掩遮额前的壮发，王莽为了笼盖自己的秃顶，极力推广帻巾，就使帻巾盛行起来。

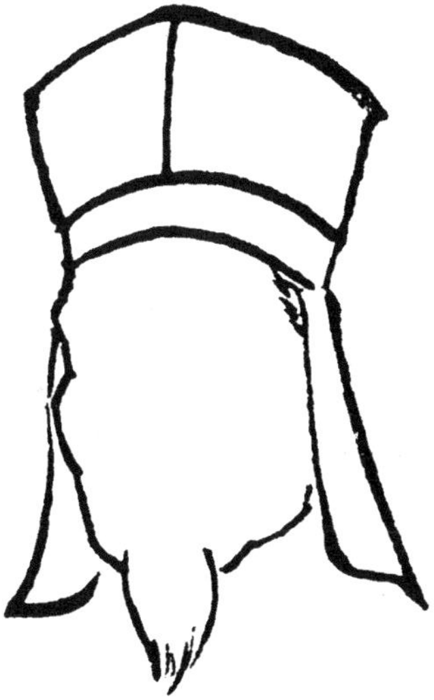

介帻

汉代的帻，种类很多。有的帻屋齐平，叫“平顶帻”“平上帻”。有的帻屋较高，顶端隆起，像尖角屋顶，叫“介帻”。有的上面无屋，叫“空顶帻”。凡两耳长的，文官所戴；两耳短的，武官所服。汉帻用颜色来区分人的等第、用途。如耕者用青色，猎者用缃（浅黄）色，武吏、亭长等用赤色，最下绿帻，是苍头奴仆所戴。《汉书·东方朔传》：“（馆陶公主）之东箱自引董君，董君绿帻傅韝随主前，伏殿下。”“傅韝”，袖套。颜师古注：“绿帻，贱人之服也。”董偃是公主的情夫，当时是厨役，故戴了绿帻见皇帝。

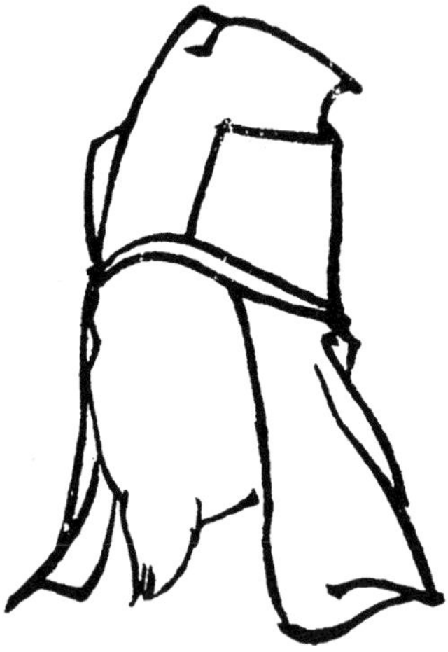
平上帻

帻的戴法：先帻后冠，冠在帻外。平时燕居也可单戴帻。文官戴进贤冠，必衬介帻；武官戴武弁大冠，要衬平上帻。还有很多细致的规定，可参《续汉书·舆服志》。至于贫贱低微者，本就无冠，则总是戴帻。望都、沂南等地汉墓壁画，四川博物院所藏许多汉俑，都可给我们展示生动多姿的汉帻。

帻的进一步发展、变化，便是幞头，后世称乌纱帽者就是幞头类的一种。

18. 盔·兜鍪·胄

“盔（kuī）”是什么？《玉篇·皿部》：“盔，钵也。”俗称钵头。《集韵·平灰》：“盔，器盂盛物也。”指用陶瓷所制像瓦盆而略深的容器。将盔倒覆在头上便成了头盔。金董解元《西厢记诸宫调》卷二：“着绫幡做甲，把钵盂做头盔戴着头上。”不过，这反而是特例。一般是“盔”作喻称，“头盔”是指用皮革、金属藤条等制作的盔形护头帽。

这种金属帽，现代比较高级，战士、消防人员头上都戴，叫“钢盔”。它在古代也很早就有见。商代的铜铠甲至今未见，但在安阳侯家庄遗址竟能见到一百四十多顶虎头形青铜头盔。它们都是范铸，中间合缝处为脊棱，其左右、后部向下伸展，可护耳颈。顶部上竖铜管，以置缨饰。盔内表面不平，可见里边必衬裹巾。铁盔，今所见最早的是燕下都44号墓出土物，它用89片铁甲片编缀而成，全高26厘米，分7层而编。不过，与甲衣一样，先秦的头盔主要也是用皮革制成。

但必须注意，“有其物而非其名”。应该说，“头盔”“盔甲”是唐代以后出现的口语词，在宋代以前的文献中未见，宋代以后也不多见。按照“头盔”去寻找古代的头盔，将一无所获。这种金属或皮革制成的护头帽，古代别有专称。

最早的专称是“胄（zhòu）”。“胄”在金文中本就是头盔的象形，现写作上“由”下“月”，是后来隶变所致。胄与称护身衣的“甲”常相配合，故二字也多相连用。《尚书·说命中》：“惟甲胄起戎。”《太平御览》卷三五六引崔鸿《前秦录》曰：“苻坚……身贯甲胄、飞矢满身。”也可单用。《左传·僖公三十三年》：“（先轸）免胄入狄师，死焉。”先轸是秦晋殽之战立了大功的晋将，一怒之下逞勇入敌阵，因不戴胄而殒命。同年传文记秦师路过周的北门称：“左右免胄而下。”指车上左右的人（一车三人）都下车脱胄，这是向长者、尊者表示礼敬的动作。

“胄”主要见于先秦的头盔专称。而从战国铁器时代起，产生了铁质护头帽。当时也出现了一种铁质炊锅，它圆底、敛口、边缘翻卷，新护头帽很像这种铁炊锅，于是新的铁质护头帽就称为“鍪”“兜鍪”，后者也作“鞮鍪”“兜牟”。“兜鍪”类是联绵词，是头的缓读，就像“髑髅”为“头”一样。《战国策·韩策一》：“当敌即斩坚，甲、盾、鞮鍪、铁幕……”鲍彪注：“鍪，兜鍪。”《淮南子·氾论》：“古者有鍪而绻领以王天下矣。”高诱注：“鍪，头著兜鍪帽，言未知制冠也。”

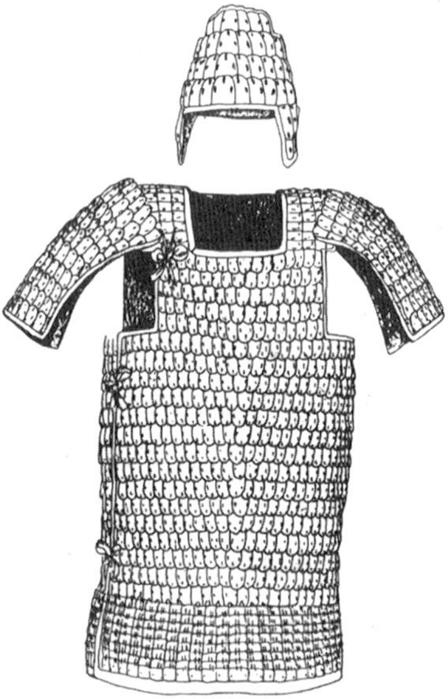

西汉鱼鳞铠甲胄

上引《尚书·说命中》句孔传：“甲，铠；胄，兜鍪也。”都是用汉代新名解释古名。《后汉书·袁绍传上》：“绍脱兜鍪抵地。”《东观汉记·马武传》：“（武）身被兜鍪、铠甲，持戟奔击。”《新五代史·杂传·李金全》：“晏球攻王都于中山，都选善射者登城射晏球，中兜牟。”宋辛弃疾《南乡子·登京口北固亭有怀》词：“年少万兜鍪，坐断东南战未休。”此“兜鍪”是用作士兵的代称。足见“兜鍪”已取代“胄”成了古代金属护头帽的通称。它不仅用于古代，还沿用至现代。鲁迅《坟·文化偏至论》：“虽兜牟隐其面，威武若不可陵。”

由此想到，在现代汉语中，“头盔”“兜鍪（牟）”是同义词，其区别是：前者所指范围大，战士、消防人员的钢盔，都可称之；而后者承古而来，只指士兵的金属护头帽。因此，今辞书解释古文献中的各时代有关护头帽的词语时，其释语最好不用“头盔”，而用“兜鍪（牟）”。

19. 髻·鬟

元代文信《西湖竹枝词》："南北两峰船里看，却似阿侬双髻鬟。""髻鬟"，指古代妇女的一种发式，将头发环曲束于头顶或两侧，亦髻亦鬟，诗中的"双髻鬟"显然指在头顶两侧者。

髻鬟是一家，但非一物异名。

髻，发髻。"在头顶或脑后盘成各种形状的头发"（《现代汉语词典》）。古今妇女都有，古代男子也有。

古代"髻"也作"紒"，本作"结"。《仪礼·士冠礼》："将冠者，采衣紒。"

郑玄注："紒，结发。古文紒为结。"《楚辞·招魂》："激楚之结，独秀仙些。"王逸注："结，头髻也。"洪兴祖补注："结，束发也。"《汉书·陆贾传》："贾至，尉佗魋结箕踞。"颜师古注："结读曰髻。""魋"通"椎"，髻的式样。可见，髻字原本作"结"，"髻"是后汉才见的后起形声字，从髟、结，结省声。

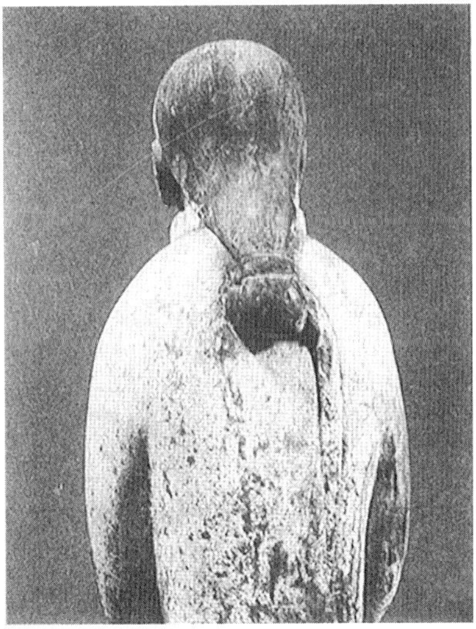

扎堕马髻的汉代女子

从今所见出土实物看，商代男女多梳辫，春秋战国起梳髻始盛，有的还装假髻。在战国前期帛画和玉雕像中看到的髻，发向后平梳，或在发根处，或在发中段束以帛缯（称"总"），末呈细圆形。美国波士顿美术馆藏洛阳西八清里出土的后汉画上有男子头顶梳髻的形象。长沙马王堆帛画所画丰腴女主人，袍服，头上戴假髻，还有花钿。髻的式样很多，有堆头顶，有甩脑后，通常则是中分头路，再将两股头发编一束，反搭而上，挽结成各种花样。著名的有“堕马髻”。其形制稍为侧斜，似刚从马上堕下，配上愁眉娇嗔，能增添妇女妩媚可爱之态。汉乐府《陌上桑》：“头上倭堕髻，耳中明月珠。”李颀《缓歌行》：“二八蛾眉梳堕马。”还有“垂髾（shāo）髻”，在髻后垂挂一撮头发。河南及四川彭州、成都的画像砖上都能见到。又有“蔽髻”，假发上镶首饰。《太平御览》卷七一五引《晋中兴书·微祥说》：“太元中，公主妇女缓鬓假髻，以为盛饰。”后汉起流行高髻。唐元稹《李娃行》：“髻鬟峨峨高一尺，门前立地看春风。”高髻上往往插名花、翠玉。李白《宫中行乐词》之一：“山花插宝髻。”其他如花髻、乌蛮髻、同心髻等不可胜数。

“鬟”字从髟、睘，会意兼形声。“睘”即环，是环形的髻。髻是实心的结发，鬟是空心的环形结发，起于汉末。晋顾恺之《洛神赋图》中主要女子是甄后化身，头顶无髻，而结为双鬟。酒泉嘉峪关晋墓壁画中女主人、女僮、烧火者则是髻而不鬟。结鬟到南北朝而盛。唐阎立本所作陈文帝坐像，帝后有二侍女，双鬟挂在双耳斜上方。到唐代，鬟名目更多，如云鬟、高鬟、同心鬟等。杜甫《月夜》诗：“香雾云鬟湿，清辉玉臂寒。”刘禹锡《赠李司空妓》诗：“高髻云鬟宫样妆，春风一曲杜韦娘。”这是高鬟。温庭筠《郭处士击瓯歌》：“宫中近臣抱扇立，侍女低鬟落翠花。”这是低鬟。白居易《时世妆》诗：“圆鬟无鬓堆髻样。”这是圆鬟。曹邺《四怨诗》

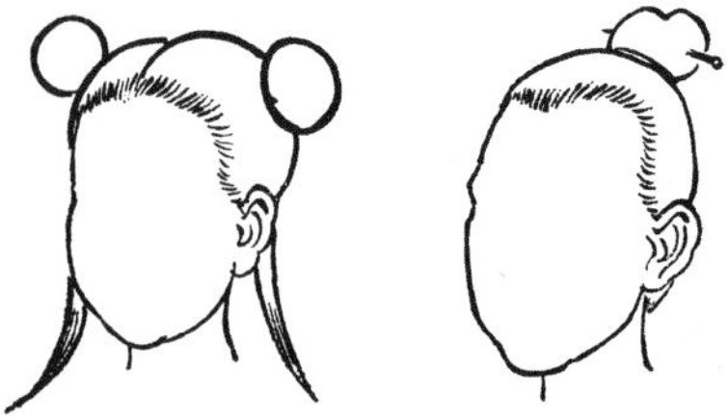

男子结发

女子结鬟

之三："短鬓一如螓。"螓是蝉属，则是圆中带方形。上举唐诗中的鬓，可见古代妇女鬓形丰富之一斑。值得注意的是，其中双鬓式，多为年轻侍女所饰，故常代称婢女、侍女。唐陈鸿《长恨歌传》："方士抽簪扣扉，有双鬟童女，出应其门。"宋梅尧臣《听文都知吹箫》诗："欲买小鬟试教之，教坊供奉谁知者?"后世年轻婢女称"丫鬟"者，亦承古而用。

20．加冕·冕

“加冕”，常用来指某些国家君王即位所举行的仪式：将王冠加到君主头上。这个“冕”指王冠，是古为今用、中为外用，是古代统治者最高级的礼帽，是冠中之冠。

“冕”字声、形都有义。《释名·释首饰》：“祭服之冕。冕犹俛也，俛，平直貌也。”则“免”即“俛”，从“俛”得声义，前俛后仰以示谦恭。冕，很像今之博士帽，纵置于头上的一块长方形冕板，称“綖（yán）”，周制是宽八寸、长尺六寸，前低后高，表示地位虽高，也要有谦下之态。板上用玄色，板里用纁色（朱黄色），示玄璇地黄。板下是冠卷，两旁有纽，纽中贯穿玉笄，以便穿拴发髻。笄端有朱纮。纮不同于通常作为冠带在颔下打结的缨，它是一头系在左边笄端，再顺颐绕于颔下，又从右向上，在右边笄上打结。在冕板中端的两边各用丝绳下垂两个瑱，或叫“黈（tǒu）纩”“充耳”，呈小球状，垂到耳朵旁边，天子用玉，臣用象石，外包黄色新丝绵，以戒听言谨慎，示不听谗言。东方朔《答客难》：“冕而前旒（liú），所以蔽明；黈纩充耳，所以塞聪。”最重要的是旒。在冕板前后两端各并排垂下十二根约尺二寸的五彩丝绳，叫“藻”，下垂至肩；每成相隔一寸贯一颗五彩玉。以玉饰藻称为玉藻，也叫旒。从河南汉墓画像石及北朝出土物看，天子、群臣前后都有旒。垂旒的藻绳长短也差不多，但珠玉多寡有异。天子每旒十二玉，则每成间隔一寸。公侯九玉，侯伯七玉，子男五玉。《后汉书·蔡茂传》：“赐三公之服，黼黻冕旒。”李贤注：“旒谓冕前后所垂玉也，天子十二旒，上公九旒。”“黼黻”，服上的两种文饰，属于十二章。这是就用于祭先王的衮冕而言。若是宴飨宾客及诸侯之礼，称“鷩冕”者，天子仅九旒，以下也是递减。此外，还有裘冕、毳冕、希冕、玄冕等（详见《周礼·春官·司服》）。但隋以后，皇帝唯用衮冕。

冕服制是周代到清末封建王朝的一项重要礼制，主要用于祭祀，其次是婚礼、朝会、朝贺、册封等所谓吉礼的场合。上古从天子到诸侯、卿大夫，后代从皇帝到臣僚百官，凡共同参与这些活动的都要戴冕。如前所说，冕上最重要的是旒，而旒数，皇帝的冕最为高级，故“冕旒”成为皇帝的代称。王维《和贾舍人早期大明宫之作》诗：“万国衣冠拜冕旒。”俗称皇帝登基为“加冕”，实是加冕旒。现代我国早废除帝制，而世上还有一些君主立宪国家，其君主即位，就用“加冕”以称，此既无中式之冕，更无冕旒。

冕服名称图（采自周锡保《中国古代服饰史》）

21. 冠冕堂皇

“冠冕堂皇”本来是“冠冕”和“堂皇”两个词，并且都是褒义词。有俊秀、第一义。《左传·文公八年》：“我在伯父，犹衣服之有冠冕。”《三国志·蜀书·庞统传》：“徽（司马徽）其异之，称统当为南州士之冠冕。”

有仕宦义。《三国志·魏书·王昶传》：“今汝先人，世有冠冕。”《北史·寇洛等传论》：“冠冕之盛，当时莫与比焉。”

这两个是喻称、代称义，其义及其褒义色彩，显然都源于冠冕二物之性质：“冠”是士大夫以上所戴礼帽的总称，“冕”则是朝廷达官重臣在重要礼事中所戴的高级礼冠。能戴上冠冕的一定是朝中大臣及国中栋梁、精英，自然可有俊秀第一之义了。

古代也有“堂皇”一词，初为名词，指大的厅堂。《汉书·胡建传》：“当选士马日，监御史与护车诸校列坐堂皇上。”颜师古注：“堂无四壁曰皇。”则皇是四周有柱无壁的厅堂。

引申为气势宏大，联绵词。《二十年目睹之怪现状》第四十三回：“吊了这本卷子去看，要看他底下还有甚笑话，谁知通篇都是引用《礼经》堂皇典丽的一篇好文章。”

褒义与褒义结合本来是不会成贬义的。但是到清代晚期，随着冠冕的衰落，它产生了贬义用法，即体面义。清李宝嘉《官场现形记》第五十六回：“有些老一辈人见他话说得冠冕，都说：‘某人虽有嗜好，尚还有自爱之心。’”这“冠冕”是体面之意，且有几分贬义：至高无上的冠冕已降为一种表面的装饰作用。

正因为“冠冕”的贬化，故到了现代，二词结合，成“冠冕堂皇”之现代常用成语。鲁迅《致钱玄同》：“‘先生’之者，因庙讳

而连类尊之也。由此观之，定名而乌可不冠冕堂皇也乎?”（《鲁迅书信集》）

“冠冕”，庄严的外表；“堂皇”，气派大的样子；合之喻指庄严正大的外表显得气派很大的样子。作贬义词。

22. 联袂

今常见“联袂”一词，用于二人合作，如云“联袂演出”“联袂登场”。《现代汉语词典》释：“手拉着手，指一同（来、去等）……也作连袂。”释义不错，不过有些人会误“袂”为手。

《广雅·释器》：“袂，袖也。”“袂”字应从夬得声义。夬声有孔缺义。“玦”是有缺口的玉环；“眏”，目洼下；“肤”，孔，肛门洞。《广雅·释诂三下》：“窦，空也。”“袂”者，犹言衣的洞孔，即衣服上有空洞的部分，就是袖子。《论语·乡党》：“亵裘长，短右袂。”邢昺疏：“袂是裘之袖。”《楚辞·九歌·湘夫人》：“捐余袂兮江中，遗余褋兮醴浦。”《公羊传·哀公十四年》：“反袂拭面。”陆德明释文：“袂，衣袖也。”《史记·苏秦列传》：“临淄之涂，连衽成帷，举袂成幕。”后世文言中多用“袂”称袖子。

“联袂”，就是联袖，但“袖”有口语色彩，用“袂”就比较典雅，而且更准确。“联袂”，实是联手，但联手尚可二人相隔有间，用联“袂”一定是并靠甚紧。因此“联袂”是个妙词。若作“连袂”，“连”是一个接一个，有先后，故稍逊色。

23.“袪”是袖头

说到衣袖，文言中还有个“袪（qū）”字，浑说也指袖子。但析言之，它本指袖头，即今天的袖口。朱骏声在《说文通训定声·豫部》“袪”下按：“析言之，则袖曰袂，袂口曰袪。”《诗经·唐风·羔裘》：“羔裘豹袪。”即用羔羊皮为裘，用豹皮为袪。孔颖达疏：“袂是袖之大名，袪是袖头之小称，其通皆为袂。”《仪礼·丧服》：“袪尺二寸。”郑玄注：“袪，袖口也。”简言之，古代标准的衣袖与今只一条贴边的袖口不同，在手腕处还接一段不短的袖筒，合起来都称“袂”，接上的部分是袖头，就叫“袪”，《诗经·郑风·遵大路》：“遵大路兮，掺执子之袪兮。”“掺”，揽。谓揽执对方袖头，因长方可“掺”。春秋时著名的流亡公子重耳最初被迫逃到蒲城，寺人披奉晋献公之命跟踪捕捉。《传》文说：“公使寺人披伐蒲。（重耳）踰垣而走，披斩其袪，遂出奔翟。”（《左传·僖公五年》）寺人披割下的正是袖头一段，即袪。正是此袪使他逃过一劫。

辑安县舞踊冢壁画，舞者长袖有袪

袖口是手所当处，故引申为撩举。《吕氏春秋·达郁》："特会朝雨，袪步堂下。"高诱注："袪步，举衣而步也。"《韩诗外传》卷三："于是孟尝君……明日袪衣请受业。""袪衣"，撩衣上门。

24．衷心

“衷”构的词真多。双音词语：衷心，衷肠，衷曲，衷情……四音词语：言不由衷，无动于衷……“衷”都表内心。

“衷”为什么有内心义？应当从本义查索。不少词典将“衷”的首义解为“贴肉的内衣”，内衣。这倒与内心义拉近了距离，但谁也举不出一条书证。于是有的词典就以为通“中”之故。然而，人们一致地舍易取繁，将“中”写作“衷”，不合常理。

原来，“衷”本义不是指内衣，而是穿内衣，是动词。

“衷”字从衣、中声，声兼义。“中”本指古老的测风、测日仪，其大量引申义可分两系：一是抽象义系，中央，中心……；一是具体义系，身体义属之。盖测日仪竿长八尺，以中人之高为度，故“中”引申指身体。《国语·楚语上》：“余左执鬼中。”韦昭注：“中，身也。……执，谓把其录籍，制服其身，知其居处。”《礼记·檀弓下》：“文子，其中退然如不胜衣。”郑玄注：“中，身也。”因此，“衷”字由衣“中”会其意为将衣加身，即穿贴身内衣。《左传·宣公九年》：“陈灵公与孔宁、仪行父通于夏姬，皆衷其衵（yì）服，以戏于朝。”“衵”，指妇女近身内衣。扩大之，为穿里衣，不一定穿在贴身。《左传·襄公二十七年》：“晋楚各处其偏，将盟于宋西门之外，楚人衷甲。”杜预注：“衷甲，甲在衣中。”即把甲衣穿在里面，外面加上罩衣。《后汉书·董卓传》：“肃（李肃）以戟刺之，卓衷甲不入，伤臂堕车。”

正因为“衷”本指将衣加身，中声有身义，故得引申为心中，内心。这是身体义的缩指。《左传·僖公二十八年》：“今天诱其衷，使皆降心以相从也。”《三国志·蜀书·法正传》：“先主每入，衷心常凛凛。”唐韩偓《天鉴》诗：“神依正道终潜卫，天鉴衷肠竟不违。”出自内心，则不虚诈，故又有诚善义。《尚书·汤诰》：“惟皇上帝，降衷于下民。”孔传：“衷，善也。”而“亵、襗（zé）、衵”等字，虽然也指内衣，但都从衣的用途表其义，没有表示身体的含义，故自然不能引申出心中、内心义。

25.“亵”的本义

“亵（xiè）”，尽管是作词素。但古代“亵”没有猥亵、淫秽等义，但有轻慢义。《孔子家语·好生》：“黼黻衮冕者，容不亵慢，非性矜庄，服使然也。”有亲幸义。《三国志·魏书·齐王芳纪》：“季末闇王……忠良疏远，便辟亵狎，乱生近暱，譬之社鼠。”“亵狎”，亲幸，有污秽义。《周礼·玉府》：“掌王之燕衣服、衽席、床笫、凡亵器。”郑玄注引郑司农曰：“亵器，清器，虎子之属。”指便溺之器。亵器也包括盥洗之器。此外，“亵”有熟悉、亲昵义，这非贬义。《论语·乡党》：“见冕者与瞽者，虽亵必以貌。”意虽多相见而熟悉，也当以礼貌相待。《礼记·檀弓下》：“曰：‘调也，君之亵臣也。’”“亵”诸义怎么来的？本义为何？

“亵”本为名词，指内衣，亲身之衣。《荀子·礼论》：“说（设）亵衣，袭三称。”杨倞注：“亵衣，亲身之衣也。”《汉书·叙传上》：“思有短（裋）褐之亵。”颜师古注同。内衣易污，故引申义作污衣、旧衣。《仪礼·既夕礼》：“彻亵衣，加新衣。”郑玄注：“故衣垢污，为来人秽恶之。”内衣穿着随便，故引申为便服，平居之服。《论语·乡党》：“红紫不以为亵服。”何晏集解引王肃曰：“亵服，私居服，非公会之服。”朱熹注：“亵服，私服也。”又“亵裘衣，短右袂”。这是说家居的亵衣右袖短些，以便操事。由此“亵”的引申义迎刃而解。由内衣亲身而派衍熟悉、亲昵义，由内衣的贴身易污而派衍污秽义，由内衣的随便穿着而派衍随便义。内衣无所谓褒贬，派衍之义也无褒贬。贬义是现代的用法。

然而，再打破砂锅问（璺）到底：“亵”为什么本指内衣呢？

形、声都可见义。字从衣埶声。埶声字有摩擦义。“埶”是“藝”的初文，“藝”者，无论耕耨耰耙，都是农具与泥土的反复摩擦。“槸”是“木相摩”，指树枝相切磨。“暬”是“日狎习相慢也”（皆据《说文》）。男子的性器官，古称为“势”，势者，以力摩擦之物。故“亵”者，指经常与身体相摩擦之衣，这当然指内衣，贴身、亲身之衣。

26. 内衣“衵”“襗”

古代的内衣还有两个常见的称名：“衵（yì）”“襗（zé）”。

《广韵·入质》：“衵，妇人近身衣。”即女人穿的贴身内衣。按照古代的礼俗，内衣是个人隐私，不可示人的秘物，女人的内衣更是房中秘物。然而历史上竟有在堂堂朝廷上玩弄女人内衣的丑事。《左传·宣公九年》载录：“陈灵公与孔宁、仪行父通于夏姬，皆衷其衵服，以戏于朝。”一个堂堂诸侯国君与几个朝臣不仅与夏姬行房中之乱，而且在严肃的朝廷上竟把与他们淫乱的女人的内衣争着穿在自己身上。这个“衵”字，陆德明释文：“妇人近身内衣也。”引申为一般内衣。《后汉书·文苑传下·祢衡》：“于是先解衵衣，次释余服，裸身而立。”

“衵”为什么指妇人内衣呢？《说文·衣部》曰：“衵，日月所常衣，从衣从日，日亦声。”许慎定“衵”是形声兼会意很正确，但将“日”作日月义，再引申为常义，因常穿而表内衣，这样解释有些迂曲。“衵”之“日”当通“尼”。《说文》“暱”字下引《左传·隐公元年》“不义不暱”。《周礼·考工记》：“凡昵之类不能方。”郑玄注引杜子春云：“樴读为‘不义不昵’之昵。”“暱”或作“黏”“䵒”。可见“日、尼”二声可互通。故“衵”从尼声取义，指黏附之衣，即亲身内衣。至于用于女人，这是一个时期中的现象，本来这个字从构意看，未必专用于女人。

“襗”，又作“泽”，指贴身长衣，《广雅·释器》：“襗，长襦也。”《诗经·秦风·无衣》：“岂曰无衣？与子同泽。”郑玄笺作“襗”。汉班固《窦将军北征颂》：“劳不御舆，寒不施襗。”古人穿衣，最里穿襗，次穿袍，袍外有中衣，必要时外再加礼服。“襗”作内衣，显然是取义于“泽”。泽是湖泊，引申为雨泽、光泽，又可引申为污泽。由于常为污所浸润，故称为“襗”，或径作“泽”。“与子同泽”句郑玄笺：“泽、亵衣，近污垢。”容易为污水浸污的衣服，当然就是贴身的内衣了。

27. 汉代的“裈”

要真正认识今天的裤子，还必须了解古代的“裈（kūn）”。

对“裈”，有词典这样释义：“裈（幝、裩）：古时称裤子。”古时，指上古时，还是整个古代？须注意，“裈”是个昙花一现的汉代词，整个古代称裤子的主要还是今用的“裤”，不过写作“绔”或“袴”。有的辞书释得较为明确，但持说不一，或以为是有裆裤，即“穷裤”，或以为是有裆短裤，即牛鼻裤。读者看了实在无所适从。有关裤子问题的复杂只因我们的先祖都不穿满裆裤所致。

裈裤不等于“穷裤”。穷裤也是一种有裆裤，最早出现于汉昭帝时。《汉书·外戚传上·孝昭上官皇后》：“光（霍光）欲皇后擅宠有子……虽宫人使令皆为穷绔，多其带。”颜师古注引服虔曰：“穷绔，有前后当（裆），不得交通也。”颜氏则更明确说：“绔，古袴字也。穷绔即今之绲裆袴也。”这是宫内流行的一种有裆裤。称“穷”者，或许由于它较简陋，不合传统裳制之故。穷裤不是有裆裤的代表，也不是有裆裤的源头。在它之前，我们就见到司马相如的犊鼻裈。《史记·司马相如列传》：“相如身自着犊鼻裈，与庸保杂作，涤器于市中。”

“裈”究竟是什么裤？《急就篇》卷二：“襜褕……褶袴裈。”颜师古注：“合裆谓之裈，是亲身者也。”即谓有裆的内裤。“裈”从军声，军声有大围义。《说文·车部》：“军，圜围也，从车从包省，会意。”古代中原作战用兵车，将兵车四围，就是临时军营。“裈”，会其意是围着腿的有裆大裤。其特点是：围腿，宽大，与“胫衣”或不围腿、紧小的套裤“绔”很不相同。《晋书·阮籍传》：“独不见群虱之处裈中，逃乎深缝，匿乎坏絮，自以为吉宅也，行不敢离缝际，动不敢出裈裆，自以为得绳墨也。”《世说新语·任诞》：“伶

（刘伶）曰：‘我以天地为栋宇，屋宇为幝（裈）衣。诸君何为入我裈中？’”当时都以宽衫大袖、褒衣博带为尚。江苏南京西善桥出土南朝墓砖壁画，上有竹林七贤形象，其中刘伶、阮籍曲腿而坐，袒胸露脯，袍衫宽大甩地，可以隐见宽大的满裆裤的形迹。裈也有短裤，即犊鼻裈，也是宽大的。山东沂南汉墓出土画像石有耍技艺者，上身裸露，下着犊鼻裤，就是宽敞齐膝的。上引《史记》“相如身自着犊鼻裈”句，王先谦《汉书补注》引刘奉世曰：“犊鼻穴在膝下，为裈财（才）令至膝，故习俗因以为名。”这就是江南水乡常见的牛头裤，可便于蹲跪水田操作。河南荥阳东汉墓出土彩绘陶楼有一人即着此种短裤，看去像超短裙。司马相如所穿的正是这种有裆而宽大、不超过膝盖、便于劳作的短裤。

穿裈裤的男子
见于河南荥阳东汉墓

由此可知，裈不源自穷裤，也不同于“绔”。它出现在穷裤之前，也不单指牛鼻裤。牛鼻裤是裈的一种。裈是“胫衣”的裤向后世的有裆裤变化的早期有裆裤。它可长可短，但都是腿衣，裤筒较宽敞，这是胡服与中国传统裳裙因俗制宜地融合的产物。以后裈裤的裤筒慢慢收小，于是裈之名也慢慢消失，又都一律称为“绔”。因而，上古与后世同一个“绔”字，所指内容大不一样：上古“绔”是无裆裤，后世是有裆裤。中间有个“裈”裤过渡。

要之，古代裤的变化是：（无裆）绔—裈—（有裆）绔。

28. 筚路蓝缕

“筚路蓝缕（lǚ）”这一成语，词典多这样解释：“筚路”指柴车，“蓝缕”指破敝衣服，合起来形容艰苦创业。

这种解释是不错的。但需解说。

“筚”，《说文·竹部》解“藩落也”。“藩落”，荆柴。“筚门”，荆柴之门。“路”，道路，引申为行路工具，即车，或作“辂”。《论语·卫灵公》：“乘殷之辂。”《列子·力命》：“乘其毕辂。”毕辂即“筚路”。殷敬顺释文正解为“柴车”。比较难解的是“蓝缕”。今词典多浑释为破敝的衣服，但“蓝缕”都未解。

这成语出自《左传》二处。一是《昭公十二年》：“筚路蓝缕，以处草莽。”一是《宣公十二年》：“筚路蓝缕，以启山林。”杜预注：“蓝缕，敝衣。”破敝衣常作“褴褛”。见于《方言》第三：“南楚凡人贫衣被醜弊，谓之须捷……或谓之褴褛。”今语也有“衣衫褴褛”。又作“繿缕”。《梁书·唐绚传》：“在省，每寒月见省官繿缕，辄遗以襦衣。”既然状衣服，字当以“褴褛”为正。其“褴”字当从衣、从滥省。水之滥是放溢无边限，衣之滥则是衣无边限。《方言》第四：“无缘之衣谓之褴。”即无边饰。无缘边，必然经纬线头外露，这是粗制破旧之衣的一个表征。其“褛”，中古音有二音二义，一是平声侯韵，落侯切，读 lóu，衣襟义，《方言》第四：“褛谓之衽。”郭璞注：“衣襟也。”一是上声，力主切，麌韵，读lǚ，线义。作线义之“缕”，出现早，当是本字，则“褛”显然是后出字，专用于衣服之线。再察“缕”是什么线。《墨子·尚同上》：“譬若丝缕之有纪，罔（网）罟之有纲。”《孟子·滕文公上》：“麻缕丝絮轻重同。”此“缕”用于麻，与“丝絮”对举。“一丝一缕”“千丝万缕”，也都是丝线与麻线对举。凡此可见，“缕”的本义指麻线，是麻线的专称。麻线的特点见于其字的娄声，娄声有多义。“瘘”，颈肿，毒菌所聚结。《尔雅·释诂上》：“搂，聚也。”“溇”，雨不绝貌。“缕”，则表示多股线合成的麻线，所制必是粗的麻布衣。“蓝缕”之“蓝”当是“襤”的通假，“蓝缕”即“襤缕”，其“襤”是衣服没有边缘而经纬线毛头外露；其“缕”是多股的粗麻线，合之就指粗麻线制的经纬线头都外露的麻布衣。要之，“蓝缕”指穿着粗、旧、破的麻布衣，故旧注解为“敝衣”，今字、词典解为破敝衣服。

29. 护身的“甲”

这里说的是“盔甲”“甲胄”“铠甲”之“甲”。

“甲”，《辞海》解：“古时战士的护身衣，用皮革或金属做成。”《辞源》解：“古代军人所服革制护身衣。”后者正确。

甲本指爬行动物或节肢动物身上的硬壳。作为作战时的护身衣，也是从动物的甲壳得到启示的。殷周到战国，是皮甲的盛世。主要用犀兕皮或一般的牛皮，偶用点鲛鱼皮。《左传·宣公二年》：“牛则有皮，犀兕尚多，弃甲则那？”“那”，奈何。这是春秋宋国华元的从乘为其主帅弃甲降敌而作的辩护，说牛皮、犀兕皮都很多，丢弃一些甲衣没关系。役夫听了反驳道：“从（纵）其有皮，丹漆若何？”这是说虽然皮革还有，但宋国丹漆少，怎么办？从这一番对话，可知上古甲衣要用皮革，并要上漆。这甲不是整块皮革披身，而是先切成小片，似木札，再予缀连。多则七札。《左传·成公十六年》：“潘尫之党与养由基，蹲甲而射之，彻七札焉！”“党”，潘尫之子。“蹲”，聚。他们能射透七札，膂力特大。随县曾侯乙墓出土、复原的十二领皮甲，都涂黑漆，整领甲由身甲、甲裙、甲袖三部分构成，上半身，特别是手臂关节都能自由活动。这样的一领甲，成本很高，制造工艺复杂。因此，上古车战中，只有战车上的奴隶主、将士有资格披甲，而车下众多的步兵是不披甲的。甲衣也用于驾马。《左传·成公二年》：“齐侯曰：‘余姑翦灭此而朝食。’不介马而驰之。”“介马”，甲马。齐侯轻敌而“不介马”，可见，一般是要让兵车的驾马披甲的。从曾侯乙墓出土马面廉看，马甲是整片皮制成的，与甲衣不同。

作为语词，皮甲之“甲”，也作“介”，如上“不介马”句。又如《礼记·曲礼上》：“介胄则有不可犯之色”，《表记》作“甲胄”。

“甲”还可代称披甲之人。《战国策·燕策二》：“齐军败，燕得甲首二万人。”“甲首”，甲士，披甲之士。

整个上古，特别是在战国之前，“甲”只指皮甲，没有铁甲。从西汉起，进入铁甲时代，铁甲称“铠”。但是，皮甲并没有绝迹，从《太平御览》卷三五六引李尤《铠铭》曰：“甲铠之施，捍御锋矢，尚其坚刚，或用犀兕。”铁甲，有时也称为“甲”。曹操《破袁尚上事》：“投戈解甲，翕然沮坏。”成语“解甲归田”，这显然是“仍旧贯”而浑称。它见于承古而用的一些固定词语或与“铠”的同义连用。唯此，“甲”在上古文献尤多，而在秦以后文献中，大为减少。

现代，皮的、铁的护身衣都没有了，用“甲”而称古代将士的护身衣，单用也是指皮甲，金属的称“铁衣”“铁甲”。在极少的成语或固定词语“铁甲”“铠甲”“盔甲”中作为词素，才可浑指铁甲。

30. 护身的“铠”

对于“铠”的界说,《辞源》说:“古代战士用以护身的铁甲。”《太平御览》卷三五五引《释名》:“铠,犹垲。垲,坚重之言也。”“垲”,坚石。则字当从金从岂,岂亦声。它是战国以后铁器时代产生的新字,故金可确指为铁,会其意:铁制的坚硬护身衣。“铠”是铁护身衣的专称。

上古是皮甲的黄金时代,但到战国时,已有了铁甲。《战国策·韩策一》:“当敌即斩坚。甲、盾、鞮鍪、铁幕。”《史记·苏秦列传》作“坚甲铁幕”,司马贞索隐:“刘云:‘谓以铁为臂胫之衣。’”《吕氏春秋·贵卒》:“赵氏攻中山,中山之人……衣铁甲,操铁杖以战。”不过,在整个战国时期,铁甲并未流行,即使先进的秦国,也不见用铁甲,秦陵兵马俑坑以青铜武器为大宗,陶俑上的甲,都是皮甲的模拟物。到西汉时,铁器普及,铁甲成为主要防护装备。《史记·卫将军骠骑列传》记汉武帝深悼霍去病:“发属国玄甲军,阵自长安至茂陵,为冢象祁连山。”唐代的张守节正义:“玄甲,铁甲也。”班固《封燕然山铭》:“玄甲耀日,朱旗绛天。”从出土实物可知,到武帝时已发展为精锻细密的鱼鳞铁甲。

今所见最早的“铠”字,是战国文献《韩非子·五蠹》:“共工之战,铁铦矩者及乎敌,铠甲不坚者伤乎体。”“铦”,箭头。“矩”,通“钜”,长兵器。但大量用其字,要到汉武帝时期的汉简。如377:1简:“铠、鞮瞀各一。”甲2287简:“□铁铠□。”(《居延汉简甲编》)“鞮瞀”,即兜鍪。在汉简中,皮甲称为“革甲”。大约后汉起,铁制品更普遍,“铠”字也就常见了。诸葛亮《作刚铠教》:“敕作部皆作五折刚铠,十折予以给之。”诸葛亮的五锻钢铠到六朝还很突出。当时,铠的种类已很多。曹植《上铠表》上就列有黑光铠、明光铠、两当铠、马铠等名。其中两当铠像裲裆衫形，由一片胸甲与一片背甲组成，肩部加结，腰上束带，而“明光铠”——胸前背后都装有大的金属圆护，像明镜而闪光，它们都是南北朝时期骑兵流行的铠式。到唐代，又发展成一种绢布铠，可能是铠甲外缀绢布。从这里可知，铁甲的使用、发展是与骑兵、骑战的发展分不开的。到了宋代，铁甲发展到高峰，各种工序、规格都有定式。但是，由于铁甲的锻造极费工时、财力；一副完整的铁甲，重达四五十斤；特别由于火药的发明、火器的使用，铠连同皮甲到南宋而衰。元明各代只是它的尾声。

作为语词，“铠”一开始就是铁衣的专称。但以后有时也用为泛称，可指皮甲。《太平御览》卷三五六引孔融《寘刑论》曰：“古圣作犀兕革铠，今盆领铁铠，绝圣甚远。”（“盆”或作“盔”。）同书卷三五五引王隐《晋书》曰：“（马隆）以磁石累夹道侧，贼铠不得过，隆兵着牛皮铠得过，贼以为神。”这些“铠”都指皮甲。

要之，“铠”：古代将士所穿用铁片缀连成的护身衣。有时也浑指皮甲。

31. 膏粱·纨绔

古人常用“膏粱”“纨绔”代称权贵子弟。宋代华镇《隐者论》中“膏粱之室，纨绔之胄”句，已将二者并称。清顾栋高《列国都邑表》：“谓行封建之后，驯习膏粱纨绔之徒，使明于君国子民之道。”《红楼梦》第三回：“寄言纨绔与膏粱：莫效此儿形状。”将二者并作权贵子弟的代称。

膏粱是美食。《国语·晋语七》：“夫膏粱之行难正也。”韦昭注：“膏，肉之肥者；粱，食之精者。”膏指牛羊猪的肥肉，膘油多者。粱，是古代稷（小米）的一个优良品种，盛行于宋代以前，“黄粱美梦”中的黄粱是其中一品。粱是精饭。“膏粱”，代表精美菜饭，权贵子弟自然食必膏粱，故膏粱作此类青年的代称。晋袁宏《后汉纪·顺帝纪》：“诸侍中皆膏粱之余，势家子弟，无宿德名儒可顾问者。”宋曾敏行《独醒杂志》卷十：“蔡京诸孙，生长膏粱，不知稼穑。”以上“膏粱”或指权贵，或代称其子弟、后裔，尚无明显的贬义。

绔，或作“袴”，今作“裤”。“纨绔”之称汉代就有了。《汉书·叙传上》：“出与王、许子弟为群，在于绮襦纨绔之间，非其好也。”颜师古注：“并贵戚子弟之服。”后世“纨绔”之用远多于“膏粱”。杜甫《奉赠韦左丞丈二十二韵》：“纨袴不饿死，儒冠多误身。”明朱鼎《镜台记·请婚》：“画毂鸣驺纨裤相仍逞贵游。”清施润章《程山尊诗集序》：“夫裘马纨绔之习不足尚，就使楮冠芒屦敝敝焉。”洪深《申屠氏》楔子：“有一个浑身锦绣，而鄙俗不堪的纨袴，调戏那女子。”看来，古代“纨绔”也无明显贬义，但到现代用为贬义了。

“纨绔”作为权贵子弟的代称，因为它最能代表此类青年的衣着特征。盖原先中原汉人衣着是上衣下裳制，裤不外穿，也不缅裆。战国时，赵武灵王实行胡服，让裤子外穿而不再履裳，以便骑射。实际上就是实行后代的“绔褶”制（“褶”，读 xí，骑服），即穿骑服与有裆的骑裤。从后汉起，胡服大力推行，内穿小裤、外穿有裆套裤开始盛行，于是穿外裤成为当时衣着的新潮。追求时尚的权贵青年当然穿外裤。不仅如此，而且是纨绔，更彰显权贵特色。盖古代丝织品最为丰富，彩色的有绮、绫、锦等，最轻细的有纱、縠、罗等，最细白的也有缟、素、练、纨等。其中纨，不是一般的细绢，而是特别细白而有光泽。《释名·释采帛》：“纨，焕也，细泽有光焕焕然也。”所以纨也称“冰纨”，如此纨绔，显得特别光亮、洁白、高雅，更能显出权贵青年的衣着特征。因此“纨绔”的使用会远甚于“膏粱”。

32. 敝屣·脱屣

稍看一点古文，就常见到“脱屣（xǐ）”“敝屣”，从字形看当是一种鞋子。查查一些词典，屣的释义大多很简单：“鞋”。很失望，只能自己揣摩文意了。

“屣”，也作“躧”。《吕氏春秋·观志》：“其仆曰：‘窃观公之志视舍天下若舍屣。’”《孟子·尽心上》：“舜视弃天下犹弃敝蹝也。”“敝”，破败。屣无论敝否，必是价贱可弃之鞋。再看，《战国策·燕策一》：“则燕赵之弃齐也，犹释弊躧。”躧，亦屣。《淮南子·主术》：“尧之有天下也……举天下而传之舜，犹却行而脱屣。”秦以后犹作此喻用。《汉书·郊祀志上》：“嗟乎！诚得如黄帝，吾视弃妻子如脱屣耳！”《陈书·高祖纪》：“居子如驭朽索，去之如脱敝屣。”我们知道，古代的履屦都有鞋带系缚，要解鞋带再拔跟而脱，而以上这些文例都说“脱屣”很方便，且“却行而脱”，则屣当是无鞋带无跟的拖鞋了。

还要找依据，且拖鞋也有多种，最后查查古代的辞书。

原来“屣”，或作“蹝”“縰”“躧”。《广雅·释器》：“屣，屩也。”屩是草鞋。《庄子·让王》“原宪华冠屣履”陆德明释文引《通俗文》曰：“履不著跟曰屣。”《广韵·去寘》也说：“屣，履不蹑跟。”“蹑”，踩踏，也指鞋无后跟。现在清楚了，“屣”，是指没有系带的草拖鞋。因缺跟无带，就如破败不全之履，故称“敝屣”；因只能拖曳着走，只可家用而不能行路，连一般草鞋的功能都没有，且穿脱方便，故常有“脱屣”“舍屣”等喻语。

33. 屣·屣履·倒屣

对于名物词，不仅要知其物，还要知其有否动词之用。一旦作了动词，往往引起词义或语义的变化。

搞清楚“屣”作名词指草拖鞋，那么它作动词的几种用法也会容易明白。

它有三种用法，即有三义。

一、把……看作屣。这是名词作动词的意动用法。孔稚珪《北山移文》：“屣万乘其如脱。”“万乘”，代称大国。全句意：把大国之君的位势看作草拖鞋可随便脱弃。

二、拖曳。《后汉书·王符传》：“有顷，又白王符在门，规（皇甫规）素闻符名，乃惊遽而起，衣不及带，屣履出迎。”《崔骃传》：“骃由此候宪，宪屣履迎王。”李贤注：“屣，谓纳履未正，曳之而行，言其遽也。”李注是。实际上也是“屣”作动词的意动用法，指将履视为屣，“屣”就可转为拖曳义，指拖曳鞋子，即匆促之中，穿鞋来不及拔上鞋帮、系上鞋带，就拖着鞋出来（南北朝前席地而坐，脱鞋上席，出去穿鞋）。通常用来形容在家听到贵客驾到，兴奋、紧张出迎的情状。

三、倒拖曳鞋子。与“屣履”相类，还有一种“倒屣”的用法。后汉的皇甫规，正直不阿，贿者拜谒，他卧床不起，而“闻王符至，遂倒屣而迎”（《后汉书·皇甫规传》）。蔡邕很看重王粲，“闻粲在门，倒屣迎之”（《三国志·魏书·王粲传》）。唐王维《辋川别业》诗：“披衣倒屣且相见，相欢语笑衡门前。”屣是无跟的草拖鞋，岂可倒穿？此“屣”径取拖曳义，是“倒屣履”，宾语“履”省，故“倒屣”指倒拖着鞋。即把鞋跟作鞋头，匆忙出门。其出迎时的兴奋、紧张的程度比“屣履”更深一点。

34. 鞋子“屦”

“屦（jù）”“履（lǚ）”这两个字，形状相似，声音相近（韵同），均作鞋子之称。今成语“削足适履”也作“削足适屦”，古已并见。还有“截趾适屦”。《淮南子·说林》：“夫所以养而害所养，譬犹削足而适履，杀头而便冠。”后者见于《三国志·魏书·明帝纪》裴松之注引《魏略》和《后汉书·荀爽传》。有些词典也力图揭出它们的微别。《辞海》释“履”为“鞋”，“屦”为“麻、葛等制成的单底鞋”。《辞源》则说：“屦：鞋子，汉以后称履。”古人有的认为二者有粗细之别。《方言》第四：“屦，粗履也。”《左传·僖公四年》：“共（供）其资粮、屝屦。”孔颖达疏：“粗者谓之屦。”

“屦”，确实可指粗鞋，即用粗葛麻粗编的单底鞋。《孟子·滕文公上》：“其（许行）徒数十人，皆衣褐，捆屦、织席以为食。”“捆”通“梱”，原始的梭子，这里用为动词织义。追求原始生活的许行之徒的产品当然是粗货，文中是指粗麻布鞋。上举《左传·僖公四年》“屝屦”亦更是粗鞋。但也可指用丝帛、皮革精制的高档鞋。《周礼·屦人》：“掌王及后之服屦。”《礼记·少仪》：“食器不刻镂，君子不履丝屦。”《左传·成公二年》：“郤克伤于矢，流血及屦，未绝鼓音。”郤克是晋中军的主帅，上卿，当然不会穿粗陋的鞋。它也可以泛指鞋。《左传·昭公三年》：“国之诸市，屦贱踊贵，民人痛疾。”“踊”，削足者的鞋，“刖”，断足的刑罚。这是说受刖刑的人多，以至市场上鞋子跌价，而踊则涨价。其“屦”泛指一般的鞋。可见，“屦”是上古鞋子的总称。诚如段玉裁所说：“今时所谓履者，自汉以前皆名屦。”（《说文·履部》注）不论质料贵贱、工艺精粗，凡鞋称“屦”。

屦鞋有精粗高下，较精致的除了鞋帮鞋底，还有些附饰。在鞋帮鞋底相接的缝里嵌饰的条子叫“繶（yì）”。在鞋头上像刀衣鼻之类的华饰叫“絇（qú）”。絇上有孔可穿系鞋带，鞋带叫“綦（qí）”。古人鞋带是旋回而系的。鞋口上的滚边叫“纯”。这些饰物一般是丝织品，也可饰在各种质料的鞋上。符合礼制的屦及屦饰的颜色应与服色协洽。如《仪礼·士冠礼》规定：“玄端、黑屦，青絇、繶、纯。”“玄端”，一种黑色的礼服。

“屦”作鞋的总称，主要用于先秦。秦以后也用。如文首所举“刖趾适屦”（《三国志·魏书·明帝纪》裴注）、“截趾适屦”（《后汉书·荀淑传》）诸语。又如唐李华《含元殿赋》：“递攀援而耸仰，齐屦企而冠腾。”这只是承古而用，比较少见。这时作鞋总称的主要是“履”。

35. 鞋子“履”

“履”，四体会意。“彳、夊（cuī）”都指行，“舟”象履形（今变成“复”的上部），“尸”代表人，会其意人足着舟船形之物而行，为动词，上古已用。细分有三：一是穿鞋。《礼记·少仪》：“君子不履丝屦。”《庄子·田子方》：“儒者冠圜冠者知天时，履句屦者知地形。”二是踩踏。《论语·乡党》：“行不履阈。”皇侃义疏：“履，践也。”《左传·僖公十五年》：“以太子罃弘与女简、璧登台而履薪焉。”“简、璧”，罃弘姐妹。三是履行。《礼记·表记》：“处其位而不履其事。”郑玄注：“履犹行也。”《后汉书·宦者传·吕强》：“南面当国，宜履行其事。”“履行”，同义连用。再引申为名词义，指行为、界域等，但就不用为鞋子义。此正与“屦”相互补。

晋代织履

唐代锦履

但从战国开始，“屦”字少用，“履”取而代之，用作名词，作鞋子的总称。《庄子·山木》：“衣弊履穿，贫也，非惫也。”《吕氏春秋·恃君》：“无衣服履带宫室畜积之便。”“履带”，鞋子、带子。《韩非子·外储说左下》：“晋文公与楚战，至黄凤之陵，履系解，因自结之。”“履系”，鞋带。《汉书·郑崇传》：“喜（傅喜）为大司马，荐崇，哀帝擢为尚书仆射……每见曳革履，上笑曰：‘我识郑尚书履声。’”李商隐《喜雪》诗：“寂寞门扉掩，依稀履迹斜。”“履”基本取代了“屦”。故朱骏声说：“古曰舄、曰屦，汉以后曰履，今曰鞵（鞋）。此字本训践，转注为所以践之具也。”（《说文通训定声·履部》“履”字）其先后的界线当定在战国，而不是汉代。

36. 履舄交错

古代鞋子有单底鞋、复底鞋，“履”确实多指单底鞋，而复底鞋称“舄（xì）”。

“履舄交错”，语出《史记·滑稽列传·淳于髡》：“男女同席，履舄交错，杯盘狼藉，堂上烛灭。”秦汉时席地而坐，入席必须脱鞋。履舄横七竖八，形容宾客众多。这里必指两种鞋。

“舄”，本是鹊鸟的象形。作为鞋，其形状像舄鸟之形，故名为“舄”。舄鞋特点不仅在于外形，而且在于是复底。《释名·释衣服》：“复其下曰舄。舄，腊也。行立久，立地或泥湿，故复其下，使干腊也。”《左传·桓公二年》：“带、裳、幅、舄。”“幅”，縢。杜预注：“舄，复履。”《周礼·屦人》：“屦人掌王及后之服屦，为赤舄、黑舄。”晋崔豹《古今注·舆服》说：“舄，以木置履下，干腊不畏泥湿也。”可知，它是鞋底下置木的鞋。这实是一种较为高级的鞋。上古，主要是奴隶主贵族所穿。那时，对舄的色彩、规格都有些规定。天子的舄有三等：赤舄为上，次为白舄、黑舄。舄必须与衣裳的颜色相一致，因王的下裳纁朱色，故舄也必用赤色。王后的舄亦有三等：以玄舄为上，次为青舄、赤舄。舄只有在朝觐祭祀等重大礼仪的场合穿着。《诗经·小雅·车攻》：“赤芾金舄，会同有绎。”“金”，朱黄色。诸侯来朝见时佩朱韨（即蔽膝）、穿朱黄色舄，指尊卑到位。而从战国起，舄的使用面扩大了。它不限于帝后，一般人也可以穿了。文首所举《史记》的“履舄交错”，正是状一般人。白居易《对酒吟》：“履舄从相近，讴吟任所须。”也是如此。

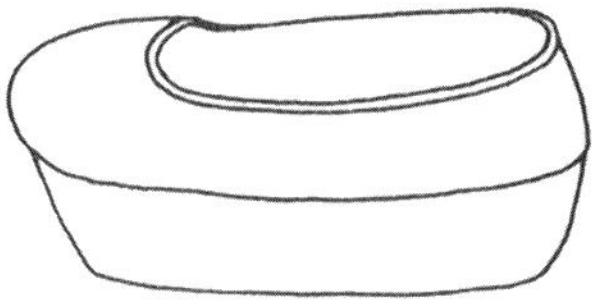

汉代的舄

既然“舄”指复底鞋，那么相对举的“履”，便自然指单底鞋了。

“舄”在古代也可指柱下的垫石，即“础”。《墨子·备六》：“柱下傅舄。”《文选·何晏〈景福殿赋〉》：“金楹齐列，玉舄承跋。”李善注引《广雅》曰：“磶，磌也。”后出字作“磶”。这一义是舄鞋的引申。这也可见，舄鞋，是常用的单底鞋下加垫层（常用木）的复底鞋。

37. 有筒的鞋“靴”

“靴”，靴子，有马靴、皮靴、雨靴等，都是有筒的鞋。

皮革制的鞋虽然古已有之，但都没有筒。有筒的鞋，最早来自西域，是打仗时便于骑马所穿的高筒鞋。“靴”本作“鞾”，得声义于“跨”。《释名·释衣服》：“鞾，跨也，两足各以一跨骑也。本胡服，赵武灵王服之。”《隋书·礼仪志七》也说：“靴，胡履也，取便于事，施于戎服。”赵武灵王学胡服，当然也包括这种长筒靴。但是胡服一时并没有在中原推广。直到汉代文献中“靴”字还不常见，可见其物未盛。即便魏晋时，南朝的人一般还是穿厚底履，而不习于穿靴，只有少数人学北人而穿靴。《南史·恩幸传·周石珍》：“亶学北人着靴上殿，无肃恭之礼。”不过，北朝的人着靴已是常服。在《北齐校书图卷》中的男女都有穿高靿（yào，靴筒）靴，裹帛巾或翻领长袍者。

汉丝织靴

皇帝的朝靴

靴的全面普及，从隋代开始。隋的统一南北，使南北的方物交流，随着骑马的进一步发展，穿长筒靴已列入典仪的服制。《隋书·礼仪志七》：

“玉梁带，长鞠韈，侍从田狩则服之。”至唐而盛，并且长靿靴改为短靿靴，使之适应面更广，不限于军事戎服，文武百官、庶民都可服用，连宫殿上朝也从原先着履而变成穿靴入殿省。《新唐书·李白传》：“白（李白）常侍帝，醉，使高力士脱鞾。”这是李白反抗权贵的一件有名的趣事。西安南郊杨思勖墓出土唐开元石刻造像，西安唐李贤墓壁画所见文武官僚、仪卫都着半筒靴。唐代妇女、宫人、舞女也盛行着靴。李白《对酒》诗：“吴姬十五细马驮，青黛画眉红锦靴。”舒元舆《赠潭州李尚书》诗：“湘江舞罢忽成悲，便脱蛮靴出绛帷。”到了宋代，靴被列为从皇帝到百官的朝服，而后妃命妇则穿舄，男女有别（参《宋史·舆服志》）。以后成为定制。

38. 拖鞋“靸”“屐”

拖鞋，有草拖鞋、皮拖鞋、木拖鞋。古代各有专称。草拖鞋称“屣（xǐ）”。这里说皮拖鞋“靸”、木拖鞋“屐”。

“靸（sǎ）”从革，表示皮制。《急就篇》卷二：“靸鞮卬角褐韤巾。”颜师古注：“靸谓韦履，头深而兑（锐），平底者也，今俗呼谓之跣子。”《释名·释衣服》也释：“靸，韦履深头者之名也。”也称“靸鞋”。不过，从晋代起，除梁武帝用丝制，一般都用草制，说见唐马缟《中华古今注》、明陶宗仪《辍耕录》卷十八引王睿《炙毂子杂录》。《辍耕录·靸鞢》说：“西浙之人，以草为履而无跟，名曰靸鞢。妇女非缠足者，通曳之。”《景德传灯录·怀恽禅师》：“百丈和尚令一僧来伺候，师上堂次，展坐具，礼拜了，起来拈师一只靸鞋。”这也该是草拖鞋，与“屣”一样，以其是拖鞋，故可引申作动词，拖曳义，读 tā。元方回《秋夜听雨》诗：“质明靸破鞋，满砌落叶温。”

木拖鞋称“屐（jī）”，今犹有木屐其物，但古今形制有异。古代木屐作为雨鞋、山鞋，其搭襻较宽（便于穿皮韤），鞋底下有前后两排齿。《急就篇》卷二：“屐屩（juē）……”颜师古注：“屐者，以木为之而施两齿，可以践泥。”其形制是兼今天的木拖鞋和钉鞋为一。可以用以出门远行。《汉书·爰盎传》：“屐步行七十里。”用于出嫁的妇女。汉代妇女出嫁也穿木屐，屐上施彩画，用五彩丝带系之（见《汉书·五行志》）。也可以用于家中平居作便鞋。《晋书·王述传》：“尝食鸡子，以箸刺之，不得，便大怒掷地，鸡子圆转不止，便下床以屐齿踏之，又不得。瞋甚，掇内（纳）口中。齿破而吐之。”又，《谢安传》记谢安收到破苻坚的战报，初很镇静，后“过户限，心喜甚，不觉屐齿之折”。可见家居所穿也是有齿的木屐。

还有一种，在木屐底部装前后两只活络木齿，可灵活调节。《南史·谢灵运传》："登蹑常着木屐，上山去其前齿，下山去其后齿。"也有一种与今天一样的无齿之屐。《晋书·宣帝纪》："关中多蒺藜，帝使军士二千人着软材平底木屐前行。"这是司马懿举兵征蜀之中所设权宜措施，不是屐的常制。屐在式样上也有过变化。《晋书·五行志上》："初作屐者，妇人头圆，男子头方。圆者顺之义，所以别男女也。至太康初，妇人屐乃头方，与男无别。"屐较轻便、简易，凡上朝、访友、公宴等讲究礼节的场合，则不宜穿着。

穿木屐的宋代男子

39. 草鞋“扉”“屩”

现代，草鞋是最粗陋、低贱的鞋类。然而，在物质生活远比今天低下的古代，尤其是上古，草鞋并不如此低贱。扉（fèi）、屩（juē）是常见的两种草鞋。

用植物茎皮编结的最粗陋的草鞋叫“扉”，或作“菲”。《说文》：“扉，屦（jù）属。”“屦”，鞋。《释名·释衣服》：“齐人谓草屦曰扉。”《左传·僖公四年》：“共（供）其资粮扉屦。”“共”同“供”。杜预注：“扉，草屦。”常用于囚徒。《汉书·刑法志》：“所谓‘象刑惟明’者，言象天道而作刑，安有菲屦赭衣者哉？”

较坚牢而柔软，适于远行的草鞋叫“屩”，从履省，乔声。或作“蹻”。《释名·释衣服》：“屩，草履也。屩，蹻也。出行着之，蹻蹻轻便，因以为名也。”盖“乔”有高义，蹻是“举足行高”（《说文》）。“屩”者，能使人迈步脚腿高举、轻便利行的草鞋。故多用于出门风尘仆仆地远行。《史记·孟尝君列传》：“蹑蹻而见之。”司马贞索隐：“蹻……又作屩。”又《范雎蔡泽列传》：“夫虞卿蹑屩担簦，一见赵王，赐白璧一双，黄金百镒。”“簦”，张而不可阖的有柄伞。屩鞋雨伞，这是长途跋涉的用具。屩，一般用芒草

玄奘取经所穿屩鞋，
采自《大唐西域记校注》

编结。李时珍《本草纲目·草部》说，芒草比茅长大，高四、五尺，有长茎、短茎，可作绳索，编草鞋。《梁书·儒林传·范缜》："在瓛（刘瓛）门下积年，去来归家，恒芒屩布衣，徒行于路。"《晋书·刘惔传》："家贫，织芒屩以为养。"屩鞋多为下层劳动人民所穿。《太平御览》卷六九八引《搜神记》曰："屩者，人之贱服而当辱下民之象也。"确实，奴隶主或封建贵族豪门的远行，有高马轩车代其劳，当然不需屩鞋。

40. 蓑笠

古今衣着变化很大，但也有千古不变者，便是蓑笠。请看：

> 西塞山前白鹭飞，桃花流水鳜鱼肥。青箬笠，绿蓑衣，斜风细雨不须归。

如果说此词描画的是今日江南水乡的雨景，也未尝不可。但我们知道这是唐代的烟波钓徒张志和脍炙人口的《渔歌子》词。那渔者在斜风细雨中，优哉游哉，乐而忘返，就因为戴着青箬笠，披着绿蓑衣而不惧风雨侵袭。

“蓑、笠”常连用，是古代两种相搭配的常用雨具。《国语·越语上》：“譬如蓑笠，时雨既至，必求之。”《仪礼·既夕礼》：“道车载朝服，槀车载蓑笠。”郑玄注：“蓑笠，备雨服。”《太平御览》卷七六五引曹植《九咏》：“被蓑兮戴笠，置露兮践欢。”柳宗元《江雪》的千古名句：“孤舟蓑笠翁，独钓寒江雪。”

蓑衣，用草或棕编制而成，披穿在身上，是古人主要的雨具。《论衡·明雩》：“孔子出，使子路赍雨具，有顷，天果大雨。”唐许浑《村舍》诗：“自翦青莎织蓑衣，南峰烟火是柴扉。”《山海经·西山经》：“（三危之山）其上有兽，其豪如被蓑。”郭璞注：“蓑，被雨草衣也。”《太平御览》卷七六五引汉冯敬通《诣邓禹笺》曰：“今日裘与蓑孰急？见雨则裘不用，上堂则蓑不御……今敬通逢堂蓑之不能御也。”唐杜牧《齐安郡晚秋》诗：“可怜赤壁争雄渡，唯有蓑翁坐钓鱼。”宋林逋《秋日湖西晚归舟中书事》诗：“却忆青溪谢太傅，当时未解惜蓑衣。”“蓑”字可作动词，指用草苫覆盖。《公羊传·定公元年》：“仲几之罪何？不蓑城也。”何休注：“若今以草衣城也。”

“笠”本指竹制的凉帽，即御雨遮阳之具。《诗经·周颂·良耜》：“其笠伊纠。”“纠”，戴笠帽。毛传：“笠所以御暑雨也。”孔颖达疏：“笠之为器，暑雨皆得御之，故兼言也。”可遮阳。唐李白《戏赠杜甫》诗：“饭颗山头逢杜甫，头戴笠子日卓午。”又可御雨。《史记·五帝本纪》记瞽叟欲害舜，使舜修仓库，待舜上仓后，从下纵火，结果，“舜乃以两笠自扞而下，去，得不死”。雨笠居然救了舜的一命。

今天，蓑笠其名其物仍有，主要是从事农、渔等体力劳动者为便于雨中作业而披服。

41. 繖·伞·簦

伞是可以张合的挡雨遮阳光的用具，主要作为防雨用具。古代也有。

“伞”本作“繖（sǎn）”。《说文新附》：“繖，盖也。”《广韵·上旱》：“繖，繖丝绫，今作繖盖字。”可见“繖”本为一种绫名。因用作挡雨、遮阳之盖，就也作伞之称。“傘”是个后出的象形字。

古代的伞（繖），基本形制是一根长杆，顶为伞顶，突高，四下微斜，里有骨子撑起伞面，伞面有方形、圆形。伞边垂绸绫，成围。《大清会典图》中的方繖四角还下垂旌旄流苏。这当为宫廷仪仗所用。其简陋者，则为民用常物。它们与今天的伞基本相同，主要特点是通过伞骨子活动，可使伞面张合。这种伞，魏晋时就有了。《史记·五帝本纪》记舜父瞽叟欲杀舜而舜机智逃生一幕：“使舜上涂廪，瞽叟从下纵火焚廪。舜乃以两笠自扞而下，去，得不死。”“自扞”，自护。司马贞索隐引皇甫谧云：“雨繖。繖，笠类。”皇甫谧是晋代著名史学家，当言而有据，表明晋代已有雨伞。《晋书·王稚传》：“将拜（少傅），遇雨，请以繖入。”《魏书·裴延俊传》：“服素衣，持白伞白幡。”有一种盐也以“伞”称。唐段成式《酉阳杂俎·物异》：“盐，朐䏰县盐井，有盐方寸，中央隆起如张伞，名曰伞子盐。”盐以伞喻，足见当时伞已很普及。伞，常常用为宫廷仪仗。《金史·百官志二》：“常侍官：护卫三十人，牵引八十人，伞子四人，执旗二人。”“伞子”，执伞的人。

古代还有一种固定而不可收张的伞，叫作“簦（dēng）”。这其实是装上直柄的大盖笠，即长柄笠。《急就篇》卷三：“竹器簦笠簟籧篨。”颜师古注：“簦笠，皆所以御雨也。小而无把，首戴以行谓之笠。大而有把，手执以行谓之簦。”在魏晋以前，尤其是上古，可收张的伞尚未使用之前，簦像蓑笠一样盛行。《史记·平原君虞卿列传》："虞卿者，游说之士也。蹑蹻担簦，说赵孝成王。""蹻"即"屩"，草鞋，也当远行的雨鞋。裴骃集解引徐广曰："簦，长柄笠，笠有柄者谓之簦。"《国语·吴语》："遵汶伐博，簦笠相望于艾陵。"簦是撑举的，笠是戴首的，看去都是在人头顶上的大大小小的笠。因此，不能折合的伞——簦，既是伞，又是笠。真正的伞（繖），应该是从它发展出来的。

凌濛初《初刻拍案惊奇》中的唐人雨伞

42. 盖被“被”“衾”

“被”，被子。古代也有“被”。

《释名·释衣服》：“被，被也，所以被覆人也。”“被”从皮声得义。皮声有不平义，也有益加义。《说文·彳部》：“彼，往有所加也。”“帔”，披巾，披肩，加物于肩、首。“髲”，假发，发上加发。“被”，将衣物加身，动词。《左传·襄公三年》：“被练三千。”孔颖达疏：“被是被覆衣着之名。”《老子》第七十章：“是以圣人被褐怀玉。”引申为覆盖。《楚辞·招魂》：“皋兰被径兮斯路渐。”王逸注：“被，覆也。”再引申为覆盖人之衣，即寝衣，被子。同篇：“翡翠珠被，烂齐光些。”《太平御览》卷七〇七引晋傅玄《被铭》曰：“被虽温，无忘人之寒。”五代王仁裕《开元天宝遗事》记唐明皇语：“帝……谓宫嫔曰：‘尔等爱水中鸿鶒，争如我被底鸳鸯！’”这些“被”都有口语色彩，多指单被。《说文·衣部》：“被，寝衣，长一身有半。”释语暗取《论语·乡党》：“必有寝衣，一身有半。”“身”，指去四肢之体，即上半身；“有”，又，加其半，正好到膝盖，必是单被。

所谓被子，一般指大被、厚被。被子的通称是“衾（qīn）”。“衾”从衣今声，今声之字有小少义，也有多大义，二者“相反相成”。“贪”，欲物，所谓“多多益善”。“钤”，大犁。“念”，常思不能忘，是思之多。“衾”，指寝衣之厚大者，即是大被、复被（一般实以絮麻）。《说文·衣部》：“衾，大被。”《释名·释衣服》：“衾，广也，其下广大，如广受人也。”《诗经·召南·小星》：“肃肃宵征，抱衾与裯。”毛传：“衾，被也。裯，襌被也。”则“衾”是厚被。若同时使用，则先盖被，后盖衾。因此，“衾”这种被才是今天所称被子。于是，它必然成为古代表示被子的通称。张衡《同声歌》："愿为罗衾帱，在上卫风霜。""帱"，帐。王僧达《祭颜延年文》："衾衽长尘，丝竹罢调。""衾衽"，被、席。李白《友人会宿》诗："醉来卧空山，天地即衾枕。"杜甫《茅屋为秋风所破歌》："布衾多年冷似铁，娇儿恶卧踏里裂。"以上诸例，或与其他表示床上用品的词连用，或单用，都可看出它是大而厚的被子的通称。

今天，用"被"不用"衾"。这大概由于"被"指被子，本来是古代的口语用法，并且其覆盖人体的命意，正是被子的最本质特征。

飲食

43．餐·食

“餐”“食”，今天人人用，好像人人懂，其实未必。而要真正搞懂，必从古代说起。

“餐”，亦作“粲（càn）”“湌（cān）”，讹作“飡（cān）”。《诗经·郑风·缁衣》：“还，予授子之粲兮。”毛传：“粲，餐也。……我则设餐以授之。”《说文·食部》：“餐，吞也。湌，餐或从水。”其又体从水食，会其意为合水煮食，即水米成饭。其正体从食奴声，奴声即参声（见朱骏声《说文通训定声》）。合三字可见，“餐”“粲”“湌”三字一词，构字可互见会意，“餐”字少米，会意就是加水米成饭食。上古吃饭，或鬲中水米煮为粥，或甑中加水蒸米。若是外出，则吃水泡饭。《战国策·中山策》：“以一壶飡（湌）得士二人。”《列子·说符》：“狐父之盗曰丘，见而下壶餐以餔之。”张湛注：“餐，水浇饭也。”壶餐者，将饭放进壶中，再注盛热水，上盖，就成了外出带的水泡饭。无论在家的餐，还是外出的“壶餐”，都是加水煮成的熟食、饭食。

古时熟食一日早晚两次，各有专词，早饭称“饔（yōng）”，晚饭叫“飧（sūn）”。《说文·食部》《玉篇·食部》皆训“饔”为“熟食也”。《国语·晋语二》：“不飧而寝。”韦昭注：“熟食曰飧。”《孟子·滕文公上》：“贤者与民并耕而食，饔飧而治。”赵岐注：“饔飧，熟食也。”因此，“餐”实际上就指早饭或晚饭，作动词。《诗经·郑风·狡童》：“维子之故，使我不能餐兮。”孔颖达疏：“使我忧之不能餐食兮。”

《诗经·魏风·伐檀》：“彼君子兮，不素餐兮。”下句又作“不素飧兮”。孔颖达疏：“飧为饭之别名。”则“飧”亦餐义。《楚辞·离骚》：“朝饮木兰之坠露兮，夕餐秋菊之落英。”此“餐”为飧。

《汉书·高后纪》:“列侯幸得赐餐钱奉邑。”(“奉邑”,自己的封邑。)颜师古注:“餐钱,赐厨膳钱也。”指早晚两餐的膳食费。综上所析,“餐”的本义当是:一天定时吃的饭食。此作名词。若作动词,便是:定时吃饭食。这如此,“餐”就与“食”有了区别。一、“餐”必定时吃,“食”不限时间。二、“餐”专指吃饭食,“食”不限食的对象。

“餐”指称定时饭食,在现代汉语中犹承古而不变。今凡指定时饭食者,无论名词、动词,多用“餐”。如餐具、早餐、中餐、晚餐、餐馆、餐厅之类,其“餐”均有一日内定时食用之意,皆不宜作“食”。而不定时吃、不专为饭食者,皆用“食”,如食品店、饮食店、美食之类,若作“餐”,必不通,或意变。由今观古,也可见“餐”必指每日定时的饭食。

止餐场景 辽阳东汉墓壁画

44. 三食·三餐

“三食”,《汉语大词典》列词并释为“犹三餐”。但没有收“三餐”,大概以为此语易懂,无入典价值。其实,这两个词都不易真懂,并且后语价值如金。

先说“三食”。《战国策·齐策四》:“士三食不得餍,而君鹅鹜有余食。”《汉书·淮南衡山济北王传》:“有司奏,请处蜀严道邛邮,遣其子、子母从居,县为筑盖家室,皆日三食,给薪菜盐炊食器席蓐。”这“三食”事关重大。早先,人们都根据“饔飧”等词语以为上古行日二餐制,而改革开放以来,思想解放,有些民俗、历史学者就提出我国自古都是实行比较先进的日三餐制,以上二例即作为立论的文献依据。瞧,至少从上古到汉代,都是日“三食”,就是日三餐,不是证之凿凿吗?

其实,并不“凿凿”。“食”不同于“餐”,“餐”指定时吃饭食。故“三食”不是三餐。前一例,所及士以上阶层,不仅有三食,还有更多的“四食”,更少的“二食”。《论语·微子》还有“亚饭”“三饭”“四饭”之称,表以乐侑食,食数的尊卑等差,此“饭”相当于“食”。《白虎通·礼乐》以为天子“四食”,即平旦食、昼食、晡食、暮食;诸侯“三食”;卿大夫“二食”。《礼记·内则》谓命士以上“父母在,朝夕恒食”,即以日两餐为常制。观《白虎通》的“四食”,其“昼食”相当于一般的朝食,故无非是在两餐之上再加一早一晚二食,“三食”是在两餐之上再加中午一食,所加之食均是次食、点心,非正餐。可见,当时的三食、四食,都是将正餐连次食混计的。上面《汉书》的例子,记淮南厉王刘长被文帝赦死又受恩遇,其中“三食”,是淮南王享受高于日两餐的生活待遇,比常人多供应一食。此正表明汉代一般人还是日朝夕两餐。而最根本的,从上古直至魏晋时代，汉语中只有早晚两餐词“饔飧”“朝夕”等，却没有一个中餐词，因而这个历史阶段出现的“三食”，就绝对不可能等同今日的三餐。

能证明进入三餐制的，就是文献中出现了“三餐”一词。

一日三餐制何时出现？有人说“古已有之”。《庄子·逍遥游》：“三飡而反，腹犹果然。” “飡”，即“餐”。但此“飡”是动词，“三飡”犹“三食”，吃了三次回来肚子饱饱的，不是指飞了一天才如此。再说，上古无中餐词，此“三飡”更不可能指一日三餐。

据调查，在汉代以后，渐渐有了中餐词，但“饔飧”“朝夕”等两餐词并存；并且没有“三餐”一词，故只能看作日两餐制向日三餐制的过渡时期。

真正代表早、中、晚三餐的“三餐”，始见于元代。同时出现了量词“顿”，“餐”与“顿”文白并用。郑德辉《倩女离魂》第三折：“这秀才，刚好谒僧堂三顿斋。”无名氏《陈州粜米》第三折：“一日三顿，则吃那落解粥，你便老了吃不得。”无名氏《举案齐眉》第二折：“分付官家的嬷嬷，一日送三餐茶饭去，则与小姐食用。”同剧第三折：“但我三餐粥饭尚不能勾完全，这一路盘缠出在那里？”贾仲名《玉梳记》第一折：“每日家三餐饱饭要腥荤，四季衣换套儿新。”

“三餐”“三顿”，指一日三次定时吃饭食，这是三餐制的标志词。

看来，辞书当列“三食”，释为：三次进食。列“三餐”，释为：三顿，三次定时的饭食。餐，量词。

45. “粮”“粻”

粮，一般都是干的，生的。粮行、粮站、粮栈所经营的是生的谷米和各种杂粮，不出售饭、点心。“粮草、粮饷”，也都指生的粮食。粮，因为是干的，宜于流通、行外，上面这些名称都见此特点。流通的干粮的最高抽象便是今成历史文物的“粮票”。流通全国的是全国粮票，流通地方的是地方粮票。这“粮”当然是粮食，但从不称“食票”“饭票”。

“粮”之生、干的特点是从古而来。战国以前与“食”相对，“粮”是生食、行食，即干粮的总称。所谓“止居曰食，行道曰粮”（《周礼》郑玄注），即放在家里称“食”，在外持带的称“粮”。《左传·僖公四年》：“共（供）其资粮屝屦。”孔颖达疏：“粮谓米粟行道之食也。”《论语·卫灵公》记孔子周游列国，“在陈绝粮，从者病，莫能兴”。从战国起，“粮”兼指行道与止居的粮食，即粮食的总称，但大都还是指行粮。《史记·高祖本纪》：“不绝粮道，吾不如萧何。”《后汉书·来歙传》：“帝然之，于是大转粮运。”

粮食如果不流通就是存放、储备，这有专称“粻（zhāng）”。《尔雅·释言》：“粻，粮也。”“粻”是分名，指储备粮。《礼记·王制》：“五十异粻，六十宿肉，七十贰膳。”“宿肉”，指储肉，“贰膳”指常常使“善食有储副，不使有阙也”（孔颖达疏），则“异粻”也指与青壮年不同的、为老人专备的粮食。屈原《离骚》：“折琼枝以为羞兮，精琼靡以为粻。”“羞”，脯。“靡”，即“糜”，屑。王逸注：“言我将行乃折取琼枝，以为脯腊，精凿玉屑，特以为粮食饭饮香洁，冀以延年也。”上面这些“粻”，有的是居粮，有的是行粮，但都指为某一目的而储备的粮。

46. “餱”“糒”“糗”

所谓“干粮”，也指熟的粮食，是预先制熟供外出食用的干的主食。故也称“干食”“干饭”。

“餱（hóu）”，也作“糇”。侯声有义，指候人，行者。《释名·释饮食》：“餱，候也，候人饥者以食之也。”作为干食专称，主要行于上古，下至魏晋。《说文·食部》：“餱，干食也。”段玉裁注：“凡干者曰餱。”《诗经·大雅·公刘》：“乃裹餱粮，于橐于囊。”《诗经·小雅·无羊》：“何蓑何笠，或负其餱。”郑玄笺：“美牧人寒暑饮食有备。”可见“餱”不只指粮，也兼括饮料、干的菜肴。《文选·左思〈招隐诗〉》：“秋菊兼糇粮。”刘良注：“菊可以餐，故云兼糇粮。”此“糇”盖不是谷食。

“糒（bèi）”是干饭专称，汉代出现的新词。《说文·米部》：“糒，干饭也。”《后汉书·文苑传下·赵壹》：“然而糒脯出乎车軨。”“軨”，车厢木格栏。《太平御览》卷八六〇引《魏略》曰：“寒贫者本姓石……淮（郭淮）因与脯糒及衣财，取脯一朐，糒一升而止。”可见糒是干粮，但取米即可食；只指干饭，故常与干脯作饭菜相配而食。

糗（qiǔ），《说文·米部》释：“熬米麦也。”大豆、高粱等都可以熬。它有两种：一种是熬熟捣细的干粮，实是糕饼、糕团。《释名·释饮食》：“糗，龋也，饭而磨散之，使龋碎也。”《尚书·牧誓》：“峙乃糗粮。”孔颖达疏引郑玄云：“糗，捣熬谷也，谓熬米麦使熟，又捣之以为粉也。”一种是熬熟未捣细的干粮，实是糒。《孟子·尽心下》：“爵之饭糗如草也，若将终身焉。”赵岐注：“糗，饭干糒也。”故“糗糒”常同义连用。《后汉书·隗嚣传》：“嚣病且饿，出城餐糗糒，恚愤而死。”糗还可指粥。《国语·楚语下》：“成王闻子文之朝不及夕也，于是乎每朝设脯一束，糗一筐，以羞子文。”韦昭注：“糗，寒粥也。”这不是干粮，但它也是熬煮的糜细之物。总之，凡称糗者，必经熬煮。

47. 干食“腊”

今简化的“腊”字，代表古代的两个字，一是“腊”，念 xī，一是“臘”，或作“臈”，念 là。这是两个不同的词，如“臘肉”，指冬季腌制的肉。而腊肉则不同。这就是本篇要说的词。

“腊”是干肉。《说文》作“昔”，说是半肉之形，段玉裁以为“昔、腊”是古今字。未确。甲骨文中“昔”象洪水弥漫之形，与干肉无关。“腊”之“昔”通“遣”，是错绉义。《山海经·西山经》记钱来之山有兽，言“其脂可以已腊”，“已”，止义。郭璞注：“治体皴腊。”即治皮肤皴裂。故“腊”是从肉、昔，会意，指干缩发皱之肉。这种腊肉一般是“小物全干”（《周礼·腊人》郑玄注），即按牲肉的原形不予切割或切成较大的块状，使其整体干缩。“腊”作为古代储运保藏食物的常用方法，可分风干、晒干、炙干、熏干几种，并且不限于肉，也可用于鱼类、粮食、瓜果、蔬菜等各种食物。所谓风干，是将食物悬置在阴凉当风处，让它阴干。风干鱼禽肉，都不去鳞毛，只去肠杂，也不用水洗。明代西瓜也可风干，将西瓜摘下后，露过一宿，然后用绳络缚高悬通风处，可以经冬。晒干法，是用日晒，干粮、干果最宜用此法。如将采下的肥硕枣儿，清明前晒过，然后收藏在瓮中，闭口而藏，过夏如新。炙干者，如《易牙遗意·炙鱼法》所记：“鲚鱼新出水者，治净，炭上十分炙干，收藏。”熏干者，指烟熏，往往与炙烤相结合。火腿即是这种腊肉，据明代做法，一猪取下四只精腿后，乘热擦盐，压置在缸中二十天，然后稻草烟熏一日一夜，挂在烟处。还有多种方法综合运用。早在南北朝时，北魏贾思勰《齐民要术·脯腊》已总结了“五味腊”的方法，大致是：将鱼鹅鸭等去掉尾上的脂腺及排泄孔，然后整个浸到煮熟的牛羊骨肉汁中，四、五日取出置帘箔上阴干，再火炙，熟捶。这里将阴干、炙干并用，又浸五味汁，参以制脯的方法。

“腊”可用为动词，是干或使干之意。柳宗元《捕蛇者说》：“然得而腊之以为饵，可以已大风、挛腕、瘘疠。”“腊之以为饵”，即将整蛇用腊干法制成药丸。

简言之：“腊”是形声兼会意字，指整块皱缩的干肉，有多种干法。“腊”也是古代储运保藏食物的常用方法，可施于鱼类、粮食、瓜果、蔬菜等各种食物。

48. 干食“脩”“脯”

“脩脯”，旧时指给老师的酬金。清郑观应《盛世危言·学校》：“察其贫者免出脩脯；稍赡者半之；郡院学者之脩脯，亦不过一钱至半元而止。”然而，这个词义是怎么来的？

干制食品有腊、脩（xiū）、脯（fǔ）三类，腊是整体干缩发皱的食品，可风干、晒干、炙干、熏干等（参第47节）。脩、脯都是切割成各种形体的干制食品。早在先秦，脩、脯已并盛。“脩”从肉攸声，攸有长义，故“脩”指切成长条形的干肉，多是肋条肉。《论语·述而》：“自行束脩以上，吾未尝无诲焉。”“束脩”是十条干肉，因是条肉故可束在一起。后世孩子入学，就以“束脩”作为学费酬金。这种脩肉是加姜桂等调味品并经捶锻令坚而成。

“脯”，从肉甫声，甫声有薄义，“薄、舖”即其例。故“脯”是制成薄片的肉。切成薄片，仅用盐搽令干。《周礼·天官·膳夫》贾公彦疏：“加姜桂锻治者谓之脩，不加姜桂以盐干之者谓之脯。”加工不同，由于用途不同。脩作为菜肴，与干粮相配；而脯肉作为酒肴，常与酒为伴。《诗经·大雅·凫鹥》：“尔酒既湑，尔殽伊脯。”“湑”，酒过滤而清。意用过滤清（去滓）的酒及干脯待尊客。《论语·乡党》：“沽酒市脯不食。”孔子极注意食品安全，打来的酒，买来的脯不清洁而不食。可见，脩、脯二物形状、加工、用途都有别，且先秦时脩优于脯。

秦以后，脯盛脩衰。脩制法停滞而衰，故“脩”之名也渐为“脯”代替，这样“脯”实际上包括了上古的脩。在《齐民要术》中已总结了三种脯制法。一、甜脆脯。如腊月取獐鹿肉，切成像手掌厚薄，不搽盐，阴干，即脆甜可口。二、白脯。将牛羊等精肉，破片洗净，淘以白盐，阴干，期间不断用木棒轻捶令坚。三、五味脯。将牛羊猪肉切成条或片，浸到牛羊骨髓煮的汤汁中，待冷却后下盐，加姜、椒等香料，使其入味，穿绳阴干。前两种是生脯，后者是熟脯。这些脯都融化了脩的制法。历史上制脯名家、名脯书载不绝。汉代的浊氏因制五味羊胃熟脯而成富商。唐代仇士良家“赤明香”，明代“千里脯”，都是我国烹饪史上能远行久而不腐的名脯。

脯本用于牲肉，但也可扩大至鱼、瓜果。鱼脯（今称鱼片）、枣脯者都古已有之。《史记·封禅书》称“脯枣”，今则称“枣泥”，去核而将枣压扁。果脯，今作为蜜饯，是加蜜加糖制成的干果，大约起于宋代，最佳者当推北京蜜饯果脯。公元928年北京作为辽国的南京后，城内即有专制果脯的作坊。以杏脯、桃脯、苹果脯等最有名。果脯的特点也是成扁薄状。因此，不能制成扁薄状的瓜果，就不能成脯，西瓜脯、荔枝脯之类是不会有的。

要之，先秦“脩”优于脯，可作为给老师的酬金；秦以后，脯替代“脩”，作为最佳干制食品，自然也可作给老师的酬金，于是产生二者相合的“脩脯”一词，表示此义。

49. 米·粒

单用时，“米”指稻米，“粒”是颗粒。连用时，“米粒”指谷米的颗粒。但在上古，曾是另一种格局。

仁是果实去壳的核，米是谷物去壳的仁。粮食作物中有的有米，有的无米，过去有所谓九谷六米之说：黍、稷、稻、粱、菰（茭白）、菽六种有米，麻、大小麦三种无米。故在先秦，“米”不特指稻米。不仅如此，“米”还不是谷类去壳后的饭米的总称。譬如成语“米珠薪桂”，极言柴米之贵。元侯克中《自警》诗：“米如珠玉薪如桂，犹欲儿孙食肉糜。”而此语最早所出的《战国策·楚策三》原文是：“楚国之食贵于玉，薪贵于桂。”“米”作“食”。淘米水称“潘”，《新唐书·南蛮传上》有“饮以米潘”之语，在《礼记·内则》却单称“潘”，不连米。《周礼·舍人》：“掌米粟之出入。”这还不是典型的饭米义，“米粟”指有米的粟。总之，先秦的米，常省称；称“米”者，还不专指稻米、饭米。

彼时，“粒”，倒相当今之“米”，指稻米、饭米。《广韵·入缉》：“粒，米粒。”《小尔雅·广物》：“谷谓之粒。”《尚书·益稷》：“烝民乃粒。”“烝民”，众民。孔传：“米食曰粒。”《礼记·王制》：“北方曰狄，衣羽毛，穴居，有不粒食者矣。”“粒食”，米食。《吕氏春秋》记孔子穷于陈蔡事曰：“藜羹不糁，七日不尝粒，昼寝，颜回索米，得而爨之。”此“粒”才是饭米，而“米”是泛指有米仁之物，不是今所指谷米。秦以后，“粒”还常作此种用法。《魏书·道武七王传》：“凡人绝粒，七日乃死。”晋王嘉《拾遗记·员峤山》：“粟穗高三丈，粒皎如玉。”“粒”，粒米，米粒。《新唐书·张巡传》：“昨出睢阳时，将士不粒食已弥月。”

“米”作为饭米的总称，汉代已有了。如《礼记·内则》的淘米水

“潘”，郑玄注：“米澜也。”东汉末年张道陵创五斗米道，向他学道的人要出五斗米，遂以为名。晋代五斗米成为低级官吏的薄薪，陶渊明作彭泽县令，说：“吾不能为五斗米折腰，拳拳事乡里小人！”解印辞官。但是特指稻米，要到中古宋元之时。

50. 粗米——“粝”“蔬食”

谷类碾米以去壳的多少分为精米、粗米。

粗米称“粝（lì）”，又作糲。《韩非子·五蠹》：“粝粢之食，藜藿之羹。”《汉书·司马迁传》：“糲粱之食，藜藿之羹。”颜师古注引张晏曰：“斛粟七斗米为糲。”上古一斛为十斗，即十斗粟舂为七斗的米。也有说十六斗又三分之二斗舂十斗为粝米（朱骏声《说文通训定声》）。粗米饭称粝食、粝饭。《汉书·外戚传下》：“皇后乃上疏曰：‘妾夸布服粝食……’”“夸”，大。颜师古注引孟康曰：“粝，粗米。”陆游《醉中歌》：“投劾行矣归园庐，莫厌粝饭尝黄菹。”“菹”，腌菜。

也作“粗、疏”。“粗”又作“麤（cū）”，“疏”也作“蔬”。代表两种：一、指稷类粗粮，与稻米、高粱相对而言。《左传·哀公十三年》：“粱则无矣，麤则有之。”“麤”指稷类。《论语·乡党》：“虽蔬食菜羹”，皇侃疏：“蔬食，粗食也。”《汉书·王吉传》：“去位家居，亦布衣疏食。”都指稷类粗粮。二、指粝米，与精米相对。《诗经·大雅·召旻》：“彼疏斯粺，胡不自替？”“彼”“斯”（此）相对，“疏粺”相反，“粺”是精米，故郑玄笺：“疏，麤也，谓粝米也。”意思是：那些贤者禄薄食粝米，而不贤者反食精米，为什么不自废退而使贤者得进。所指两种，第一种居多。

51. 精米——“糈”“粺”

谷类碾米以去壳的多少分为精米、粗米。精米称“糈（xǔ）”“粺（bài）”。一般感觉精米总是“精”。有些词典都列“精”的首义是“精舂过的上等米”，证以《庄子·人间世》例。这有问题。《庄子》原文是：“鼓筴（策）播精足以食十人。”郭庆藩《庄子集释》以为此“精”是“糈”的误字。郭说是。“鼓筴”，鼓弄龟筴蓍草。“播精”，播扬祭神的糈米。与上句“挫鍼治繲足以餬口”相对，意从事缝衣浣洗的劳役仅能糊口，而从事占卜神事却可以供养十人。

“糈”从米胥声，声兼义、胥声字有精义。“胥”，蟹醢，去骨的蟹肉，是其精粹。“湑”，滤酒，是使酒过滤去滓。米之“滤”，就是舂。故糈的本义必是舂去谷壳甚多的精米。一般说，一斛粟舂得四斗八升米是精米。它常常用作祀神（不是祭祀）。《离骚》：“巫咸将夕降兮，怀椒糈而要之。”王逸注：“椒，香物，所以降神；糈，精米，所以享神。”意巫咸傍晚将从天而降，愿怀椒糈而邀迎。《山海经·北山经》：“用一璧一珪，投而不糈。”“投”指掷玉于山中以礼神。“不糈”，不以精米祠也。《史记·货殖列传》：“医方诸食技术之人，焦神极能，为重糈也。”宋王安石《送张颉仲举知奉新》诗：“老吏闭门无重糈，荒山开陇有新粳。”“重糈”，厚糈。王诗两句是反对，又是流水对，“重糈”若是一般粮食，与作为佳品的“新粳”就不能对。由此看来，应把祀神的精米列为“糈”的本义，引申为一般的精米。今各大中型词典列“糈”首义为“粮食”，恐或未善。

“粺”也是精米。《诗经·大雅·召旻》“彼疏斯粺，胡不自替？”郑玄笺：“贤者禄薄食麤，而昏椓之党反食精粺……何不自废退?”又《盐铁论·国疾》:“匹庶粺饭肉食”,明本作“精饭”。《九章算术》二:“今有粟二斗一升,欲为粺米,问得几何?”李籍音义:“粺米精于粝也。凡粟五斗得粺米二斗七升。则粺之精米,尚不及糈。”

由此可见,古代精米的主称不是“精”,而是“糈”。其次是“粺”,不过“粺”后代不常用。

52. 粢盛 · 粢食

“粢（zī）”是指黍稷做的粗米饭，主要用于宗庙祭祀。常称“宗庙粢盛”。《公羊传 · 桓公十四年》：“御廪者何？粢盛委之所藏也。”何休注：“黍稷曰粢，在器曰盛。”“粢盛”即指盛在祭器中供祭祀的黍稷粗饭。也称“粢食”。《左传 · 桓公二年》：“大羹不致，粢食不凿，昭其俭也。”杜预注：“黍稷曰粢，不精凿。”孔颖达疏：“谓以黍稷为饭不使细也。”古人以为，祭祀既是享祖，原始太古都很简朴，故酒是清水制的玄酒，羹是不调味的大羹，饭是不精凿的黍稷粗饭。

“粢”是粗饭，故常与“粝”同义连用，“粢粝之食”是古籍中的常语。

“粗、疏”表示粗米，所指两种（参第 50 节），第一种居多，即主要从谷类品种着眼，指稷类粗粮。“粢”兼稷类粗粮与不精凿二者而言，并指熟的饭。因此，“粗”“疏”“粢”这三个词都与现在的“粗米”不等同。真正相当于今天的“粗米”、古代作粗米主称的只有一个“粝”。

53. 粥·饘·酏·糜

这几个都是粥名，但只有粥今日常用：饭泡粥，米烧粥，绿豆粥……“粥”是总称，古代粥的地位远高于今。粥有总称、专称。

厚粥叫“饘（zhān）”。《礼记·内则》陆德明释文：“饘，厚粥也。”但它一般不单用，常要附“粥”名。《荀子·富国》：“冬日则为之饘粥。”《后汉书·臧洪传》：“主簿启内厨米三斗，请稍为饘粥。”

薄粥叫“酏（yí）”，也作“䤁”。《礼记·内则》陆德明释文：“酏，薄粥也。”它常用来酿酒。《礼记·内则》：“或以酏为醴。”郑玄注：“酿粥为醴。”醴，是常用的甜味酒。

烂粥叫“糜”。《释名·释饮食》：“糜，煮米使糜烂也。”烂不等于厚，它可以指厚粥。《九州春秋》：“臧洪为青州刺史，为袁绍所围，粮食已尽……厨有米三升，主簿启进内，稍以为糜粥，洪叹曰：‘吾独食此何为？’命作薄粥与众共啜之。”与“薄粥”相对举，此“糜粥”当是厚粥。曹操《苦寒行》：“担囊以取薪，斧冰持作糜。”士兵所食糜，当是厚粥。也可以指薄粥。《礼记·问丧》讲到父母死后服丧的人痛心疾首，道：“水浆不入口三日，不举火，故邻里为之糜粥以饮食之。”《后汉书·礼仪志中》说：“年始七十者，授之以玉杖，餔之糜粥。”这些“糜粥”都是薄粥，无论厚还是薄，共同点都是煮得稀烂，米粒不完整。一些辞书或将“糜”释为“厚粥”，或释为“薄粥”，都不够确切。

“粥”，一般属于薄粥。《礼记·檀弓上》：“饘粥之食。”孔颖达疏：“厚曰饘，希（稀）曰粥。”郭宝钧先生说：“水多而米少的粥稀，谓之粥；米多而水少的粥稠，谓之饘。”（《中国青铜器时代》）但它常常用为泛称。《触龙说赵太后》（《战国策·赵策四》）一文中触龙问赵太后："日食饮得无衰乎？"意：每天的饮食是不是减少？太后回答说："持粥耳。"意：只是食粥罢了。这难定是厚还是薄。上面提到的"饘粥""糜粥""薄粥"，这"粥"也都是用作泛称，跟今天一样。"粥"是总称。

粥的许多专称都淘汰了，而"粥"字独占鳌头，千古传承，生命力最强。这是什么奥秘呢？

"粥"，得名于煮沸声。粥的特点是米中加较多的水，煮滚熬透。"粥"字是入声字，上古音屋部，它的声母"zh"上古音是舌头音，声韵合起来字音如"毒"，[doʔ]，今江浙方言，称锅中米水煮汤滚沸，说"饭[doʔ]了"，浊音入声，正同古音。"粥"字，《说文解字》中作"鬻"，鬲是空足薄鼎，最早当锅，将米放在鬲中，"弜"像鬲中煮沸气腾之形。故这个字的形音义三者十分契合。在所有表示稀饭的名称中，当然是"粥"最能表现这种食物的特点，因而代代相传，终于取得总称的资格，并千古传承。

54. 菜肴

菜肴，宁波人叫下饭，简称“菜”。古代的餐食、享宴，除了饮料外，作为完备的菜肴，主要有三类：肴、羞、核。

“肴”，又作“殽”“餚”。《广雅·释器》：“肴，肉也。”当然是经过烹调的。《宋书·原平传》：“主人设食，原平自以家贫，父母不办有肴味。”“肴味”，指肉味。凡“殽核”“餚覈”之“殽”，都指肉。肴之“肉”，只指牛、羊、豕三种所谓称“太牢”者；不包括鱼，也不指所有的牲肉。肴是主菜。扩大之，作菜肴总名。《诗经·大雅·韩奕》：“其殽维何？炰鳖鲜鱼。”水鲜属于“羞”类，却称“肴”，故孔颖达说：“殽是总名。”后代多作总名用法。《后汉书·窦武传》：“及载肴粮于路，匄施贫民。”“肴粮”，犹饭菜。但古代的菜肴，不包括蔬菜类。后来素食发展成为独立门类，也不包括在“肴”之中。

“核”，或作“覈”“槅”，指梅、李、桃等干果。果实都有核仁，故以“核”称。《周礼·大司徒》：“其植物宜覈（核）物。”郑玄注：“核物，李梅之属。”左思《蜀都赋》：“肴核四陈。”李善注：“核，桃梅之属也。”当然，还有枣、栗、榛等，这些果实都是干果。享宴时放在笾内。笾是竹片编的高脚盘。后代则放在食盘中。苏轼《前赤壁赋》：“肴核既尽，杯盘狼藉。”

《说文·丑部》：“羞，进献也，从羊，羊所进也，从丑，丑亦声。”按，丑声借为“柔”声。“丑、柔”多可通。地名“狃”，《太平御览》作“猱”。“粗”，又作“糅”。“羞”当从柔得义。古人以羊为美味，柔是杂和、调和，合之指杂多滋味的佳肴。作动词，是指进献有滋味者。《楚辞·招魂》：“肴羞未通”，洪兴祖补注：“致滋味为羞。”

所谓杂多滋味，《周礼》有“百羞”“羞用百有二十品”之说。羞有三种。一、禽羞。《仪礼·聘礼》郑玄注：“羞谓禽羞、雁鹜之属，成孰（熟）煎和也。”“羞，四时之珍异”，即四时的珍禽，如熊、鹿、麋，鱼、虾、鳖等。二、果羞。《离骚》：“折琼枝以为羞兮。”王逸注：“羞，脯。”与“核”的干果不同，这些是制为果脯的干果。三、饵羞。即糕饼。《周礼·笾人》：“羞笾之实：糗饵、粉餈。”“糗饵”是熬大豆粉、米粉蒸成的糕；“粉餈”是用这些粉制成的黏饼。羞类糕食，在《楚辞·招魂》中还有“粔籹（jù nǚ）”，这是米粉合糖制成环状再油炸；“蜜饵”，豆米粉蜜糕；“餦餭（zhāng huáng）”是饴糖块。这些羞的共同特点是多滋味。羞类的烹调、制作，最能体现古人烹调的精艺。

55. 菹·醢·菹醢

“菹（zū）”“醢（hǎi）”指两种食品，“菹醢”指一种刑罚。单用与连用好像风马牛，却实有密切关系。

忠谏殷纣王的比干，向纣王献出爱女的鬼侯，孔子最勇敢的学生子路等，都受过此刑。什么是“菹醢”呢？当今注家多注为“肉酱”，即把人处死后剁为肉酱。——今谓之“肉酱”者，就是指肉糜，在没有绞肉机的古代，要剁为肉糜，太费工时，甚于后世凌迟的千刀万剐，真使人不解。先看看食品的“菹、醢”吧。

“菹”或作“葅”。《说文·艸部》：“菹，酢菜也。”这是利用乳酸发酵加工保藏的咸菜或酸菜，一般用醯（醋）、酱、酒作为和料。有整物而酢；也有细切而酢，称“齑（jī）”。但总的都可称“菹”。北魏贾思勰《齐民要术》有专章《作菹·藏生菜法》，总结了作菹菜的经验。可以把这种方法用于牲肉，也有两种：一种是切成肉片肉块（牲体太大不能全物），一种细切成肉丁。无论哪一种，都要加醋和荤辛如葱薤之类腌渍。用作刑罚，《庄子·盗跖》：“子路欲杀卫君而事不成，身菹于卫东门之上。”《韩非子·存韩》：“臣斯愿得一见，前进道愚计，退就葅戮，愿陛下有意焉。”这是把人切成肉片、肉块，间有肉丁。

“醢”是酱肉。作醢之法，先曝干其肉，然后切成小片，小块，杂和粱麹及盐，再渍在美酒中，将瓶密封一百天就成了。其中，有骨相杂为“臡（ní）醓（tǎn）”，是多汁的“醢”，醢是无骨纯肉。但总的都可称“醢”。也可以用到刑罚。多作动词。《吕氏春秋·行论》：“杀梅伯而醢之。”高诱注：“肉酱为醢。”《鲁仲连义不帝秦》：“鲁仲连曰：‘然则吾将使秦王烹醢梁王。’”这是把人肉切成肉片肉块，做成“肉酱”。

至此，症结找到了。原来古人之醢，做成“肉酱”，就指做成酱肉。而今之注者不解古注之“肉酱”，直接挪用古注语“肉酱”作今注语，就变成了别一义。

但是将刑罚的菹醢注为“酱肉”也不妥。菹、醢虽然是酢菜、肉酱两种不同的制作法，但用作刑罚，目的只为惩罚泄恨，而不是为食用，因而不需要加各种调料，做成真的酢菜、“肉酱”，故只要取二者共同的切割法，将受刑者切成肉片、肉块已足。由此，与食品不同，作为刑罚的菹、醢，二者无别。《淮南子·俶真》“葅（菹）梅伯之骸”，上引《吕氏春秋》作“杀梅伯而醢之”。“菹、醢”二字常同义连用。《楚辞·涉江》：“伍子逢殃兮，比干菹醢。”桓宽《盐铁论·讼贤》：“此其所以身杀死而终菹醢也。”“菹醢”，来自制食法，指把人肉切成肉片、肉块，而不是剁成肉糜。

56. 话“羹”

羹，大概人人都尝过：豆腐羹、莲子羹、宋嫂鱼羹……不论甜的、咸的、荤的、素的，都有个共性：蒸或煮成糊状食物。古代也食羹。成语“鲈脍莼羹”指鲈鱼脍 、莼菜羹，这是江浙一带名菜。岑参《送张秘书》：“鲈鲙（脍）剩堪忆，莼菜殊可餐”，“鲈脍羹”“鲈莼之思”，成为诗文中表示思乡之典，成语“蔬食菜羹”，见于《论语·乡党》。古代的羹，在相当长的历史时期，是人们餐食不可少的一道主菜。

羹源远流长。上古文献中常说尧舜等古圣人“饭于土熘，啜于土形”（《墨子·节用中》）。熘是陶制盛饭器，“形”即“铏”，陶制盛菜器。称“啜（chuò）”必是流汁或半流汁食物，当是羹，故又称“铏羹”，大约是野菜煮成的。据说尧死之后，舜仰慕三年，“坐则见尧于墙，食则睹尧于羹”（《后汉书·李固传》）。后以“羹墙”作思慕之典。这也是“铏羹”。后代祭祀仿古菜肴有大（tài）羹，《左传·桓公二年》：“大羹不致。”杜预注：“大羹，肉汁，不致和味。”这是没有调味的清肉汤。其实，远古的所谓羹，就是将野菜或牲肉加较多的水煮熟，烹而不调，汤菜集于一锅，进食时一饭一羹，足矣！

到了陶器产生后就不同了。我国在一万多年前发明了陶器，就产生了盐，有了咸味。接着，有了酸味，在醯（xī，醋）发明前取于梅。于是有了二味羹。《尚书·说命下》：“若作和羹，尔惟盐梅。”另外，陶器促进了发酵食物酒的产生，从酒得到苦味，再从姜、葱、蒜取得辛味，从饴（麦芽糖）、蜜取得甜味，这就有了五味羹。它必须在鼎鬲中调和。《说文》“羹”字下是“鬲”，上有弱形，“羔”在其中，释“五味和羹也”。《释名·释饮食》：“羹，汪也，汁汪郎也。”则“羹”是在鼎鬲中五味调和带汁的牲肉。殷周起已进入五味羹的时代。凡是可以食的新鲜牲肉都可做羹，文献中有羊羹、豕羹、犬羹、兔羹、鳖羹等。羹往往要掺和蔬菜，如《仪礼·公食大夫礼》所记，牛羹配藿叶（豆叶），羊羹配苦菜，豕羹配薇菜，上说的“鲈鱼莼羹”，则是鲈鱼与莼菜相配。还有不少羹，要加点谷米，《齐民要术》所列制羹法，大部分要加米。并且肉羹都要加葱韭蒜之类荤辛物。当然，莼菜也可做羹，这是大众菜。天子、诸侯、大夫是“食肉者”，他们的食宴有殽（牲肉），羞（各种美味），核（干果），饮（酒）各个门类，但劳动者每天所食就是菜羹，因此上说的“蔬食菜羹”（“蔬食”，粗食），就是古代表示清苦生活的常用语。《古诗十九首，十五从军征》写“八十始得归”的老兵回家，见庭中生野谷，井上生野葵，就“舂谷持作饭，采葵持作羹”。这是野菜羹。

归结起来，从殷商而后的羹，基本特征有三：一、调味；二、米、面、菜调和；三、浓汤或薄糊状。羹，调味的浓汤状或薄糊状的主菜。

不过，从元代起，随着“汤”的产生，浓汤状即不加调和物熬成的羹，归入了“汤”，从而古今羹内涵全同了，羹也降为菜肴的一类，不是主菜了。

57. 唐宋的“羹汤”还是羹

唐王建《新嫁娘》诗之三：“三日入厨下，洗手作羹汤，未谙姑食性，先遣小姑尝。”

此诗太重要了，只为诗中有“羹汤”。当今一些大型词典列“汤”的菜汤义，都以此诗“羹汤”为书证，即表明“汤”在唐代就有了菜汤义；还有古汉语专书说，到唐代“羹”与“汤”合流了，即羹变成了汤，也以此诗的“羹汤”为证。这真是一个神奇的“羹汤”。

这个“羹汤”确非等闲之词：此前文献中还没有“羹汤”，此是“第一”；《全唐诗》中无有同例，此是“唯一”。但作菜汤义恐怕过于“神奇”。此前“汤”还没有菜汤义，“羹”至今都没有变成菜汤，即“羹”和“汤”都没有菜汤义，怎么一连用，就魔术般地变成了菜汤义？这里的关键是其中的“汤”。我们先看看古人怎么制羹吧！在此前，北魏贾思勰的《齐民要术·羹臛法》中言制食脍鱼莼羹，均要“于别铛中汤煮一沸”；又鮀臛羹，先要“汤炟”处理，再“煮沸，令变色”。以后诸文献中述羹之制作，亦每每及“汤”，如宋代林洪《山家清供》有碧涧羹，云：“采之洗净，入汤焯过取出。”正是制羹必以汤的烹饪原理使“羹汤”的连用有了可能。而王建诗为了使用双音词的需要，就“羹汤”连用了，指汤制的羹。当然它还不是一个复合词，只是一个异义组合结构，构成成品与原料的关系。因此这个“羹汤”，其“羹”还是羹，其“汤”还是热水。浑言之，“羹汤”还是指羹，与菜汤义了不相涉。词的连用本不会改变单词的词义，词的新义首先不会表现在词的连用上。

不仅唐代的这个“羹汤”不是菜汤，就是到宋代因连用增多而成为一个复音词，也还是指热水制的羹。如：

1. 湖中南北搬载小船甚伙，如撑船买卖羹汤、时果；掇酒瓶，如青碧香、思堂春……龙游新煮酒俱有。(宋吴自牧《梦梁录·湖船》)

2. 又有下饭，……更有专卖诸色羹汤、川饭，并诸煎鱼肉下饭。(宋吴自牧《梦梁录·面食店》)

3. 放料批切，调和精细羹汤、精巧簇花龙凤劝盘等事。(宋吴自牧《梦梁录·四司六局筵会假赁》)

4. 凡下酒羹汤任意索唤，虽十客各欲一味，亦自不妨。(宋周密《武林旧事·酒楼》)

例1记西湖湖中的船所买卖羹汤，配酒的通常是羹菜，不能用菜汤。例2都是记面食店所卖菜肴，称为“下饭”，今吴方言多地区犹称菜肴为下饭，其中有羹汤，属于下饭的自然是羹菜。例3记宫廷厨司掌管烹饪宴享诸事，此承古称“调和”，就是羹菜。例4记宋时杭州酒楼用于下酒的菜肴，也是羹菜，可见以上诸“羹汤”都非菜汤义，而是指沸水制的羹菜。

由上可见，“羹汤”连用，无论王建诗中的临时组合还是宋代的复音词，都没有产生新义。从“羹”衍生出“羹汤”，只是汉语单词双音化的一种形式而已。“羹”还是羹，“汤”还是热水、沸水，“羹汤”还是羹。

“汤”的菜汤义姗姗来迟，直到元代以后我们才见到菜汤的“汤”，见本书第58节。

58. “汤”何时有了菜汤义

这个“汤”，指菜汤，“汤”的菜汤义。

汤，每餐不能少。一菜一汤；二菜一汤，汤几是菜肴的半壁江山。可是，古代中国是羹的王国，一部十三经，都是热水，没有菜汤。现在的大型辞书列“汤”的菜汤义，都用唐代王建诗的“羹汤”例，告知唐代有了菜汤义，但这是误解（见本书第57节）。那么，何时出现菜汤，即中国饮食史中，何时出现汤类菜肴呢？

它来之不易，据我们的研究，大概要到元代。请看：

1. 春秋中颍考叔曰：“小人有母，未尝君之羹，请以遗之。”咳，他有一口汤吃，兀自寻思着娘。（《琵琶记·书馆悲逢》）

2. 那一日俺婆婆身子不快，想羊肚儿汤吃，你孩儿安排了汤。适值张驴儿父子两个问病，道：“将汤来我尝一尝。”说：“汤便好，只是少些盐醋。”（《窦娥冤》第四折）

3. 宋江因见了这两人，心中欢喜，吃了几杯，忽然心里想要鱼辣汤吃。（《水浒传》第三十七回）

4. 柴进亲自举杯，把了三巡坐下叫道：“且将汤来吃。”吃得一道汤，五七杯酒，只见庄客来报道：“教师来也。”（《水浒传》第八回）

5. 成吉思汗对索罗兀勒说：“虽有雨的夜里与敌人抗拒时，不曾教缺了汤饭，使我空宿了。”（《元朝秘史》）

诸例并不难懂，菜汤义与今义相同。可以注意的，例1中所及春秋时的“羹”，王力先生称“带汁的肉”，是属于浓汤类羹，却称为“汤”，表明元代将浓汤类羹归入了“汤”。末例“汤饭”，“汤”

已指整个菜肴，这是菜汤义的引申扩指，表明元代“汤”的菜汤义已确然无疑。而元代以前这类例子很难见到。

此外，元代忽思慧的《饮膳正要》已将“羹”与“汤”并出，书中载录了荤素羹、葵菜羹、羊肉羹、麻羹等羹类菜肴25种，也列有羊肉萝卜汤、熊汤、炒狼汤等汤类菜肴21种。下至明清，汤已取代羹，成为菜肴中的主菜。

59. 蔬·菜·菜色

“蔬菜”是常语，好像不需解释。但什么是“蔬”，什么是“菜”？查查词典，转来转去，到头来是蔬 = 菜，菜 = 蔬。但为什么只说“菜农”“菜园”“野菜”，却不称“蔬农”“蔬园”“野蔬”？为什么只有“面有菜色”之语，却无“面有蔬色”之言？

不知源，就说不清流。

“菜”从艸、采，采亦声，意为采摘而食用之草。《说文·艸部》：“菜，艸之可食者。”故“菜”是可食野草的总称。《诗经》第一篇：“参差荇菜，左右采之。”《谷风》：“采葑采菲，无以下体。”所采的都是野菜。先秦园圃没有后代发达，食用蔬菜大都取自野生的“菜”，故只有“菜”名，没有“蔬”称。这关系到饮食结构。上古富家贵族不食“菜”，故饮食门类中有珍肴（牛羊猪肉）、百羞（富有滋味的禽鲜）、核（干果）等，却没有蔬菜一门。《国语·楚语下》说“士食鱼炙”“庶人食菜”，“菜”即指野菜。所谓“菜色”，即指荒年人们只以野菜充饥，故显出营养不良的脸色。《荀子·富国》：“故禹十年水，汤七年旱，而天下无菜色者。”有的词典释“菜色”作“荒年人民吃菜度日”云云，缺一“野”字。一直吃素的佛徒居士多多，何闻菜色为患？荒年野菜也少，何吃蔬菜？但从汉代起，“菜”逐渐成了蔬菜总名，《诗经·齐风·东方未明》：“折柳樊圃。”郑玄笺：“圃，菜园也。”《南史·柳元景传》：“南岸有数十亩菜园。”这里“菜”都不是野菜而是园中培植的蔬菜，可见已用为总名。今天，“菜”也承古而用，作为一切可食菜包括蔬菜的总名。

“蔬”本作“疏”，有的作“蔬”，是汉魏间人所加（参郑珍《说文新附考》）。“疏”是粗义，而不是蔬菜。《孟子·万章下》：

“虽疏食菜羹，未尝不饱。”“疏食”，粗食，即粗饭；“菜”，野菜。“蔬”是汉魏间产生的字，这是园圃业发展的产物。“疏”的本义是开通疏理（参朱骏声《说文通训定声》），引申为条陈。蔬菜也是园圃中条陈分畦而种植的，故“蔬”也是形声兼会意，指条陈、分畦之草本植物，于是它成了人工艺植的蔬菜总名。颜子推《颜氏家训·治家》：“蔬果之畜，园场之所产。”颜延之《陶征士诔》：“灌畦鬻蔬为供鱼菽之祭。”这些“蔬”都指人工艺植的蔬菜。随着园圃业的发展，人工种植品种的不断增加，“蔬”的范围也不断扩大，但无论怎么大，直到今天，也不可包括野菜，并正与野菜相对立。

至此，文首的问题迎刃而解。由于“蔬”古今都只作人工培植蔬菜的总名，而“菜”从汉至今都可指野生菜与“蔬”，即一切可食菜的总名，所指范围大于“蔬”，故今天只说“菜农”“菜园”“野菜”，诸“菜”都作总名，不可作“蔬”。由于“菜”本指采野菜，而“蔬”古今都不可指野菜，故出于先秦文献的“菜色”一语，就可指食野菜之色，今人不会说“面有蔬色”。

这样，这些词语可作如下释义：

蔬：人工培植的食用菜。菜：本指野菜，现常作一切可食菜的总名。菜色：荒年贫者只以野菜充饥所致营养不良的枯黄脸色。蔬菜：人工培植的可食用菜总名。

60. “素食”有六义

在一些大型辞书中，“素食”有几个意义。一、不劳而食。《诗经·魏风·伐檀》：“彼君子兮，不素食兮。”二、生食。《墨子·辞过》：“古之民未知为饮食时，素食而分处。”三、平时所食。《仪礼·丧服》：“饭素食。”四、蔬食。《汉书·王莽传上》：“每有水旱，莽辄素食。”

这些是今一般大型词典中的释义，多可以理解：素本是未练的生丝绢，从未经加工而用，有第一义；从生丝态，产生第二义；从物之本始，产生第三义。需要讨论的是第四义。

第四义释语“蔬食”是古语，指粗食、粗饭（见59节）；而且表义似是动词吃素义，又似是名词义，指以植物类、菌类中的可食物为原料制成的菜肴。故释语可作三解。而无论哪一解，均与所引书证不合，亦即对所引书证实不得正解。我们先讨论书证。上引《汉书·王莽传上》“每有水旱，莽辄素食”，虽然看不出这里“素食”的内涵，但有颜师古注：“素食，菜食无肉也。”今辞书编者即据颜注立“蔬食”义。其实颜注似是而非。原引接下有如此记述：“……太后遣使者诏莽曰：‘闻公菜食，忧民深矣。今秋幸孰（熟），公以时食肉，爱身为国。’”此大概为颜注所本。确实，据太后诏言，王莽的“素食”可以说是“菜食无肉”，但“菜”的本义是采野菜，作名词指野菜（见59节）；汉代平时庶民也食菜为常，灾荒时更会吃尽野菜，王莽为显示“忧民”、不“爱身”与民“同苦”的仁慈，必然也要吃野菜而不吃肉；若是吃蔬菜，其物汉时尚为稀少贵重之物，何以见其“仁慈”之态？但是唐代“菜”已作蔬菜类之物的总称，韩愈《论佛骨表》：“昼日一食，止于菜果。”唐代的颜师古以唐代的“菜”等同《汉书》之“菜”，故没有揭出汉“菜”的异点，给后世留下误解和想象的空间。

有些词典于“素食”举南北朝前书证以及北魏贾思勰《齐民要术》例，其书有“素食”专章，列十一种素食。但其中有葱、薤、韭、姜，古代属五辛、五荤之物；其“缹（fóu）瓜瓠”“缹菌法”都可以有牲肉。这些既不合秦汉礼制的斋戒，也不合魏晋后佛教的吃素。实际上《齐民要术》的素食，是指以蔬菜瓜果为主，调用酥油、麻油而已。此例也非后世的“素食”。

与荤肉相对的素食，始于南北朝时佛教的“五戒”。五戒中有不杀生、不饮酒食肉的规定。《晋书·会稽王道子传》：“佛者请远玄虚之神，以五诫为教。”赵朴初先生说：“我国大乘经典中有反对食肉的条文，我国汉族僧人是信奉大乘佛教的……所以汉族僧人乃至很多居士都不吃肉。从历史来看，汉族佛教徒吃素的风习，是由梁武帝的提倡而普遍起来的。”（赵朴初《佛教常识答问》）。据载，梁武帝时南京建业寺一个僧厨，能用瓜做出几十种菜肴，每种菜又能做出几十种口味。正是从寺院素食开始，到宋元，素食逐渐成为我国菜肴的一个门类，从宋孟元老《东京梦华录》和吴自牧《梦粱录》可见，素菜品种千姿百态，“色、香、味、形、名”都很讲究，其中以面筋、豆腐和菇类为主要原料，可烹制出许多具有荤菜色、香、味、形的“假”象形菜，是中国素菜的精华。直到今天，每地都有素菜馆，菜谱上每每有素鹅、素鳝片、素黄鱼等，美不胜收。

综上，从“素食”第四义的讨论得到以下结果：

一、立“素食”第四义为“吃野菜”，证以所引《汉书·王莽传上》例。又，《三国志·蜀书·费祎传》裴注引《费祎别传》：“祎雅性谦素，家不积财，儿子皆令布衣素食……无异凡人。”此“素食”犹菜食，吃野菜。

二、增列二义：一是僧人的斋食；吃素食。当引南北朝以后的文献书证。二是名词义，以蔬菜、瓜果、菌类、素油为原料制成的菜肴，南北朝以后成肴馔的独立一系。亦引南北朝以后的文献书证。

这样，“素食”至少有六义。

61.“钓饵”之“饵”

垂钓者，将鱼儿喜爱的食物，如麦粒、蚯蚓、小鱼、小虾等，置在钓钩上，引诱鱼类吞食，然后一举钓获食鱼。这诱物就是钓饵。今“钓饵”常比喻用来引诱人的事物，是贬义词。

“饵”字为什么能用作“钓饵”呢？

这得从“餈（cí）”说起。“餈”也作“糍”，《说文·食部》：“餈，稻饼也。”它是用粒米蒸再水溲而做成的米饼，今江南民间称为“糍团”。如果外面滚一层粉，就称“粉糍”。“餈”是粗制糕点。质量较高的精制糕点则称“饵”。“饵”从食耳声，声兼义。耳声有二义，如“珥”，饰耳珠玉，有二。“弭”，骨饰弓的两头。则“饵”必是合两种以上粉（米粉为主）合蒸的糕。《周礼·笾人》：“糗饵粉餈。”郑玄注：“合蒸曰饵。”以为是稻粉黍粉合蒸的。有时还可加豆粉或肉，油炸。《礼记·内则》：“取牛羊豕之肉，三如一，小切之，稻米二、肉一，合以为饵，煎之。”即将三种牲肉调和为一，加上量多一倍的稻米粉合蒸再油煎。更有甜的，《楚辞·招魂》：“粔籹蜜饵，有餦餭些。”“粔籹（jù nǚ）”，米粉拌合糖做成环，再油炸。“餦餭”，饴糖块。蜜饵，饵浸蜂蜜。这是蜜糖糕，更高级了。要知道，战国时还没有磨，今发现最早的磨是山东临沂银雀山西汉前期墓出土的陶磨。整个上古都用杵臼捣米，故米粉做的糕点，还要加肉、油炸、浸蜜等，当属高档食品了。直到汉代，虽然使用了石磨，但饵还是上品。《东观汉记》记新野市吏樊华馈饵一笥，结果：“上德之，建武初拜河东都尉”，一箱盒的饵食竟然可以换得郡都尉的官职，可见饵必是很精美、贵重的糕食了。

饵是精美之物，故作动词用，也有美意。《后汉书·马援传》：“援在交阯，常饵薏苡实。”此“饵”不是一般的食，犹“以薏苡实为饵”，故“饵”有美食义。曹植《矫志》诗：“芝桂虽芳，难以饵烹。”“饵烹”，即烹煮为美饵，此“饵”有美好义。《三国志·魏书·武帝纪》：“诸将以为敌骑多，不如还保（堡）营。荀攸曰：‘此所以饵敌，如何去之？’”“饵敌”，犹言以美食予敌，故引申为引诱义。

鱼饵也是“饵”，作名词的一种引申用法：人所食精美糕食称“饵”，鱼所喜爱的美食也得称“饵”。这种美食放在钓钩上，就是“钓饵”。

包括鱼饵在内的所有引申用法都进一步证明：“饵”的本义是指精美的蒸糕。然而，今一般词典都释“饵：糕饼”，不突出“精美”之意，有点美中不足。

62. 膳食

“膳”字，好像与“饭食”“饮食”差不多。但是，各单位的膳食科，为什么不叫饮食科、饭食科之类？

“膳”字从肉，善，故会其意是善肉。《广雅·释器》：“膳，肉也。”《周礼·天官》郑玄注：“膳之言善也，今时美物曰珍膳。”《左传·闵公二年》：“太子奉冢祀社稷之粢盛，以朝夕视君膳者也。”孔颖达疏：“膳者，美食之名。”“粢盛”，指盛在祭器内的黍稷。因此，膳是以调味牲肉为主包括饭在内的善食、美食；这种美食是由人专门供应、准备的。《说文·肉部》说：“膳，具食也。”《汉书·宣帝纪》：“其令太官损膳省宰。”颜师古注：“膳，具食也，食之善者也。”因此，“膳”又有供给、进具之意。合起来，可以说：供应的美食叫“膳”。

在奴隶制、封建制社会中，谁给谁供应美食是不言而喻的。因此，这个词只用于统治阶级的上层人物和其他的达官贵人，而不用于庶人贫者。上举的《左传·闵公二年》便是说由太子“朝夕视君膳”。《战国策·赵策四》：“大王以孝治闻于天下，衣服使之便于体，膳啖使之嗛于口，未尝不分于叶阳、泾阳君。”这也是指供应君王的食物。由于“膳”的这一特点，它往往被用作官名。《周礼》有膳夫，专掌王及后妃太子的饮食。膳夫的头头是膳宰。《仪礼·燕礼》：“膳宰具官馔于寝东。”春秋时无道的晋灵公因为献上来的熊掌没煮熟，就把膳宰杀了（《左传·宣公二年》）。而整个管理饮食诸事的官署就称膳部，历代都有，内设郎官。北齐有膳部郎。隋唐设膳部郎中、员外郎，属礼部。明称精膳司。设立膳部制度一直到清末才废。

现在，古代宫廷膳食制度、职官都没有了，但“膳”的供应食物的特点并未消失。“膳食”，不能说成“日常吃的饭和菜”，必指称在工作、学习或其他搭伙单位所吃的饭食。“膳费”，是工作、学习或其他搭伙单位用食所需的费用。“膳食科”，更是承古而名：古有膳部，今有膳食科，都是管理供应饭食的部门。总之，个人的、家庭的饭食，不可称“膳食”，只有集体单位食堂供应的饭食才是“膳食”。

63．筵席

一些饭店的广告牌上往往写着：本店承办各种筵席。筵席就是筵宴，酒宴：一张盖着白布的圆台面，围设十至十二个座位，台上每人碗碟食具一套，宴时先酒后饭，菜肴则冷盘、热炒、甜羹、主食、水果……但如此的“筵席”，其物其名怎么来的？非常有趣。

“筵席”本指铺在地上的坐具。“席”，甲骨文中作直置矩形、中有曲纹的席的象形，它既作坐卧铺垫用具的通名，又作为垫席的专名。“筵”，从竹延声，声兼义。延有引长义，故“筵”指较长大的直接铺陈地面的垫席，按周制是一丈六尺。而席是筵上临时所加比筵短小的座席。这种座席一般长三尺三寸多，用较细的莞草编成，四边围缀以帛。多人相聚时，一般四人一席，长者尊居席的首位，称“席端”；若五人则另设一席，推长者居此专席。尊位依席的置向定，席南北向置（即矩形席短边在南北），则西方为席端；东西向设，则南方为席端。按周代礼制，一般一重席，公、诸侯三重席，大夫二重席。凡是接待宾客，或有事来讲问之客，都要专设礼席。主客席地而坐。客走，即撤席。席加筵上，故“筵席”常同义连用，泛指坐具垫席，非筵宴义。

要搞清今天的“筵席”，首先要搞清古代的筵宴。对此，有的讲饮食的书说黄帝时代已有。早了点。筵席是一种礼宴，应当以周代为滥觞。宴时，先在筵上加席，筵边列食案，上放各种食具。若是贵者老者，可以凭食几。贵宾如尊主进食都由妻妾或奴仆举案侍候献食，食一味，再献一味，一味一味地进、食。筵宴还要音乐侑食，《诗经·小雅·宾之初筵》：“宾之初筵，左右秩秩。……钟鼓既设。”此所谓“钟鸣鼎食”，《诗经》就是常在筵宴上演奏的作品。以后相当时期的筵宴大致也是如此。

到了隋唐时，由于改变了席地而坐的方式，有了桌椅，进食者坐进凳椅，铺地的筵席升高为餐桌，有短足的食案变成了无足的托盘，但还是承古实行一人一桌一椅的一席制，即分食制，不过各人桌上列肴馔数种，不是食一味进一味，《韩熙载夜宴图》中的夜宴就是这种形象。也有多人联席。一条条长桌，两长边各坐若干宾客，但也是分食制。到明代的民间聚餐，才开始有今天这样的多人一桌用膳的食制。而如今天一样的圆桌席面，古代叫“团桌”，要到康熙乾隆间才出现，并推广至饭馆酒楼。《红楼梦》第七十五回所写贾母在凸碧山庄敞厅中秋赏月夜宴，就是十二人一桌的圆桌，取一家团圆之意。

唐人宴饮图 敦煌石窟壁画

古代筵席的门类很多，大体有四类。一、朝廷举办的大宴，凡遇加冕、册封、庆功、祝寿、节日等，皇帝代表朝廷有赐宴，如唐玄宗正月十五举行的灯宴“临光宴”，乾嘉时曾举行专礼遇耆宿老臣的“千叟宴”。二、臣僚升迁而邀请皇帝的盛宴。唐代韦巨源升中书省，请中宗皇帝一次“烧尾宴”，用了五十八道菜点。南宋张俊在府邸宴请宋高宗的筵席则有二百五十种珍肴。三、僚臣士大夫的社交欢宴。如刘项之争时霸上的鸿门宴，唐代科举中进士者在曲江举行的曲江宴。四、民间社交宴会。无论什么筵宴，肴馔总是比常膳丰盛，达到一定规格；同时，有主有宾，多人聚餐，气氛十分欢快、热烈。

由上可见，周代有了地上的筵宴，明代有了如今的圆桌上的筵宴，那么“筵席”的筵宴义何时出现呢？曰：正处其中，在唐代。《史记·乐书》：“布筵席，陈樽俎。”这还是作为坐具。《南史·刘沨传》：“斋宇筵席，不减侯王。”《南史》为唐代李延寿所作。元王实甫《西厢记》二本三折："敢著小姐和张生结亲呵，怎生不做大筵席，会亲戚朋友，安排小酌为何?"这些都是筵宴、酒宴义。

今天的筵席大致是明清以来的格局，但仍然有早期地上筵席的影迹：那圆桌面上铺盖洁净白布，叫"桌帏"，酒菜食具都必须放在帏上，犹如升高的筵；人们沿桌团团入座，一人一椅，犹如一人一个席位；宴毕，将杯盘狼藉的残羹冷炙连同桌帏全部收去，犹如宴毕撤席。

汉代的筵席，采自《四川汉代画像砖》

64. “酒”——我国最早的酒

中国是个酒的王国，酒源远流长。所谓“饮食”，“饮”主要是酒。

最早的饮料就是“酒”。“酒”，指用谷类或果类发酵制成的含乙醇（酒精）的饮料。能发酵产生乙醇的，有麦芽糖、葡萄糖、果糖、谷类。古人最早从这两件事中得到启示：一、野水果存久而发酵成酒；二、粥与饭遗忘数日，腐败发酵即生异味，闻而香，尝而甘。于是渐渐懂得谷物酿酒，即用黍蒸饭发酵酿成，称为“酒”，即后世所谓黄酒。故最早的“酒”应是这种黄酒的专名。

我国在龙山文化时期已掌握了酿酒技艺。那时的酒器与商周时期的饮酒器已形制相似。甲金文中有许多关于酿酒的记载。纣王以“酒池肉林”的穷奢生活闻于后世，说明那时酒已有很多品种。“酒”成了各种酒的总名。但是，作为专名也时有所见。《诗经·周颂·丰年》：“丰年多黍多稌……为酒为醴，烝畀祖妣。”“烝”，进。“畀”，予。而“酒、醴”对文而别。孔颖达疏：“丰年多有黍矣，多有稻矣……故以之为酒，以之为醴，而进与先祖。”可见一种是黄酒，一种是甜酒（醴）。《荀子·礼论》：“飨尚玄尊而用酒、醴。”“飨”，酒食待客。“尊”，同“樽”，酒器。不过，先秦文献中的“酒”，主要已用为酒的总名。

65．玄酒

玄酒不是酒，而是水。但是聪明的古人把它作为祭祀的用酒，称为“玄酒”。《礼记·礼运》：“故玄酒在室，醴醆在户。”孔颖达疏：“玄酒，谓水也。以其色黑，谓之玄。太古无酒，此水当酒所用故谓之玄酒。”水本无色，古人以为黑色。也称“玄尊”。《史记·礼书一》：“大飨尚玄尊，俎生鱼，先大羹，贵食饮之本也。”“玄尊”，玄酒之樽。有时也用于婚事。《仪礼·士昏礼》：“妇入寝门，赞者……酌玄酒。”

“玄酒”，主要指水，但有时也指郁鬯（chàng）（香酒）和明水，后者是用铜盆在月光下所取的露水。“玄酒”后也引申泛指薄酒。《晋书·祖逖传》：“尝置酒大会，耆老中坐流涕曰：‘吾等老矣，更得父母，死将何恨！’乃歌曰：‘幸哉遗黎免俘虏，三辰既朗遇慈父，玄酒忘劳甘瓠脯，何以咏思歌且舞！’”“置酒大会”当然不会以水代酒，故是薄酒。

玄酒以祭的礼俗一直传到后世，记得幼时见祖母祭祖，桌上端放菜肴、碗筷酒盅，小酒盅中所斟却是水。我惑而问，老祖母说：“这是酒，老祖宗会喝的。”

66. 商代名酒“鬯”和“醴”

殷商时期中国有多少种酒现在尚说不清楚。但是可以肯定的有两种：一种是“鬯（chàng）”，一种是“醴（lǐ）”。（洪光住《中国食品科技史稿》）鬯是用黑黍米酿成的香酒，醴是用稻、麦芽酿成的甜酒。

《诗经·大雅·江汉》：“秬鬯一卣。”卣，有弯曲提梁的盛酒器。郑玄笺：“秬鬯，黑黍酒。芬香条鬯也。”班固《白虎通》说：“鬯者，以百草之香，郁金合而酿之成为鬯。”可见鬯是用郁金香草合黑黍所酿成的高级香酒。其字得源于“畅”，其特点是香味畅达而浓郁。“鬯”在甲金文中已屡见。甲文有“鬯其酒”“卜鬯贞”之句，金文有“錫汝鬯一卣”之语。可见商代已盛。鬯常常用于祭祀敬神，以其黑色黍所制，故有时也称“玄酒”（见第65节）。《礼记·表记》：“粢（zī）盛（shèng）、秬鬯，以事上帝。”“粢盛”，盛在祭器中供祭祀的粗饭。这里祭祀粗饭和香酒合一；祀酒，无味的水与浓香的鬯并举，都显出古人行事矛盾的统一；他们从素与雅的不同角度敬神礼祖。

《尚书·说命下》：“若作酒醴，尔惟麴糵。”谓醴的制作必须用麴糵，即是用糵（麦芽）发酵，用稻米蒸饭而酿的甜酒。这种酿酒技术，是糖化与酒化紧密结合的“复式”发酵法，欧洲人要到十九世纪末才掌握。所制醴酒用处极广。“醴”者，从酉从禮，禮省声。其字构意就表明这是种行礼的甜酒，而礼是渗透到政治、生活各个方面的。《礼记·丧大记》说：“始食肉者，先食干肉；始饮酒者，先饮醴酒。”重大的迎宾礼用醴。《左传·庄公十八年》：“虢公、晋侯朝王，王饗醴。”杜预注：“王之觐群后，始则行飨礼，先置醴酒，示不忘故。”此外各种礼，如冠礼的父礼子，婚礼的傧赞礼妇，甚至一般的聘礼迎宾，都用醴。《诗经·小雅·吉日》：“以御宾客，且以酌醴。”《汉书·楚元王传》：“元王每置酒，常为穆生设醴。”醴酒可谓雅俗共“尝”。

醴酒以甘、香、甜为特点，故引申为甘美义。《礼记·礼运》：“故天降膏露，地出醴泉。”《庄子·秋水》：“夫鹓雏发于南海，而飞于北海，……非醴泉不饮。”“醴泉”，美泉，泉味甘美如醴。有时也可指天降的雨水。《尔雅·释天》：“甘雨时降，万物以嘉，谓之醴泉。”“醴泉”与“甘雨，甘露，甘霖”一样，都是指及时雨。

今天，“醴”字并不陌生。传至今有欧阳询《九成宫醴泉碑铭》字帖，为老少所熟知。唐贞观六年，太宗避暑九成宫，掘得甘泉，就改名为醴泉，敕魏征撰铭，欧阳询书。后世尊为唐楷之魁。

67. 纯酒“醇”和“醪”

乙醇，就是酒精，有的方言称为火酒。这个现代化学名词用了“醇”字，是对号入座的。

“醇”是个古代词。词典称它是“含酒精多的酒”。它与“醲”同。《说文·酉部》：“醲，厚酒也。”农声字有多厚义，醲重在厚度，而醇重在纯度，浓厚者未必都纯，而纯者一般也凝厚，故酒精称“乙醇”是极为准确的。这也合于字的构意。“醇”或作“酏”，“屯”是“纯”省。“醇”也可径通“纯”。《周易·系辞下》：“万物化醇。”孔颖达疏：“万物感之变化而精醇也。”“精醇”即“精纯”。《汉书·食货志上》：“自天子不能具醇驷。”颜师古注：“醇，不杂也。”不杂即“纯”。故“醇”的本义就指纯的酒。《说文》释为“不浇酒”，“浇”，沃。不杂以水故纯度高。这种酒发酵时间长，产生的脂类、乙醇多，故酒性烈。文献中常有饮醇酒而病、亡的事。《史记·魏公子列传》：“（公子）与宾客为长夜饮，饮醇酒，多近妇女，日夜为乐饮者四岁，竟病酒而卒。”《宋微子世家》记陈人缚大力士宋万，“使妇人饮之醇酒，以革裹之归宋”。饮醇酒，使其速醉，醉而缚之。可见酒烈程度甚于一般浓酒。在汉晋时，醇酒著名的不少，如中山冬酿。晋左思《魏都赋》：“醇酎中山，流湎千日。”“酎”，重酿酒。我国烧酒要到中古以后才有。这种纯烈的醇就相当于后世的烧酒。

“醪（láo）”是带糟的醇酒。《说文·酉部》：“醪，汁滓酒也。”“滓”，酒糟。徐灏笺：“醪与醴皆汁滓相将。醴一宿孰（熟），味至薄，醪则醇酒味甜。”醪酒酿制时间长，又多滓汁，故更甜而厚。《汉书·袁盎传》：“乃悉以其装赍粉二石醇醪。”此与“醇”连用，泛指有滓或少滓的醇酒。《后汉书·樊儵传》：“又野王岁献甘醪、膏饧。”李贤注：“醪，醇酒，汁滓相将也。”由于它带滓而厚浊，故有时指酿造不精的粗酒。杜甫《清明》诗之一：“钟鼎山林各天性，浊醪粗饭任吾年。”既可指醇酒、粗酒，故自然可引申为酒的泛称。《后汉书·江革传》：“时有疾不会，辄大官送醪膳。”“醪膳”，酒膳。醪还可药用。《素问·血气形志论》：“病生于不仁，治之以按摩醪药。”王冰注：“醪药，谓酒药也。”

据此而观，“醪”本指带浊滓的醇酒；引申为浊酒、粗酒；进而作酒的泛称。

68. 金文何以称“钟鼎文”？

金文又叫钟鼎文，是写在青铜器上的文字。古代“金”可以指铜。但为什么又以“钟鼎”为名呢？

“钟鼎”连称，古已有之。《墨子·鲁问》：“则书之于竹帛，镂之于金石，以为铭于钟鼎，传遗后世子孙。”《旧唐书·长孙无忌传》：“自古帝王，褒崇勋德，既勒铭于钟鼎，又图形于丹青。”“丹青”指画。钟鼎又作“鼎钟”。《三国志·魏书·陈思王植传》：“身虽屠裂，而功铭著于鼎钟，名称垂于竹帛。”“竹帛”，指史书。达贵之家往往列鼎击钟奏乐而食，今有成语“钟鸣鼎食”。

品种繁多的青铜器，最主要、最有代表性者确是钟鼎二物。

古代铜器大别为礼器与乐器。所谓“立于礼，成于乐”（《论语·述而》），礼乐相成。鼎是礼器之首。鼎大都是圆形，三足两耳；也有四足的方鼎。最大的鼎正是商后期的“后母戊”青铜方鼎（曾称“司母戊鼎”），重832.84千克。鼎口立两耳，便于用鼎钩钩起。鼎主要作盛食器，用于盛鱼肉，调以五味；其次也可作烹煮器。鼎可区别尊卑等级。按礼制鼎都成组而列，天子九鼎，诸侯七鼎，大夫五鼎。庶民则不可用鼎。相传禹收九州之铜铸为九鼎，后就以鼎为传国的重器。灭国者，毁宗庙、迁重器，鼎是重器之首。帝王之业为“鼎业”。谋图王位称

后母戊方鼎

“问鼎”。建都建朝叫“定鼎”。鼎有三足，以喻三公重臣。“鼎席”“鼎司”都指三公。总之，鼎是统治权力、国家的象征，理当为青铜器的代表。

钟是乐器之首。钟由商代的乐器铙发展而来。铙像铃而大，无舌，有柄，使用时铙口朝上，用槌击口。而钟是中空，口朝下，外面有许多凸出的“枚”，用木槌撞击，所击部位在钟唇上面，叫“隧”。钟有三种形制，一是甬钟，顶有筒形的柄，叫“甬”，倒悬在钟架虡上。二是钮钟，顶无甬，而有半圆形的钮。三是镈钟，平口（其他两种是弧形口）。后两种平悬在钟架上。若是大小相次分组悬挂称编钟。今发现的最大编钟是湖北随县（今随州市）曾侯乙墓出土物，有钮钟十九件，甬钟四十五件，加镈钟一件，分三层八组悬在钟架上，其音质优美，音域达到五个八度，中音区两个八度，构成了完整的半音阶，上有二千八百字的乐律铭文。钟可以铭功。《左传·襄公十九年》：“季武子以所得于齐之兵，作林钟，而铭鲁功焉。”（“兵”，兵器。）可以进食伴奏。《哀公十四年》：“左师每食击钟，闻钟声，公曰：‘夫子将食。’既食，又奏。”用于军旅。《庄公二十九年》：“凡师，有钟鼓曰伐。”无论从钟的规模、作用看，钟也是青铜器中的重要大器。

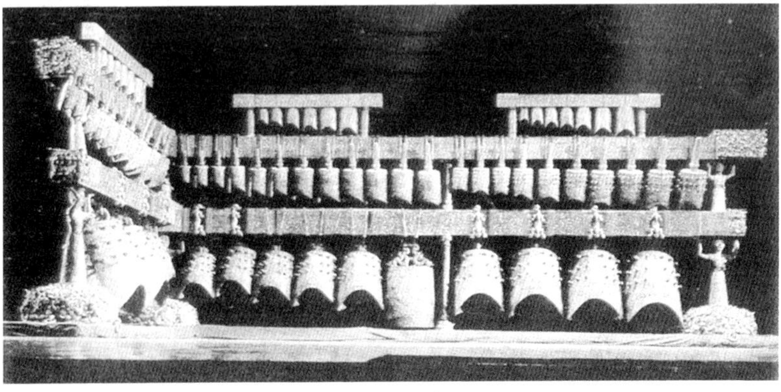

曾侯乙编钟

69. 彝·敦

“彝”也是青铜器的代表字。常与“鼎”连用。《说文解字叙》：“郡国亦往往于山川得鼎彝，其铭即前代之古文。”任昉《王文宪集序》：“或功铭鼎彝，或德标素尚。”也单用。《左传·襄公十九年》：“取其所得以作彝器，铭其功烈，以示子孙。”《国语·周语下》：“火焚其彝器。”韦昭注：“彝，尊彝，宗庙之器。”“尊”通“樽”，酒器。

彝是什么？为什么也作青铜器的代表？

“彝”是个会意字。从糸，示祭器必以布蒙覆以保洁；从米，示米所酿的酒；从彑，猪头锐而上见，象爵之类酒器的雀头之形；从廾，是“拱”，表示敬献。会其意，是恭奉宗庙祭祀的常用酒器。《说文·糸部》：“彝，宗庙常器也。”《尔雅·释器》：“彝、卣、罍，器也。”郭璞注：“皆盛酒尊，彝其总名。”可见它不是某一酒器的专称，而是宗庙祭祀酒器的总名；酒器是宗庙礼器的大宗，故“彝”进而作为宗庙常用礼器的总名。文献中就多有“彝器”“鼎彝”之称。

西周师遽方彝

酒器、礼器，特点是个“常”，故“彝”引申为常道，经常。《尔雅·释诂上》：“彝，常也。”《诗经·大雅·烝民》：“民之秉彝，好是懿德。”毛传：“彝，常。”常修饰名词。“彝准”，经常的法则。“彝宪”，常法。

“彝”虽然作酒器、礼器的总名，但自宋以来却有专名的用法：称一种方形铜食器，与“敦”相通别。敦是盛黍稷稻粱的食器，一般是三短足，圆腹，二环耳，有盖。有的与盖成相同的半球形，合之为球形，打开可作二半圆器，盛行于春秋战国之时，用于歃血会盟。《周礼·天官·玉府》：“若合诸侯，则共珠槃、玉敦。”郑玄注：“古者以槃盛血，以敦盛食。合诸侯者，必割牛耳取其血，歃之以盟。珠盘以盛牛耳，尸盟者执之。……玉敦，歃血玉器。”商代也有敦，形较小。这类敦，宋王黼《宣和博古图》以来的一些金石家，往往称“彝”，二名相混。现在一般将圆形的叫“敦”，方形的称“彝”。高方身，带盖，盖似屋顶，盖上有钮，腹或直或曲，全形似两只斗相合，可以盛食、盛酒，安阳殷墟五号墓出土一件似两方尊联为一体的长方形器物，就定名为“偶方彝”。

总起来说：“彝”，上古酒器和宗庙祭祀礼器的总名。也专指一种体高、有盖、方形的盛食、盛酒器。

宗庙祭祀礼器是古代青铜器的大宗，“彝”作为青铜器的代表，不是偶然的。

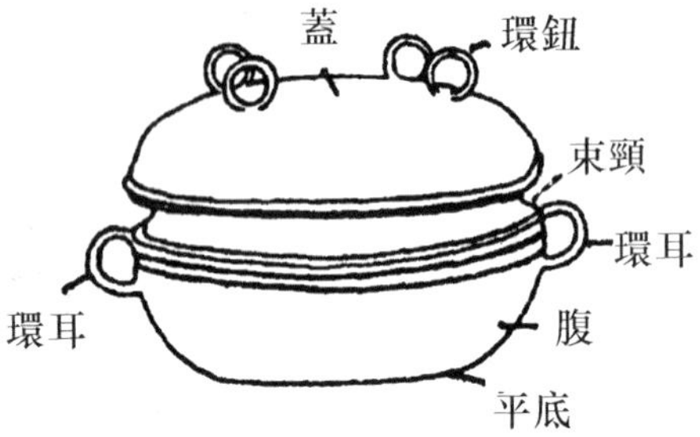

齐侯敦，采自《商周彝器通考》

70. 砧有多名

改革开放前，小铁铺铁砧（zhēn），叮当叮当，火花四溅；河边砧石，噼啪噼啪；厨房树砧，的笃的笃……所有的砧，都称为“砧”。

但是，砧的先祖都不叫“砧”。

砧最早叫“俎”。《说文·且部》：“俎，礼俎也，从半肉在且上。”仌是半个肉字。所谓“礼俎”，是指在祭祀或燕飨时作陈置牲肉的礼器。“俎”，常与“豆”连用，豆是高脚小盘，盛放祭祀的肉食。《论语·卫灵公》：“俎豆之事，则尝闻之矣。”《庄子·庚桑楚》：“窃窃焉欲俎豆予于贤人之间。”“俎豆”，代称祭祀，作动词。俎形制似几：矩形板，四角有四短足，或两块直板支地。既陈置牲肉，当也可宰割，故也作切肉砧板用，自合情理。《史记·项羽本纪》：“樊哙曰：‘如今人方为刀俎，我为鱼肉。’”《世说新语·方正》：“今犹俎上腐肉，任人脍截耳！”潘岳《西征赋》：“饔人缕切，鸾刀若飞；应刃落俎，霍霍霏霏。”

俎形似几，故“几”（又作“机”）也可指砧板。《吴质别传》（《三国志·魏书·吴质传》裴注引）：“质案剑曰：‘曹子丹，汝非屠几上肉……’”《新唐书·桓彦范传》：“会日暮事遽，彦范不欲广杀，因曰：‘三思（武三思）机上肉尔，留为天子藉手。’”

砧又称“锧”，也作“椹”，本作“质”，是专切人肉的砧板。“铁锧”是行腰斩刑的刑具。《公羊传·昭公二十五年》何休注：“鈇锧，要（腰）斩之罪。”鈇是两斤相合，像后世的铡刀，下垫的砧板叫“锧”。行刑时死囚要脱掉衣服，裸身俯伏在锧上，然后下鈇将人腰斩。锧，先秦用铜，秦后用铁。《战国策·秦策三》：“今臣之胸不足以当椹质，要（腰）不足以待斧钺，岂敢以疑事尝试于王乎？”“椹”也是砧板（见下）。《史记·张丞相列传》：“苍坐法当斩，解衣伏质，身长大，肥白如瓠。”

“砧”古代本作“碪、椹、鍖”，反而不指砧板，而指捣练衣帛的石臼，与它相配的捣击工具是杵。练丝是将生丝变成熟丝，以便制衣；也可捣击衣服。捣练是汉代出现（战国已有萌芽）的练丝新工艺。因此，“砧”是个汉代词。乐府《子夜四时歌》之一：“佳人理寒服，万结砧杵劳。”白居易《八月三日夜作》诗：“气爽衣裳健，风疏砧杵鸣。”扩大之，后来才成为各种砧板的通称。如作腰斩的刑锧，欧阳修《蔡州再乞致仕第二表》：“将再干于冕旒，宜先伏于砧锧。”“干”，求；“冕旒”，大官的官帽，代称大官。称捣捶物的砧石。《正字通·石部》：“砧，蒿砧，农家捣草石。”作食砧。唐卢延让诗：“饿猫临鼠穴，馋犬舐鱼砧。”（唐孙光先《北梦琐言》卷七）这与今天用的厨房切菜、肉的砧板一样了。

到了现代，“俎”“几”“锧”都淘汰了。只有“砧”，成为有各种质料和用途，供捶、砸、切割等用的下垫器具。

庖丁砧前剁切 嘉峪关魏晋壁画墓

71．蒸锅“甑”

蒸物炊具，今有蒸锅、蒸笼。蒸笼是放在锅子上用来蒸物的竹、木圆格。古代是很迟才有的。程敏政《传家面食行》：“旁人未许窥炙釜，素手每自开蒸笼。”这是明人的诗。蒸锅是一种双层锅，却已历史悠久。古代的蒸锅有“甑（zèng）”“甗（yǎn）”。先说甑。

甑是陶制蒸锅，主要用来蒸饭。在使用铁锅以前，人们都吃蒸饭，故这一炊具每天都要用。其形像一只深腹花盆：圆形、侈口、收腹，底有七孔叫“七穿”。穿孔之上要铺一层“箅”（或作“箄”，一种有细孔的竹席），米或其他蒸物就放在箅上。“甑”从瓦、曾声，“曾”即“层”，有加隔层的箅，故名“甑”。甑外往往加坚韧的树皮做的箍，即甑带，又称“甈（guī）”。今发现的甑很多，实物的丰富多彩远胜于文献记载。河南安阳著名的妇好墓发掘到商代铜制“汽柱甑形器”，高15.6厘米，口径31厘米，敞口方唇，有盖、下腹内收、底部当中竖中空圆柱，柱壁有瓜子形镂孔四个，可透气，一似今天的汽锅，食物就放在底腹内。商代能出现这样先进的甑，使人叹为观止。

百花潭连釜铜甑

甑不能单独使用，必须放在釜上，就像今蒸格必须放在锅中一样。故古代文献常与“釜”连用。《孟子·滕文公上》：“许子以釜甑爨，以铁耕乎？”“爨”，炊。釜用来煮，甑用来炊。《史记·项羽本纪》：“项羽乃悉引兵渡河，皆沉船，破釜甑，烧庐舍。”后代浓缩为“破釜沉舟”一语，表自断退路，决心大。《后汉书·独行传·范冉》：“所止单陋，有时绝粒，穷居自若，言貌无改，闾里歌之曰：‘甑中生尘范史云，釜中生鱼范莱芜。’”“史云”，范冉字，汉桓帝时为莱芜县长。谚指他断炊已久。文献中“甑”与“鬲”连用几乎无见。这表明，甑经常与釜而不是与鬲相配，釜甑配合的机理是：甑放在釜上，釜中盛水；釜放在灶上，釜下加热，使蒸气上腾，将甑箅上的米或他物蒸熟。

甑在秦汉后一直使用。唐陆龟蒙《茶灶》诗：“盈锅玉泉沸，满甑云芽熟。”

今天，上古的甑只能在博物馆中见到了，但这个词并没有淘汰。有一种玻璃器叫“曲颈甑”，是用于蒸锅使物体分解的器具。还有，街上卖粢饭（糯米饭）者，其身边都是一只上小下大的圆形木桶，米饭从里边掏出。这也是一只蒸桶，放在锅镬上，桶无底而有屉子，蒸米放在木屉上。这是现代的木甑，故称为“甑子”。

要之，甑：古代炊具，常置于釜（锅）上、底部有若干小孔、加箅（竹席）以盛蒸物的陶制蒸锅。

72. 蒸食器“甗”

再说另一种蒸锅“甗（yǎn）”。

甗字从瓦，最早是陶器，从商代到战国流行铜甗。《周礼·考工记》：“陶人为甗。”郑司农云：“甗，无底甑”，孙诒让正义引戴震说：“一穿为甗，七穿为甑，并上大下小。甗上体如甑无底，施箅其中，容十二斗八升；下体如鬲，以承水，升气于上。”它是甑与鬲的结合体。鬲是鼎的一类，三足两耳（也有无耳），但足是中空而曲，是空足鼎。主要行于上古。由于空足容易受热，是常用的烹煮器。作为甗的下部，是去掉了两耳的鬲。上半部的甑比鬲略大，所谓“上大下小”者。这上甑有两耳，但没有七孔底，戴震说“一穿为甗”，即它的“底”也就是下鬲的口。虽然上甑没有底，但在甑的斜底可以置箅，即架不同大小有孔的竹架或有孔的铜片，相当于后世的蒸笼格。商和西周的甗，上甑下鬲大都铸为一件，于是通体成圆形、侈口，口有直立两耳，下有胖三足。到春秋战国时期，上下

商代三联青铜甗

可以分合，两耳在甑器外侧，成为附耳。这一时期还出现分合的四足方形甗；有的上甗内再加隔，则可同时两层蒸物。今所见出土较别致的甗是1976年河南安阳小屯发掘的三联甗，像一狭长形三眼灶，上并列三甗，通高80厘米，形器厚重，灶六足而立。

甗的使用是这样：蒸物放在箅上，鬲中置水，鬲下用薪柴加热，使水蒸气上腾，将食物蒸熟；也可以下鬲煮物、箅上蒸物同时进行。通常鬲中煮粥，甑内蒸米成饭。《诗经·大雅·生民》："释之叟叟，烝之浮浮。""释"，淅，淘米。上句说舂得的米淅渍，其声溲溲；下句说蒸饭时，蒸气升腾，其状浮浮。

甗器的特点，从构字上也反映出来。字从瓦鬳声，即"献"省声。献者，进上意。《广雅·释诂二上》："献，进也。"下鬲是献气者，上甑是受气者，气进到上部。故会其意，甗是靠蒸气上腾蒸物使熟的瓦器。

甗与甑性质相同但区别很明显：甗是无底甑加鬲，甑是甗之半加底；甑与釜相配，釜放在灶上，甗则靠下鬲三足直支地；甑，古代一直使用，甗，行至汉而淘汰。

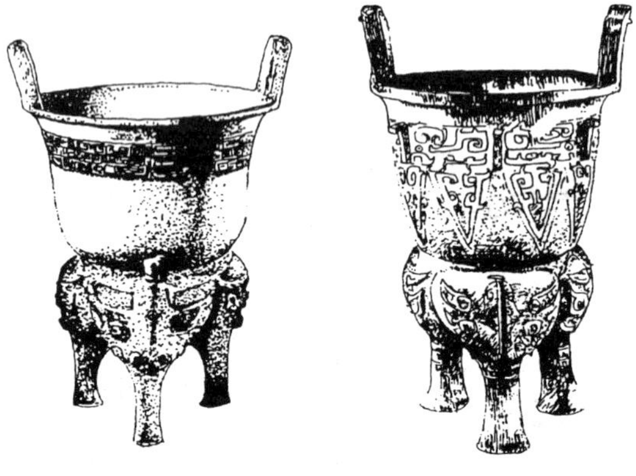

西周早期青铜甗

73．三足炊锅种种

今天炊锅品种很多。从质料言，有铁锅、铝锅、不锈钢锅、砂锅等。从用途言，有饭锅、炒菜锅、蒸锅等。从形制言，有平底锅、尖底锅、有柄锅等。品种尽管丰富，但所有的锅都无足，即没有有足锅。

古代自然比现在简单，却有许多有足锅。于是可以按足之有无分为两大类。有足类，主要是鬲（gé）、鍑（fù）、锜、铛等，它们都是三足锅。

鬲是远古、上古最主要的煮锅。《孔子家语·致思》：“鲁有俭啬者，瓦鬲煮食食之。”主要煮粥，煮羹。鬲似鼎，一般为圆形、侈口，口沿外倾，三足两耳，但壁比鼎薄，三足中空而曲，故比鼎容易受热。

鬲最初是陶制，新石器时期许多遗址都有大批陶鬲出土，铜鬲流行于商代以后。西周有一种特别的方鬲，全器分两段，上段是圆角长方形器身，下是鬲炉，大小与上鬲同，一边设门，可开合，三面有孔出烟。秦以后，鬲开始消失。

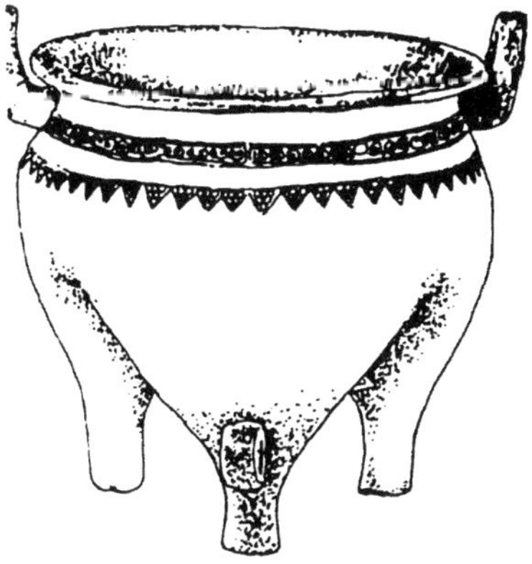

西周中期青铜鬲

有的书把鼎也作炊具、炊锅，不妥。鬲是鼎属，但鼎由于受热慢，主要用来盛食调味，有时用来煮牲肉调羹，只用于奴隶主贵族的盛馔。事实上，耗费大量燃料的鼎一般人也用不起。

鍑，据《宣和博古图》，周代

的鍑，是小口有三足，腹上有钮环，其形似今天小口、扁形的“汤婆子”。《汉书·匈奴传》：“胡地秋冬甚寒，春夏甚风多，多赍鬴鍑薪炭，重不可胜。”“鬴”，同“釜”。小口的鍑不易散热，用来烧煮开水兴许是不错的。

铛或作“鎗”，是一种温锅，常作温酒器，也可温他物。其容积较小，有三足，长柄，一似熨斗。汉代起出现。《太平御览》卷七五七引汉服虔《通俗文》曰：“鬴有足曰铛。”《南齐书·萧颖胄传》：“上慕俭约，欲铸坏太官元日上寿银酒鎗。”《太平御览》同上卷引《笑林》曰：“太原人夜失火，欲出铜鎗，误持熨斗，便大惊怪曰：‘异事，火未至，已被烧失脚。’”《新唐书·薛大鼎传》记高祖时薛氏迁浩州刺史，郑德本为瀛州刺史，贾敬颐为冀州刺史，三人都有治名，故远近称他们为“铛脚刺史”。下至宋代有苏轼《送柳宜归》诗：“折脚铛边煨淡粥，曲枝桑下饮离杯。”

74. 无足炊锅种种

古代炊锅一类是鬲一系的三足锅，另一类是釜一系的无足锅。先秦盛行前一类，秦以后盛行后一类。

“釜”字的成语很多：釜底抽薪，破釜沉舟，釜底游鱼……，有的书说釜起自汉魏，由鬲失足而来，误。早在新石器时期，釜、鬲就并见。釜与灶相配。河南陕县庙底沟遗址，即有少量的釜、灶，浙江河姆渡遗址各文化层，釜是主要的出土陶器之一。进入青铜器时代——商代、西周，铜釜少见，但陶釜还常用，文献中也频见。《诗经·召南·采蘋》：“于以湘之，维锜及釜。”“湘”，烹。毛传：“无足曰釜。”“釜甑”相连言甚多。“釜”还作为量词，容六斗四升，这只有在釜作炊器十分普及后才有可能。不过，釜真正全面起锅的作用，确实要到铁器普遍使用的汉代。盖陶釜传热慢，铜釜薄的不耐高温，厚的受热慢，都不便于烹制菜肴，故汉以前的釜主要是煮水与甑相配蒸饭。当有了铁釜，既耐高温，又可薄壁，才得以煮饭，烹炒菜肴。《汉书·楚元王传》记高祖未发迹时过其兄嫂处食：“嫂厌叔与客来，阳（佯）为羹尽，轑釜，客以故去。已而视釜中有羹，由是怨嫂。”“轑”，叩击。嫂用勺击铁釜琅然作声表示羹尽。可见釜已用来炒菜煮羹。汉魏间釜形多样，有适于煎炒的小釜；有“诸葛行锅”，锅壁复层，烧饭极快；有一釜调多味的“五熟釜”，像今天的共和锅，等等。“釜”的名称一直行于后世，并且是现代锅的直系祖先。可见釜是秦以后锅的代表。“釜”也作古代炊锅的通名。

“锅”本是盛膏器，引申为车釭，即车轴外的铁圈。《方言》九：“自关而西，盛膏者，乃谓之锅。”钱绎笺疏：“膏施于车釭，故釭亦得锅名。”一种小锅也似车轴外的铁圈，故也称为“锅”。《急就篇》三颜师古注：“鍪似釜而反脣。一曰鍪者，小釜类，即今所谓锅。”它可以烧饭。《南史·李义传》记陈遗之母“好食锅底饭”，于是每次煮食必把锅巴取下贻母，后战乱逃窜多有饿死，陈遗靠“锅底饭”得活。也可以煮茶。唐陆龟蒙《茶灶》诗：“盈锅玉泉沸，满甑云芽蒸。”可见“锅”是一种煮饭煮茶的小锅。

“镬（huò）”，先秦已有。《周礼·天官·亨人》：“亨（烹）人掌共鼎镬。”郑玄注：“镬，所以煮肉及鱼腊之器。”《淮南子·说山》高诱注：“有足曰鼎，无足曰镬。”《汉书·刑法志》颜师古注：“鼎大而无足曰镬。”“镬”从金、蒦声，声兼义。蒦声字多有大义。如“矆”，大视。“濩”，雨流霤而下大的样子。可见镬是像鼎一样大的金属锅。在青铜时代，由于大器制作的困难，铜镬少见。从铁器大量使用的战国起，镬方盛行。“镬”字也始见于战国文献。《淮南子·说山》：“尝一脔肉，知一镬之味。”常用作刑具。《汉书·刑法制》：“陵夷至于战国……增加肉刑，大辟，有凿颠、抽胁、镬烹之刑。”《史记·廉颇蔺相如列传》：“臣知欺大王之罪当诛，臣请就汤镬。”“汤镬”，烹刑，就是把人放在煮沸的大铁锅中活活烧死。汉代铁器盛行以后，镬可以造得更大。《太平御览》卷七五七引晋陆机《洛阳记》曰：“宫墙外有大铁镬盛水以救火。镬受百斛，百步一置。”

但是，文言中“釜”既然是锅的通名、总名，无论小的锅，还是大的镬，浑说自也都可称“釜”，故“锅、镬”二名没有“釜”用得多而广。

苞厨有镬　四川彭县出土画像砖

75. 簠·簋·簠簋·瑚琏

文献中“簠簋（fǔguǐ）”常常连用。《论语·卫灵公》：“簠簋之事，未尝学之；甲兵之事，未之闻也。”《礼记·礼运》：“实其簠簋，笾豆铏羹。”成语有“簠簋不饬”，《汉书·贾谊传》：“古者大臣有坐不廉而废者，不谓不廉，曰‘簠簋不饬’。”“簠簋”是什么？

簠、簋都是盛饭器，历史久远。最早是竹木或陶制，相当于现在吃饭的矩形或圆形的大碗。秦汉文献中多有“食土簋”之语。《史记·太史公自序》追述远古尧舜的简朴生活：“食土簋，啜土刑，粝粱之食，藜藿之羹。”“粝”是粗米，“粱”指粟，合指粗米饭。张守节正义引颜师古注：“簋，所以盛饭也。刑，所以盛羹也。土谓烧土为之，即瓦器也。”尧舜时代已有了陶器。但是到了青铜时代，青铜器的簠簋都不是一般的食用饭碗，而是作为宗庙祭祀的盛饭礼器，祭祀、宴享用来盛黍稷稻粱的器皿。《周礼·地官·舍人》：“凡祭祀共簠簋。”郑玄注：“方曰簠，圆曰簋，盛黍稷稻粱器。”今所见出土的簠都是长方形，有盖，上盖与下器一样大小，相合为一器，打开为两器。器、盖各有四短足。青铜器簠在西周时出现，流行至秦汉间。簋，青铜器铭文称“𣪘”“轨”，如1950年洛阳西工秦墓出土秦代簋，即自铭为“轨”。今所见簋，一般是圆腹侈口，圈口，商代多无盖，有二耳。西周春秋的常带盖，有二耳、四耳。二器的形饰、铸造十分考究，外有兽面纹、云雷纹、卷体夔纹等，如“轨𣪘”一器，整形如敦，椭圆球盖上有三个卧兽形纽，腹部有对称的两铺首，器盖都饰蟠螭纹。它们与鼎一样分等级，在考古发现中，簋往往偶数出现，并与鼎的级数相应，如四簋配五鼎，六簋配七鼎，八簋配九鼎。因此，其器虽是小物，也是宗庙祭祀的重要礼器。

正因二器有相同的性质和功用，就常“簠簋”连用，表义丰富。一是表青铜祭祀盛饭器，一圆一方。前引《周礼》句即是。二是代称祭祀。前引孔子语“簠簋之事”即指祭祀之事。可见它们在祭祀中的重要性。三是暗喻大官。前引贾谊文例“簠簋不饬”即是。此语西汉的贾谊首用，后又作“簠簋不饰”“簠簋不脩”，字面指宗庙祭祀的盛饭器不整饬、不修饰，实指大官贪污罪被废，或弹劾大臣有贪污罪当查办。正如“帷薄不修”，以“帷薄”喻道德法律规范，是大官德行污秽的婉曲语。簠簋是大官所能用的祭器，汉代都以谷物的石数计官俸，故“簠簋”以喻大官，“簠簋不饬”就成为对大臣贪污不廉而获罪被废的婉曲语。

“瑚琏”是簠簋的别称。《论语·公冶长》：“子贡问曰：‘赐也何如？’子曰：‘女器也。’曰：‘何器也？’曰：‘瑚琏也。’”子贡问“我是一个怎样的人”，孔子称他好比是瑚琏。包咸注：“瑚琏，黍稷之器，夏曰瑚，殷曰琏，周曰簠簋。”可见在孔子看来，子贡“虽非全才，却仍是可宝贵的有用之才”（杨伯峻《论语译注》）。后世就以瑚琏代称有用之才。宋苏轼《送程之邵签判赴阙》诗：“念君瑚琏质，当今台阁宜。”“台阁”，指公卿大臣。

西周晚期簠

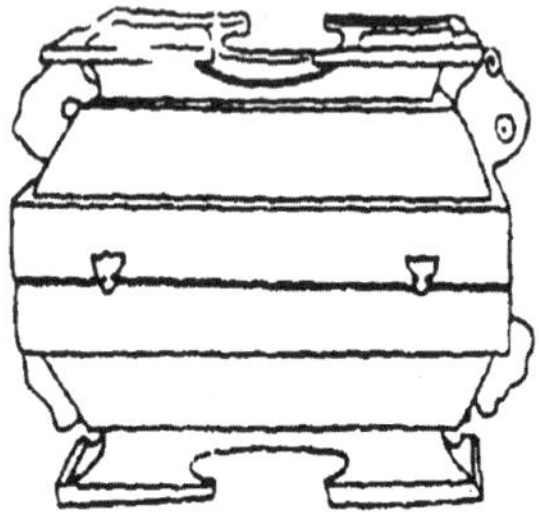

春秋时期簠，河南新郑出土

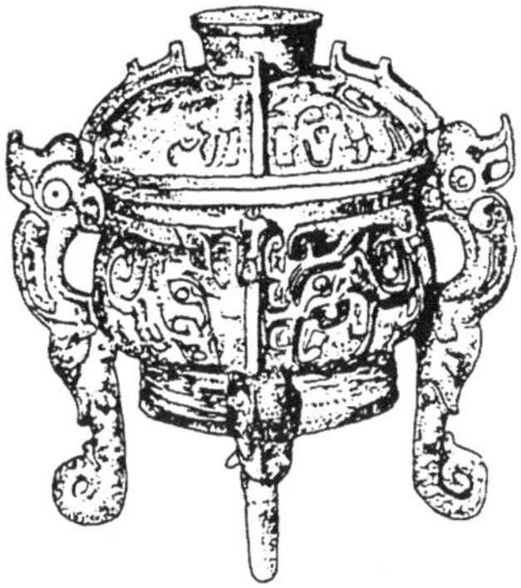

西周早期青铜簋

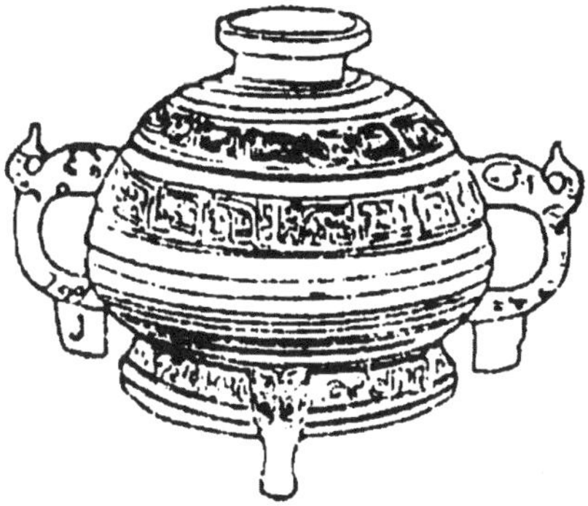

西周晚期簋

76. 笾豆

古代，簠簋是盛饭器，笾（biān）豆是盛食（菜肴）器。与“簠簋”一样，“笾豆”也常常形影不离。《左传·僖公二十二年》：“加笾豆六品。”杜预注：“食物六品，加于笾豆。笾豆，礼食器。”《论语·泰伯》：“笾豆之事，则有司存。”

“豆”，今天都作为豆类植物，古代也常作此义。这是假借义。它本是个象形字，象浅腹、束腰、圈足的器皿，活像今天的高脚盘、高脚碗。《说文》：“豆，古食肉器也。”《诗经·大雅·生民》：“卬盛于豆。”毛传：“木曰豆……豆，荐菹醢也。”菹醢是酱肉肉块、片。当然，也可盛他物。董仲舒《春秋繁露·祭义》：“宗庙之祭，物之厚无上也，春上豆实，……豆实，韭也。”豆，可以用木。《尔雅·释器》：“木豆谓之豆。”后出字“梪”，专表示木豆。也可以用陶。陶豆专称为“登”。《诗经·大雅·生民》：“于豆于登。”毛传：“瓦曰登……祭盛大羹也。”大羹是没有调五味的肉汁。周代起出现铜豆。西周的豆多无盖、无耳。春秋时，豆侧有两环，足更高。战国时，腹加深，长握（束腰）更为细长，有的有盖。

西汉银豆

“笾”，竹豆。《尔雅·释器》：“竹豆谓之笾。”邢昺疏：“笾以竹为之，口有縢缘，形制如豆，亦受四升，盛枣栗桃梅菱芡脯脩膴鲍糗饵之属，祭祀宴享所用。”即是盛干果、干肉、干粮等干物。浑说，笾也是豆器。

盛食的笾豆与盛饭的簠簋同样重要，故“笾豆”也常代称祭祀之事。上引《论语·泰伯》“笾豆之事”，在《太平御览》卷七五八中引作“簠簋之事”。《汉书·刘歆传》：“弃笾豆之礼，理军旅之陈（阵）。”祭祀与军旅相对。

77. 杯水车薪·杯

杯是今天习见的盛液体容器。成语中有“杯”字的也很多。“杯水车薪”就是一例。它出于《孟子·告子上》：“取水足以制火，一杯水何能救一车薪之火也?”谓一杯水不能救一车着了火的薪柴，比喻以小救大，无济于事。

不过这里有个小问题：一般救火宜用敞口的盆状容器，孟子怎么用杯子取喻?

这好像有点钻牛角尖。不过，同样的问题还有。《史记·项羽本纪》记项羽将刘太公放在高砧上，示意马上要成为刀下肉，以胁服刘邦，刘邦坦然道：“吾翁即若翁，必欲烹而翁，则幸分我一桮（杯）羹。”羹是调味带汁的肉，像今天的红烧肉，刘邦怎么要项羽将肉菜放到小小的酒杯里呢?

原来上述诸例中的“杯”并不是一般深腹有鋬（pàn，提梁或把手）的酒杯，而是一种耳杯。它摊口椭圆，侧有两耳；比今菜盆

西汉耳杯

稍深，比今汤碗稍浅；木胎涂漆，也有铜质。盛行于战国、秦汉。1972 年湖北云梦县大坟头一号汉墓出土的一个木牍所记随葬器物中有棓，而所见实物就是一只木胎挖制、平底、两侧有对称的新月形双耳的耳杯。1977 年安徽阜阳双古堆西汉汝阴侯墓出土了漆耳杯，自铭为“杯”，形制同上。山东诸城画像石有一幅数人席地跪坐的宴饮图，席上的案盘中即置有这种耳杯。战国文献中称“棓捲”“杯圈”者，也是耳杯之称。

耳杯主要用来盛羹菜，相当今菜盆作用，故《大戴礼记 · 曾子事父母》：“执觞觚杯豆而不醉。”卢辩注：“杯，盘盂盆盏之总名也。”《汉书 · 朱博传》：“自微贱至富贵，食不重味，案上不过三棓。”三棓，犹三盆三盘，用来盛菜。不过，这种木胎耳杯到后汉渐渐消失了。大约从魏晋起，“杯”指今天一样深腹的酒杯，并且成为此种杯的总称了。成语“残杯冷炙”“杯盘狼藉”“杯弓蛇影”中的“杯”都属这一类。这种酒杯不是从耳杯变来，而是从卮变来的。

解释词语，对词语的出现时代要特别注意。《孟子》中的“杯水车薪”出自战国时代，其时“杯”指酒杯或耳杯，即有二义；作为救火的器物，古今都不会拿酒杯舀水，孟子决不会拿虚构的乌有之物取喻，因此这个“杯”必取耳杯义，若此就符合用盆状器救火的常例了。汉代也称耳杯，且是盛羹菜，必用耳杯，故《史记 · 项羽本纪》中刘邦说的“一棓羹”，也是用耳杯，犹置于食盆。

78. 爵·觚·觯·角·斝·觥

饮酒用酒杯，但古人也曾不用酒杯，而用精致的青铜饮酒器，并且由小而大，是一个系列。

一升是爵。“爵”在甲骨文中是整体象形，象伸颈翘尾垂足的雀形。出土爵是圆腹，前有倾酒的长流，像啄木鸟的嘴巴；后有尖而凹的尾巴，起与长流均衡的作用，旁边有鋬；爵口有两短柱，也有只一柱甚至无柱；爵底有三个尖高足。至今发现最早的青铜器就是爵，河南偃师二里头出土，相当于商初。《左传·桓公二年》：“舍爵策勋焉，礼也。”杜预注：“爵，饮酒器也。”《诗经·小雅·宾之初筵》：“发彼有的，以祈尔爵。”这是射爵，胜者中靶的就可饮酒。

西周爵

二升是觚（gū）。《礼记·礼器》孔颖达疏引《五经异义》说：“爵一升，觚二升，献以爵而酬以觚。”即别人敬你一爵，你当酬谢他一觚。《论语·雍也》：“觚不觚。觚哉，觚哉！”孔子感叹他见到的觚不像个觚。觚细稜腰，大侈口，圈足，口部与底部都呈喇叭状，活像两只大小喇叭以吹口相接。它最突出的特点是长身及底部都有凸出的四条棱，这是利用铸造时范的自然接榫而作的巧妙装饰。由于这个特点，多角棱形的书写木

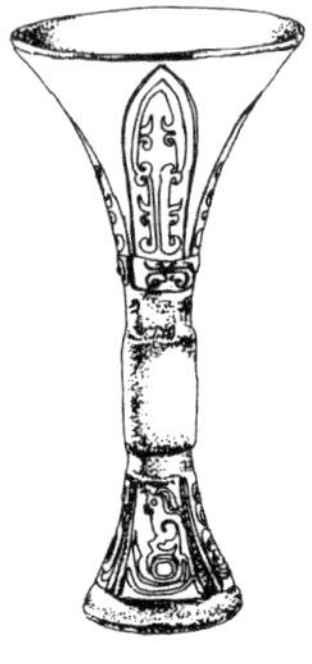

周穆王时期青铜觚

牍也称“觚”，甚至抽象化“觚”径有棱义。《庄子·大宗师》：“与乎其觚而不坚也。”陆德明释文：“觚，棱也。”

三升是觯（zhì）。单声有圆意。蝉、弹、箪都是圆虫、圆物、圆器。春秋以前其形多圆腹，侈口，圈足，多有盖。因整体圆滑，必须双手捧持。春秋时变为长身，形似觚。《礼记·礼器》：“宗庙之祭……尊者举觯。”郑玄注：“三升曰觯。”《礼记·檀弓下》：“杜蒉洗而扬觯。”

四升是角。角与爵形似，唯不是一流一尾而是前后都是翘尾，呈元宝形，上无两柱，有的有盖。《礼记·礼器》：“宗庙之祭……卑者举角。”郑玄注：“四升曰角。”今发现的角都是商器，故书面文献中少见。

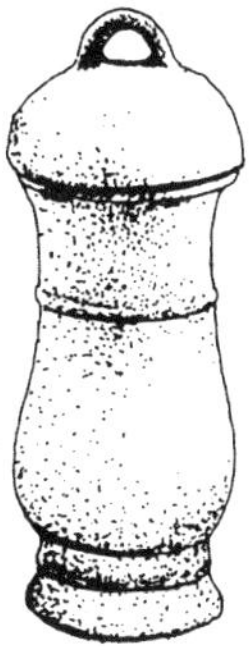

西周早期青铜觯

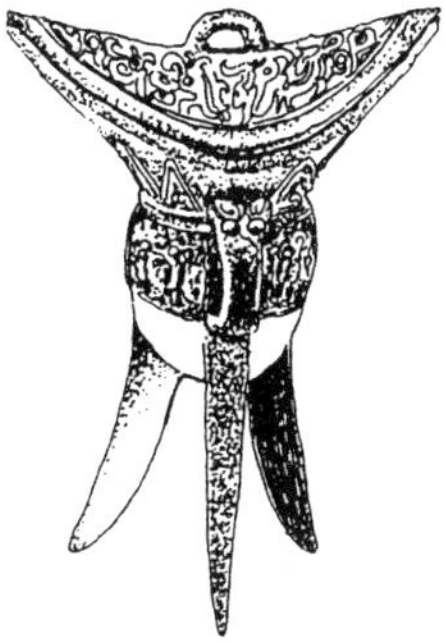

西周早期青铜角

五升或六升是斝（jiǎ）。《诗经·大雅·行苇》：“或献或酢，洗爵奠斝。”毛传：“斝，爵也。”此“爵”作青铜饮酒器总名。斝也是似爵，但比爵要大，无流无尾，有三足，两柱，一鋬，圆口平底。是商代盛行的大饮酒器。它还作祭祀时盛酒灌地降神的灌器。“斝”也作“散”。这里由于甲金文“斝”字与“散”字形似而误。《仪礼·特牲馈食礼》：“实二爵

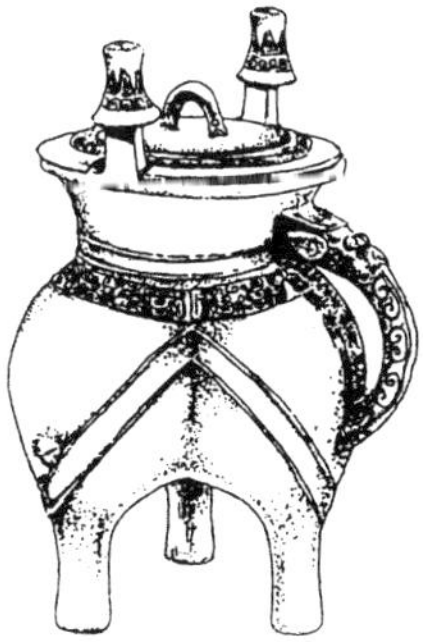

周穆王时期青铜斝

二觚四觯一角一散。”郑玄注：“爵一升，……散五升。”这“散”就是“斝”。

商代晚期觥

七升是觥（gōng），又作“觵”，是最大的饮酒器。本是兕牛角作，为牛角形，故常称“兕觥”。《诗经·周南·卷耳》：“我姑酌彼兕觥，维以不永伤。”陆德明释文：“《礼图》云容七升。”《七月》：“称彼兕觥，万寿无疆。”“称”，举。后也用铜或木制。铜制的觥，形似匜，椭圆形或方形大腹，圈足或四足，有盖有大口流，流口做成兽口。也做成有角的兽头形或长鼻上卷的象头形。觥因其大，故引申有大义，《国语·越语下》引俗谚说：“觥饭不及壶飧”，韦昭注：“觥，大也。大饭谓盛馔。”语意：丰盛的食馔往往不及一壶的水泡饭解饥，喻凡事要讲实效。觥也可作酒器统通称，用于后世。宋欧阳修《醉翁亭记》：“觥筹交错。起坐而喧哗者，众宾欢也。”“觥筹”，指酒杯和酒令筹。

以上这些饮酒器都见于先秦，大都盛行于殷商和西周。除了“觥”，秦以后的书面文献都较少出现。

79. 箪食壶浆

这一个成语在战争年代用得很多。如抗日战争中形容队伍受百姓欢迎的盛况，如："箪食壶浆以迎子弟兵"。那么什么是"箪食壶浆"？

这关系到古代的饮食器和饮食情况。

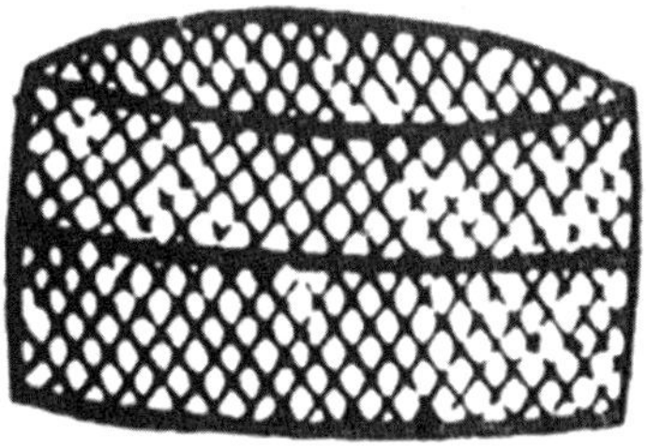

箪《新定三礼图》

箪器，圆形，用竹或用苇编；有盖，容量小，一般只供一人食。《孟子·梁惠王下》："箪食壶浆以迎王师。"这是它最早的出处，朱熹注："箪，竹器。食，饭也。"《公羊传·昭公二十五年》："高子执箪食，与四脡脯。"何休注："箪，苇器也，圆曰箪。""脡"，条。《论语·雍也》赞孔子高足颜渊清苦的生活："一箪食，一瓢饮，在陋巷，人不堪其忧，回也不改其乐。"一箪容一人食，其积必小。它有盖，故也宜于外行持带。《左传·宣公二年》记晋国大夫赵盾馈翳桑饿人灵辄食曰："而为之箪食与肉，寘诸橐以与之。"橐是一种中开口、两端容物、可搭于两肩的囊袋，赵盾给饿人一箪食和肉（肉兼放在箪中）盖紧，再纳入橐中。

壶，是盛酒器，也有盖。这个字在甲骨金文中是有盖、有耳、有圈足容器的象形。还有方形、扁形、瓠形等，更有圆形带流的。河北中山王墓出土圆壶、扁壶，内有青绿色和黑色液体，经化验为乙醇、脂肪、糖等成分，则盛酒无疑。上古的壶常用作盛酒器，据说可盛一斛。《诗经·大雅·韩奕》："显父饯之，清酒百壶。"《韩非子·外储说右上》："壶酒不清，生肉不布。"所谓盛酒，即是储酒，不能直接嘴饮，一般要用勺舀或倾壶倒入杯、爵等饮酒器中。壶也常作储食器，盛放水泡饭，作为行食外出携带。《左传·僖公二十五年》：“昔赵衰以壶飧从，径馁而弗食。”“飧”，餐，“壶飧”，水泡饭。“径馁”，行饿。俱表赵衰从君廉且仁。

这就明白，“箪食壶浆以迎王师”，许多老百姓拿着一只只箪器，里面盛着水泡饭，饭上或有干菜，如脯、脩、菹等，一箪以供一人食。食当有饮，故又有“壶浆”。即是酒或水，《孟子》这一句孙奭疏引《释名》说：“浆，水也，饮也。或云浆，酒也。”壶中即盛酒或水。壶是盛酒器，可供数人共饮。因此，“箪食壶浆”是饮食兼备，表现百姓热烈劳军是很有代表性的，故此语一直用于后世。

80. 酒杯“榼”“卮”

榼（kē）、卮（zhī）都是真正接口的酒杯。

习惯总以为酒杯称“杯”，古今一样，看成语有杯弓蛇影、杯盘狼藉、残杯冷炙等。这些成语中“杯”是指酒杯，但它们都是魏晋以后的用语。在上古至魏晋期间，“杯”指酒杯与耳杯，后者是种菜盆。因此，这一漫长的历史时期，真正的酒杯不是“杯”，而是“椑（pí）”“榼”“卮”，主要是后二器。

“椑”指椭圆形的小酒杯，“榼”指不圆、有盖的小酒杯。最早都是木胎，故字都从木旁，后用其他质料。一般都用“榼”称，不区别圆与不圆。《左传·成公十年》：“公许之，使行人执榼承饮，造于子重。……（子重）受而饮之。”《淮南子·氾论》：“今夫霤水足以溢壶榼。”霤水是屋檐水。《列异传》：“车上有壶榼青白流（琉）璃五具。”晋刘伶《酒德颂》：“止则操卮执觚，动则挈榼提壶。”“挈”也是提的意思。可以注意，它常与“壶”字用在一起，这表示榼中的酒是由壶中注入或用勺由壶中舀入的。

“卮”是比椑、榼更大、更常见的酒杯。“画蛇添足”的故事出于《战国策·齐策二》，原文是：“一人蛇先成，引酒且饮之，乃左手持卮，右手画蛇曰：‘吾能为之足。’未成，一人之蛇成，夺其卮曰：‘蛇固无足，子安能为之足？’遂饮其酒。”有的成语故事书释“卮”作“酒壶”，错了。壶是盛酒器，不接嘴巴。著名的鸿门宴中用的酒杯也是“卮”。文中说到“项伯即入见沛公，沛公奉卮酒为寿”。见突然闯入的樊哙，“项王曰：‘壮士，赐之卮酒。’则与斗卮酒。”卮的形制，旧注往往释为“圆器”，不具体。1977年安徽阜阳双古堆西汉汝阴侯墓出土二卮，都是木胎，圆筒状，直壁平底，单环形鋬，髹漆，通高11厘米，口径12厘米，外部烙有“女阴侯卮容五升”之字。1975 年湖北云梦睡虎地第十一号秦墓出土卮高 12 厘米，口径 12.5 厘米，木胎，黑红漆，外黑漆，并饰凤纹、几何纹。第三十四号秦墓出土卮有盖，盖上都有绘饰，大小差不多。但 1975 年湖北江陵凤凰山一百六十八号汉墓出土的大漆卮高 22 厘米，口径 20 厘米，可容一斗。可见，卮一般容五升，与字书解为“四升”差近；大的确实可有一斗，项羽赐樊哙的“斗卮酒”当是大卮。无论大小不同，都是圆筒形，有的有盖。卮，活像现在各种规格的搪瓷杯。是古代大中型的酒杯。

西汉漆布卮

81. 勺·斟酌

“斟酌”，是考虑事情或文字是否可行、得当。古代早有这个词。《国语·周语上》：“耆艾修之，而后王斟酌焉，是以事行而不悖。”古代还有别的词义，如摆布。《北齐书·杨愔传》：“太皇太后曰：‘岂可使我母子受汉老妪斟酌？’”今天此义不用了。

“斟酌”是怎么来的？它有多少意义？

这关系到勺。“勺”或作“杓”。它一般是小型的舀酒工具。长沙马王堆一号汉墓出土的长柄木胎漆勺，大致只有一到半小碗的容量。上古正规的饮酒，不是像后代那样将壶中酒注入杯，而是要三档酒器，勺是“纽带”：最大的是壶，无柄无流，用来贮酒；饮时将壶中酒倒入樽类中型盛酒器，再用勺从樽中舀入杯、爵，供人接口而饮。四川汉代《宴饮》画像砖画六人席地而坐，座前各有长案、耳杯，席中有一酒樽，上有小勺，一人正伸手取勺，欲舀酒入耳杯。秦以后文献中：“杯杓”“桮杓”“壶杓”之语尤多。《史记·项羽本纪》：“沛公不胜桮杓。”《汉书·息夫躬传》：“霍显之谋将行于杯杓。”饮酒时，勺器小而不可少。

“斟”本是羹勺，作动词，挹羹。《吕氏春秋·任数》：“孔子穷乎陈蔡之间，藜羹不斟，七日不尝粒。”也指用勺从酒樽舀酒入杯，南朝宋鲍照《答客》诗：“欢至独斟酒，忧来辄赋诗。”“斟”有调制义。《方言》：“斟，协汁也。”屈原《天问》：“彭铿斟雉，帝何飨？受寿永多，夫何久长？”“彭铿”，是彭祖。王逸注：“好和滋味，善斟雉羹于尧，尧飨食之以寿。”“酌”，广义说也是斟。《广雅·释诂四》：“酌，斟也。”“酌”与“勺”是古今字。勺本挹器，作动词也称“勺”，遂分别而加“酉”为“酌”。“酌”虽也是舀挹，但包括饮，故程度比“斟”要深。《诗经·周南·卷耳》：“我姑酌彼金垒，维以不永怀。”李白《月下独酌》诗：“花间一壶酒，独酌无相亲。”正因为“酌”程度深，舀挹而尽杯，故可引申为酒、酒杯、酒席等义。

“斟酌”连用，意义甚多。一是舀酒义。斟是程度浅，即不满勺；酌是程度深，太满勺，舀酒必是有斟有酌，故合表舀酒义。班固《西都赋》：“腾酒车以斟酌。”二是饮酒义。斟酌是饮酒的第一动作，故有饮酒义。旧题苏武《诗》之一：“我有一樽酒，欲以赠远人，愿子留斟酌，叙此平生亲。”陶潜《移居》诗之二：“过门更相呼，有酒斟酌之。”三是思量义。将舀酒事用于他事，便是思量、思虑义。文首引《国语》“而后王斟酌焉”即其例。又杜甫《月》诗：“斟酌姮娥寡，天寒奈九秋。”此第三义一直用于今。

82. 滥觞

觞（shāng），词典都说是“古代称酒杯”。今常在“滥觞”一词中见到。“滥觞”呢？词典说：指事物的起源，江河发源地水少，只能浮起酒杯。这一词出自《荀子》《韩诗外传》等书。《荀子·子道》的原文是：

“昔者江出于岷山，其始出也，其源可以滥觞。及其至江之津也，不放（方）舟，不避风，则不可涉也，非维下流水多邪？”

词典的解释大致是对的。这节文字是说长江发源于岷山（这是先秦古人的误解），其下流的渡口江阔风大水深浪高，不用双体船（稳性好）或不避风是不能渡的，而其源头呢，仅可“滥觞”。“滥”是浮泛的意思。“觞”解为“酒杯”似无不可。然而，仔细想想，源头水小浮酒杯与下流水大用方舟二者对比不够理想，即“滥”的对象当是舟状物，今喻物酒杯与对比的方舟缺乏相似性；再说如果是酒杯，为什么不直接用“杯”？并且可以用任何的小容器，何必用“觞”？

其实，词典的编者粗心了，“觞”不是一般的酒杯。《说文·角部》：“觯，实曰觞。”段玉裁注：“《韩诗》说，爵、觚、觯、角、散，五者总名曰爵，其实曰觞。”原来它不主于某一种杯，而是从虚实言，泛指盛有酒的杯子。文献所用确实如此。《左传·成公二年》：“（韩厥）再拜稽首，奉觞加璧以进。”韩厥捧进的是一杯酒而不是一只空杯。“觞”常作状语，“觞饮”指拿着盛了酒的酒杯畅饮；“觞奠”指捧着祭酒……可以注意，所有作酒杯的名词，一般都不可活用作动词，独“觞”能常作动词，指进酒或自饮。《吕氏春秋·达郁》：“管仲觞桓公。”高诱注：“觞，飨也。”晋王羲之《三月三日兰亭诗序》：“一觞一咏，亦足以畅叙幽情。”此指饮酒赋诗自饮。

这显然由于觞是已经盛了酒，故能自由作动词之用。要之，其名词义和动词义都表明，“觞”指盛了酒的酒杯。

这就清楚了，始于战国文献的“滥觞”一词，其“觞”正是指盛了酒的酒杯，“滥觞”谓只能浮起盛了酒的酒杯，也就是说其水量只能托起一杯酒的重量。这里，“觞”就成为舟状物，就构成极小与极大的对比：江源水少，不能浮托起觞“舟”；江津水大，必用方舟才能涉渡。这样将江源水少表现得无比准确、形象、生动。“滥”的对象，只能用一个字表小舟状物，在全部酒杯词甚至全部的小容器词中，唯有“觞”可担此重任。“滥觞”的组合真是个绝妙的“天仙配”，因而成为千古名譬，并凝成事物起源义。

83．帜——酒的王国酒旗多

在改革开放前，我们在乡镇有时会看到小酒店，门口伸出竹竿，上面悬挂白色布幔，上写大“酒”字。这就是古代的酒旗。

酒店扯旗，这是古老的商业民俗。唐代诗人张籍《长干曲》：“长干午日沽春酒，高高酒旗悬江口。”白居易《曲江》诗：“细草岸西东，酒旗摇水风。”在北宋张择端的巨幅名画《清明上河图》中，我们也见到汴河边茂柳飘拂，有一幢两层楼的酒肆，在楼的屋檐下挂着一块长方形布幔，上写篆体“酒”字。

更早的，还见于先秦，称“帜”。《韩非子·外储说右上》：“宋人有酤酒者，升概甚平，遇客甚谨，为酒甚美，悬帜甚高。”“升概”，量器。这大约是自酿自卖的个体户。他已“悬帜”——扯起了酒旗，招来酤酒客。孔子曾说过“酤酒市脯不食”，强调食品安全，正说明一般平民百姓多被酒旗招去，甚至如荆轲嗜酒，每天跟杀狗屠夫和高渐离在燕国都城酒店酣饮。

最为通用的是“帘”（非简化字）。始见于唐代。相当于先秦的“帜”。这是酒帘的专字，当从巾从穴，穴指酿酒。《抱朴子·酒诫篇》说：“至乃穴地而酿，油囊怀酒，民之好此，可谓笃矣。”古代酒肆往往自酿自售，故《广韵·平盐》称：“帘，青帘，酒家望子。”即是借以招徕顾客的酒家标志。宋代洪迈《容斋随笔·酒肆旗望》说：“今都城与郡县酒务及凡鬻（卖）酒之肆皆揭大帘于外，以青白布数幅为之，唐人多咏于诗。”刘禹锡《鱼复江中》诗：“斜日青帘背酒家。”李中《江边吟》：“闪闪酒帘招醉客，深深绿阴隐啼莺。”《水浒传》第二十七回：“只一望时，见远远地山坡下约有数间草屋，傍着溪边柳树上挑出个酒帘儿。”后来的酒帘更有创意，上还常常写着“太白遗风”“太白斗酒诗百篇”的文句。

酒旗又称“酒望”“望子”。宋代孟元老《东京梦华·中秋》说：“至午未间，家家无酒，扯下望子。”元代马致远《吕洞宾三醉岳阳楼》一折：“将酒望儿挑起来，招过客，招过客。”“望”字体现了作标志可望可即之意。

饭店文字幌

“望”又作“幌”，“望子”又作“幌子”。唐陆龟蒙《和初冬偶作》诗：“小垆低幌还遮掩，酒滴灰香似去年。”“幌”指酒望。有人认为，“幌”是“望”的讹音。不过近代口语倒是用“幌子”为常。幌子不只用于酒肆，是商业广告性质的标志物总称，乌丙安《中国民俗学》分为以商品实物为幌子，以实物模型为幌子等七大类型。

一切商店的幌子中，要算酒旗历史最悠久，称名最为丰富了。这并不奇怪，从陕西仰韶、山东大汶口等新石器时代遗址出土杯、盉、鬶等饮酒、盛酒器之丰多，可知我们这个酒的王国的历史，至少在五千年以上了。

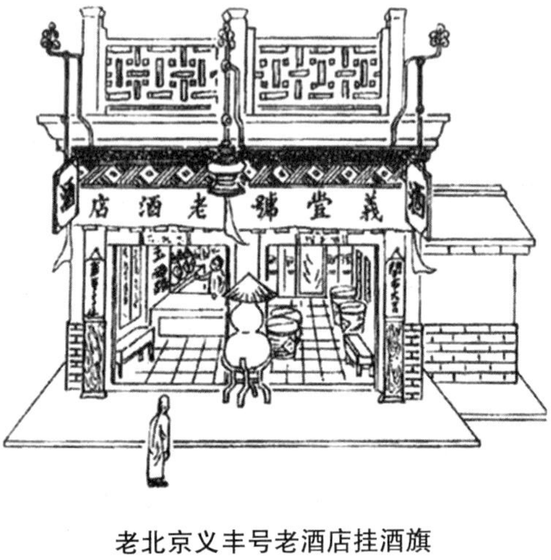

老北京义丰号老酒店挂酒旗

84. 饭店

现在，“饭店”二字到处可见，有的是大厦顶端高高的金字标牌，有的写在街头巷尾小小门面上。其实是同名异实。一般词典释“饭店”道：“①较大而设备好的旅馆。②〈方〉饭馆。”分为二义，是非常正确的。也就是说，今“饭店”有两种：一是供食宿的高级宾馆，一是吃饭的小店。

“饭店”，并不是外来语，而是元代以来的口语词，元杂剧《翫江亭》中有“我要吃饭呵，走到那饭店门前”之语，这是指饮食店。明冯梦龙《醒世恒言·张淑儿巧智脱杨生》中有“挽着手，同到饭店里安歇”的话。这是指旅店。《儒林外史》第四十八回记王玉祥“一路来到苏州”，“把行李搬到山塘下一个饭店里住下”，也是指旅店。但这个词语并不普遍。作为官方的供应食宿处所，多称“馆”“驿”，作为民间的饮食店、旅店，常称为“逆旅”“客店”“客栈”“饭庄”“食店”等。“饭店”只是其中的一名。

但是今所见大型的“饭店”，名是国产，实却是西方的舶来品，这叫“旧瓶装新酒”，其内涵与元代以来本土的“饭店”有质的不同。1850 年，世界上第一家以公司体制称为“大饭店”的大型旅馆在法国巴黎建成。过了 5 年，巴黎又出现了皇宫式的卢夫勒饭店。又过 9 年，柏林的凯撒大饭店开业。1908 年，美国纽约州建造了拥有 200 间客房的斯塔特勒饭店。正是这个时期，列强入侵，西式旅馆式的“饭店”也打入我国。据调查，从 1901 年至 1939 年，京津沪 3 市看，大旅馆 30 家，称“旅馆”的 5 家，而称“饭店”的 25 家（据杭州大学经济系编《解放前我国对旅游业的研究简说》统计）西式旅馆，不仅名称多用“饭店”，而且从建筑、设备到经营管理都与中式旅馆不同。传统的民间客店多是庭院式、园林式的平房建筑，只管住，不管吃、玩，房间设备简朴，不能与官方的宫廷式宾馆相比。但西式的饭店是：高层建筑，外观华丽，室内电话、电灯、暖气，卫生间供应冷热水。地上铺地毯。上下有电梯；有宏大的餐厅。还有楼顶花园、舞池、球房、会客室、小卖部等。客房分等经营，按质论价。不仅供应舒适豪华的食、宿、玩乐，还兼解决进出交通。

顺便一说，在当今大饭店越来越多的情势下，小饮食店用“饭店”之名，成为一种夸大的美称，对顾客不会有引诱力，还不如取一点民族化的称名，如“园”“居”“楼”或其他精小幽雅的名称为好。

居 处

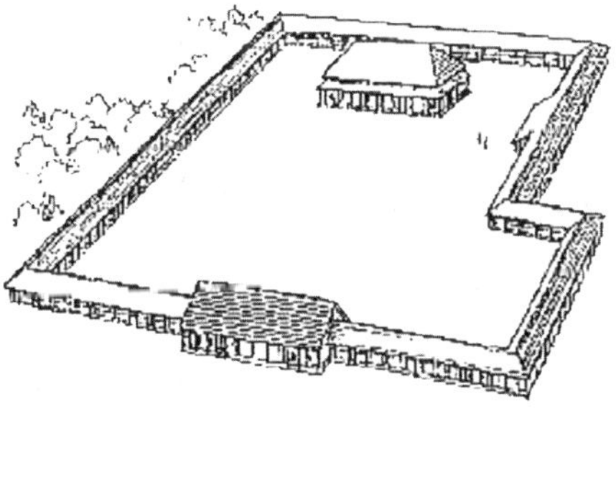

85. 城·郭

“城郭”是同义复合词，指城墙，常代称整个城墙之内的地方，即城邑。汉蔡琰《悲愤诗》之一：“城郭为山林，庭宇生荆艾。”“城”是大名，笼统说，郭也是城。对比说，也有区别。《孟子·公孙丑上》：“三里之城，七里之郭，环而攻之而不胜。”“城”指内城，又称“子城”；“郭”指外城，又称“罗城”。“城”者，以土所成为城。古代城都是就地挖沟取土、垒土、夯土筑成。直到明代才改为砖墙。“郭”者，有外部意。《释名·释宫室》：“郭，廓也，廓落在城外也。”外棺为“椁（椁）”，去毛之皮为“鞹”。用为城墙，

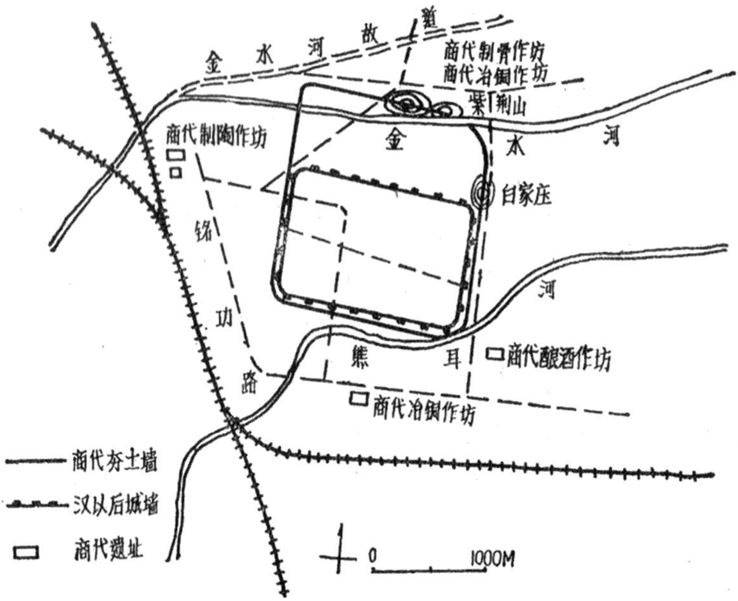

郑州商城城址（采自《中国城市建筑史》）

“郭”当然指外圈的土筑城墙。

城郭之制并不是很早就有的。目前发掘的较早的城址是殷商郑州城，它南北 2000 米，东西 1700 米，还不见有城郭之分。但春秋时起，诸侯国的都城有城郭之制，这已为文献与发掘的材料所证明。早期的城郭有多种形式。一种是大小相重。齐国临淄，大城为不规则方形，周长 12 千米，小城在西南部，南北长 1.8 千米，东西长 1.23 千米。一种是并列，如燕下都（今河北易县东南）、赵邯郸。邯郸城西半部为王宫所在，东半部稍大，为外城，都有城墙。无论哪一种形式，凡内城是宫殿区，国君、贵族们居住，建在人工夯筑的高台上；外郭城主要是手工业、商业贸易和一般市民居住区。从秦以后，历朝都城都有城郭，其结构模式都是如此。从唐代起，发

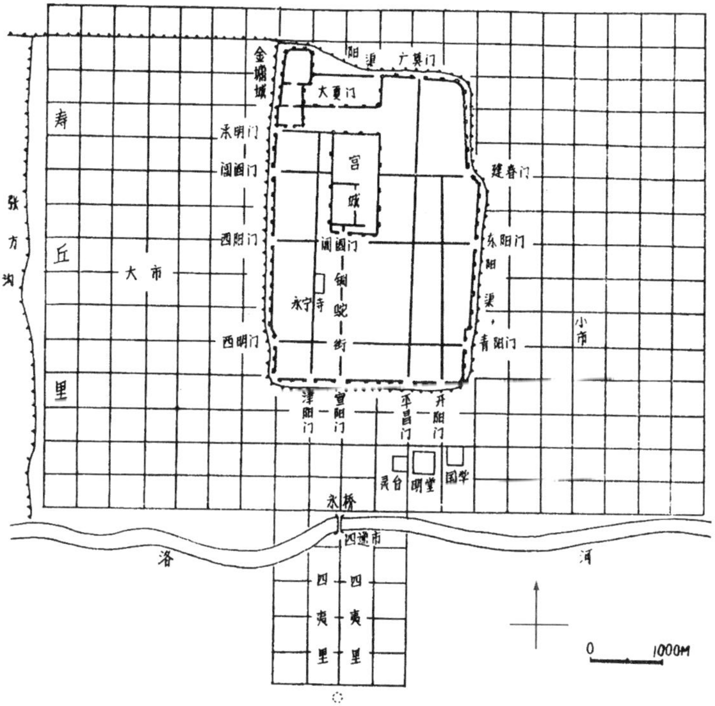

汉魏洛阳城复原示意图

展到一般的州府也设城郭。城郭都采取相重的方式，有的一城多郭。很多京城是三道城墙：最内宫城，即紫禁城，其次皇城，最外是郭城。明代的南京与北京是四道城墙。少数民族地区的首府也行此制。如渤海国上京龙泉府城址东西长 4500 米，正中（南北）为大街，街两旁为东西市，大街尽头为皇城，东西 1060 米，南北 1180 米，皇城内为宫城，五进宫殿，东西 620 米，南北 720 米。

归结起来，我国的城郭之制：

一、是从春秋战国到清代京城的基本结构形式，并从唐代起发展到地方府城。

二、形制多样：可一城多郭；可相重，可并列。后世相重居多。

三、主要起防护作用。内城是“筑城以卫君”（《吴越春秋》）；外郭是管理人民，郭连同居民都对内城的君王起障卫、防护作用，所谓“造郭以守民”。

86. 城门失火，殃及池鱼

北齐杜弼《檄梁文》："但恐楚国亡猿，祸延林木，城门失火，殃及池鱼。"就是说，城门着火，大家用护城河的水救火，水用完了，鱼也干死了。比喻因受牵连而遭到损失或祸害。

为什么城门失火一定会殃及池鱼呢？

我国古代的城，从所发掘的新石器时代到宋代，漫长的历史时期中都是夯土城墙。从张择端《清明上河图》和元刊《事林广记》所载《汴京图》，可清楚看到，当时都城汴京仍是夯土城，仅门墩与城角包砖。这种夯土城墙可以就地取料，在规定地界将土挖出堆夯，就是城墙；而被挖掘之地，就成了"池"，即护城河。这是一举两得：城墙与城河构成全城的两道防御设施。如果有两道城墙，就有两条护城河。属于两千多年前战国时期的奄城遗址（今江苏常州市南）有王城、内城、外城三道，城墙都是泥土夯筑，每道城墙外都有护城河，外城的护城河水面最宽广。宋开封有三道城墙，也有三道护城河。

这护城河的正名就叫"池"。"池"从水也声，声兼义。"也"与"它""㐌（yí）"实为一体，有斜义。"迤（yǐ）"是斜行。"拕"是斜引。"施"也是斜，贾谊《吊屈原赋》："庚子日施兮。""沱"是斜出水道。"阤（yǐ）"是有斜坡的小山。"池"，则是有斜坡的盛水之地。凡挖池，都是斜而下伸，积水而成。当成为块状——可方可圆——就是池塘；当成为环带形，就是护城河。顺便指出，今一些专书把二者分为互不相关的两义，甚至还把池塘义作后起义，说"上古汉语里，一般多作'护城河'讲"，失当。《诗经·大雅·召旻》："池之竭矣，不云自频。""频"，涯边。《孟子·梁惠王上》："数罟不入洿池。""池"都是池塘义。同时，也作护城河。《孟子·

公孙丑下》："城非不高也，池非不深也。"《礼记·礼运》："城郭沟池以为固。"而从情理看，池塘义应当是本义，作护城河是引申义。不过这引申义在上古使用较多，这是事实。总之，有城（城墙）必有池，挖池筑城，这是古代筑城的一个规律。

87. 衢·通衢

“通衢”，古今常语。汉班昭《东征赋》：“遵通衢之大道兮，求捷径欲从谁。”

古、今汉语词典都释为“四通八达的道路”，是准确的。但不能据此释语以为“衢”是道路。正如据“大街小巷”，就以为街是不大的路。汉语单词双音化中，有时为了体现古义而加上强调性词素，街本就是城中大路，巷本就是城中小路，故成“大街小巷”。“通衢”亦属此类，“衢”即“通衢”。

“衢”字从行、瞿声，声兼义。“行”，本就是大路象形；是瞿声，瞿是“左右视”（《说文》），即两视、歧视，故瞿声之字，多有歧出义。据《说文》，“趯”是“走顾皃”，“躣”是足“盘辟皃”，即旋曲状。“欋”是四齿耙（《释名》），等等。“衢”唯一的引申是分岔义。《山海经·中山经》：“其上有木焉……其枝五衢。”郭璞注引《离骚》曰：“靡萍九衢。”所谓“五衢”“九衢”，即是五个或九个分岔。《荀子·劝学》：“行衢道者不至，事两君者不容。”“衢道”，两出之道。王念孙曰：“荀子书皆谓两为衢。”杨倞注：“（唐代）秦俗犹以两为衢。”《劝学》：“杨朱哭衢涂。”“衢涂”，歧路。《列子·说符》：“杨朱曰：‘嘻！亡一羊，向追者之众？’邻人曰：‘多歧路。’……杨子戚然变容，不言者移时，大哭者竟日。”《淮南子·说林》：“杨子见歧路而哭之，为其可以南，可以北。”这些两歧、多歧之“衢”，未必是大路。《礼记·檀弓上》记孔子父死，“殡于五父之衢。”郑玄注：“五父，衢名。”《左传·昭公二年》：“七月壬寅，缢，尸诸周氏之衢。”这些都是居处附近有岔道的小路，充其量是里中道，邑中道。

从汉代起，“衢”才引申为多歧的大路，即四通八达的大路。《说文》《尔雅》《释名》都说“四达谓之衢”。《淮南子·缪称》：“圣人之道，犹中衢而致尊耶？”高诱注：“道六通谓之衢。”汉张衡《西京赋》：“街衢相经，廛里端直。”《三辅旧事》：“衢路平正，可并列车轨十二。”左思《蜀都赋》：“亦有甲第，当衢向术。”“术”，比巷大的路。这些“衢”或与指大道的“街”连用，或云可并列十二车轨，或面对甲第，则显然都指四通八达的大路。这个转变是很自然的。因为先秦之时，城中大道称“涂、道”，野外则无可观的人为的大路。故“衢”当指野外一般的岔道、歧道。而从秦始皇全国筑驰道，就有了野外的大道。城中也进一步规范化。于是“衢”也由一般的岔路转而指有岔歧的大路，与“街”并称了。

由此可见，“衢”本义与“大”义了不相涉，而当指歧路。通常是分岔、两出之路；也可三出、四出、五出，都指多岔、多歧，而不论大小。从汉代起，则专指多岔、多歧的即四通八达的大路。今天，“衢”则不单用，而连“通”字以示其固有含义。

88. 街巷

古代城邑中的大小道路都有许多专称，而使用最多并流传至今的主要是“街巷”。“街”“巷”可以连用，泛指城中道路。晋陆机《君子有所思行》：“廛里一何盛，街巷纷漠漠。”但更多的是对举而用，如“街头巷尾”“街谈巷议”“大街小巷”。从末一语看，街大巷小。看北京、南京、上海等大城市的用名，确实如此。现代的用法都从古代而来。

“街”是个汉代词，从行、圭，行是路，圭有大义，合其意为大道。故《说文》《玉篇》都释“四通道也”。汉代长安的街名，见于文献记载的，如刘屈氂妻枭首“华阳街”，京兆尹张敞走马“章台街”，陈汤斩郅支王首于“藁街”，游侠盛烈的“炽盛街”，都见于《汉书》诸传。其他如城门街、尚冠街、香室街等，见于《三辅黄图》。汉长安城那些街名都是先秦的涂、道之名。以后，历代城市中的大路也多以“街”称。

称大街的还有个“陌”字。《后汉书·袁绍传》：“辎軿柴毂，填接街陌。”《三辅旧事》：“长安城中八街九陌。”“八街”，指八条南北方向的大街；“九陌”，指九条东西方向的大街。但“陌”纯作大街的泛称，故不作具体的街名，而且后世也不用来称街。

《说文》：“巷，里中道。”《诗经·郑风·叔于田》：“叔于田，巷无居人。”《礼记·曲礼上》：“里有殡，不巷歌。”“里”是肇自周代，一直行于后世的城乡居民编户单位，大小不一，周制一里二十五家，汉制一里百家（《汉书·百官志》），但无论规模如何，凡巷都可通车。《左传·宣公十二年》：“巷出车，吉。”据有的学者研究，一般宽二至三轨（贺业钜《考工记营国制度研究》），当然比“街”小得多。“巷”有些引申用法。它可以称宫中的通道。汉有

“永巷”，指宫中长巷，实是宫中庑廊，专幽闭有罪的宫女。又可缩称居庐。《论语·雍也》：“一箪食，一瓢饮，在陋巷。”“陋巷”，犹陋居、陋庐。

古代比“巷”大一些的路称“術（术）”。《说文·行部》：“術，邑中道也。”邑比里大，则其路当比“巷”要大；但又比“街、衢”要小。《汉书·刑法志》：“城池邑居，园囿术路。”《后汉书·冯衍传下》：“播蓝芷于中庭兮，列杜衡于外术。”李贤注：“术，路也。”左思《蜀都赋》：“亦有甲第，当衢向术。”但“术”不用于具体路名，只是泛称城中路；古代也已多用为抽象义，指方法、学术、技艺等。

古代比“巷”小一些的路称“曲”。它是从居舍通向巷的小路，其路弯曲而小，故称。据有的学者研究，周代城市的里中就有支巷，宽度为一至二轨，即至少一辆车可单行（参贺业钜《考工记营国制度研究》第五章）。不过，那时未有“曲”之称。“曲”之称在汉以后。南朝梁萧统《相逢狭路间》诗：“京华有曲巷，巷曲不通舆。”李白《宴陶家亭子》诗：“曲巷幽人宅，高门大士家。”“曲巷”，一般辞书解为偏正词组，指狭巷。它应是并列词组，犹巷曲，泛指城市里坊中的小路。

89. 闾·里·坊

“坊、里”是今天一些大城市中常见的居民区名称。上海就很多。“闾”则少见。

“坊”“里”是从古代来的。更早还有“闾”。

闾是周代城邑编户制划分居民区的一个基本单位。《周礼·地官·大司徒》：“令五家为比，……五比为闾。”比、闾、族、乡、党，这是城镇编户制。据《周礼》的规划，一闾二十五家，设长叫“闾胥”，职掌闾中征赋、征役诸事。闾有门，门禁专管，四周仿城而垒土为墙。平时，出入严格。据《墨子》所述。闾门每日晨暮开两次，平时锁闭。开门关门时，门吏“各入请籥（钥）”，门从外面外锁（参岑仲勉《墨子城守篇简注》）。这种管理法是奴隶社会对奴隶、自由民管理的故制。《尚书·武成》：“式商容之闾。”言武王车过其所在之闾，即凭轼致敬（车不能进闾）。大约战国起，“闾”又用于乡野。《战国策·齐策四》：“今夫士之高者，乃称匹夫，徒步而处农亩，下则鄙野、监门、闾里……”鲍彪注：“闾，在乡；里，在野。”至秦时有“闾左、闾右”之称。闾左是住闾左边的贫弱平民，闾右是豪富者。《史记·陈涉世家》：“发闾左适（谪）戍渔阳，九百人屯大泽乡。”

“闾”常与“里”连用，泛指城中居民区。《史记·袁盎列传》：“袁盎病免居家，与闾里浮沉。”《古诗十九首·去者日以疏》：“思还故里闾，欲归道无因。”

“里”本非用于城邑，而是乡村的基层居住单位。《周礼·遂人》：“五家为邻，五邻为里。”邻、里、县、遂，这是乡村编户制。一里也是二十五家。《诗经·郑风·将仲子》：“将仲子兮，无踰我里。”毛传：“二十五家为里。”不过，实际户数，各代变化很大。

如春秋八十户为一里，汉制县以下百家为里（《后汉书·百官志五·亭里》）。“里”作为城市的编户单位，先秦虽见于《周礼》记载，但没有实证。有文献可证者，是始于汉代。汉长安有一百六十个里。《三辅黄图》卷二、潘岳《西征赋》列有宣明、建阳等八个里名。万石君石奋居戚里，宣帝少时居尚冠里。《居延汉简》有“长安梁陵里田胜”等简。南方也有。如南朝建康，著名的有长干里，分小长干、大长干、东长干等（“干”，山陇间平地）。“里”名沿用至今。城市的里，区域不规则，户数为不固定。像汉长安城布局杂乱，一百六十个里都散布在外郭中。这种里，就是今城市里弄的滥觞。

“坊”字，《说文》未见。当从土方声，声兼义，指方正的居民区。始见于北魏的平城。洛阳城更设有二百二十个坊，大都一里见方为一坊。至唐代长安城，坊臻成熟。它彻底打破了汉长安城宫城与居民区杂乱的局面，按照方正对称、突出宫城皇城的原则，沿南北中轴线，宫城皇城位在城东北的中部，其南设东西二市。全城南北并列十四条大街，东西平排十条大街，街宽15—20米。用这些大街为纲，把居民区划分为108个方块，称为“坊”，有的正方，有的长方。仿闾里形式，一坊四周筑高厚大墙，小坊开二门，大坊四边门。坊内有小路，称“曲”。坊的外侧和沿街是显贵的府第和寺院。坊门晨开暮闭，居民白天自由出入，不像《墨子》所记闾门整个封闭。而且三品以上高官可享将宅门开向大街的特权。从此，坊的称制，一直行于我国的都城和其他城市。到了宋代，随着商业经济的进一步发展，坊的管理更为合理，坊墙和夜闭制度也逐渐取消，这就与现代的里弄相似了。

城市的“闾”“里”“坊”，肇自不同的时代。到了现代，“闾”名早已消失，“里、坊”一直沿用。但近三十多年来，城市中的“里、坊”也正在消失，代之以“新村”“苑”等现代化社区。称名更迭的速度令人瞠目。

90. 墙垣种种

墙垣，有各种各样，除了“墙”这个总称，还有许多专称，常见的有“墉”“垣”“埒”“垝”等。

“墉（yōng）”，高墙。庸声有大义。鏞是似牛的大猛兽，镛是大钟，墉则是高大的墙。《尚书·梓材》：“若作室家，既勤垣墉。”孔传引马融曰：“卑曰垣，高曰墉。”《周易·解》：“公用射隼于高墉之上。”孔颖达疏：“隼之为鸟宜在山林，隼于人家高墉必为人所缴射。”冠以“高”，更强调墉之高。《韩诗外传》六：“子路治蒲三年，孔子过之，入其境而喜之曰：‘……入其邑，墉屋甚尊，树木甚茂。’”“墉屋”，指高围墙与屋舍。唯其高大，故常用指城墙。上引《周易·解》陆德明释文就释：“墉，城也。”《左传·襄公九年》：“祝宗用马于四墉。”杜预注：“墉，城也。”《诗经·大雅·皇矣》：“以伐崇墉。”毛传：“墉，城也。”曹冏《六代论》：“墉基不可仓卒而成。”吕向注：“墉，城墙也。”

“垣（yuán）”，指矮墙，上引《尚书·梓材》马融注：“卑曰垣。”之所以有矮意，朱骏声以为取“上下必攀援”意（《说文通训定声·乾郭》），即“垣”与“援”同源。这是对的。可攀援的墙，当然是矮墙。《左传·僖公五年》：“重耳……踰垣而走，披（寺人披）斩其袪。”“袪”是袖头。可踰越的墙自然不高。《孟子·滕文公下》：“段干木踰垣而辟（避）之。”与此相比，“踰墉”则从来未见。但有“踰墙”，《诗经·郑风·将仲子》：“将仲子兮，无踰我墙。”“墙”是总名，也可指矮墙。能够“踰”的必是矮墙，毛传：“墙，垣也。”故这里实指垣墙。

“埒（liè）”，也指矮墙。《急就篇》二：“顷町界亩畦埒封。”颜师古注：“埒者，田间埒道也。……今之圃，或为短墙，盖埒之谓也。”它应该比“垣”还要矮，实是种种的土界标。《三国志·魏书·鲍勋传》：“时营垒未成，但立标埒。”近于蔽体工事。《尔雅·释丘》：“水潦所还，埒丘。”“还”通“环”。郭璞注：“谓丘边有界埒，水绕环之。”邢昺疏：“埒，小隄也。”

“垝（guǐ）”，指坏墙。《说文·土部》：“垝，毁垣也。《诗》曰：‘乘彼垝垣。’”此为《诗经·卫风·氓》中一句。《管子·霸形》：“东山之西，水深灭垝。”尹知章注：“垝，败墙也。”

91. 柱石

“柱石”，用来喻称肩负国家重任的人，常褒称人的群体，如军队。这种用法由来于古，惟古代不用于群体。《汉书·霍光传》：“将军为国柱石。”《后汉书·徐宣传》：“有託孤寄命之节，可谓柱石臣也。”“託孤寄命”，指受先帝遗诏辅佐幼帝，如霍光之类。但“柱石”是从建筑上来的。《汉书·霍光传》颜师古注：“柱者，梁下之柱；石者，承柱之础也。言大臣负国重任，如屋之柱及其石也。”

柱、石结合是我国民族建筑的一个特点。柱是支撑房屋最重要的构件。属于新石器时代的西安半坡遗址，其浅穴四周排列着木柱，以构成壁体；中央立四柱支撑屋顶。居穴完全升到地面，便开始柱下垫石，这填石称“石”，又叫“础”“锧”。稍迟于半坡的河南陕县庙底沟遗址，已发现房屋中四个柱洞下，用扁平的砾石作础。河南安阳的商代遗址，很多宫室基址上残留着直线等距的石柱础，础石用大小相近的天然卵石铺垫。早期的础多用石，以后也有用金属。《战国策·赵策》：“臣闻董子之治晋阳也，公宫之室，皆以炼铜为柱质。”鲍彪注：“质，础也。”“质”即“锧”。《淮南子·说林》：“山云蒸，柱础润。”石、质、础，都指柱下垫物。不过，由于柱下的垫物用得最多的就是石，故只有“石”与“柱”结合喻指肩负国家重任的人。

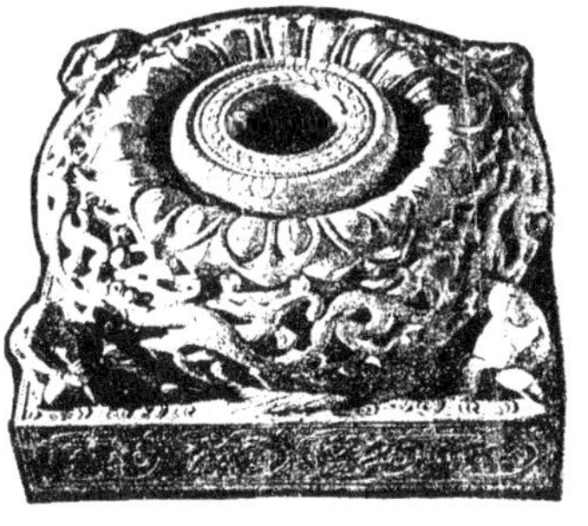

北魏司马金龙墓柱础

“柱”是柱子总称，它有一些分称，主要是“楹、棁（zhuō）”。“楹”，专指堂前部的大柱。《诗经·小雅·斯干》：“有觉其楹。”孔颖达疏："有觉然高大者，其宫寝之楹柱也。"对联常悬贴在楹柱上，故称楹联。引申之，也可作柱的泛称。《大戴礼记·武王践阼》："于楹为铭焉。"据说周武王践阼，作席几楹杖之铭十有八章。《魏书·源怀传》："楹栋平正，基壁完牢，风雨不入，足矣。""楹"都泛称柱。"棁（tuō）"，本指木手杖。《淮南子·说山》："执弹而招鸟，挥棁而呼狗。"引申作梁上短柱，音 zhuō。也写作"棳"。《广韵》："棁，梁上楹。"《论语·公冶长》："臧文仲居蔡，山节藻棁。"包咸注："棁者，梁上楹。""藻棁"，梁上短柱画上藻文。所谓梁上短柱，是连接两道纵梁之间的短直木。以其短，又称侏儒柱。《释名·释宫室》："棳儒，梁上短柱也。棳儒犹侏儒，短，故以名之也。"韩愈《进学解》："欂栌侏儒。"前指斗拱，"侏儒"就指梁上短柱"棁"。"柱"，包括楹柱，下必有础石，但"棁"是屋架之柱，下无础石。由于它是像柱一样的直立物，故注家喻称为"梁上短柱"，其实严格说，它不是屋柱，只是梁与梁的连接构件而已。楹、棁虽也是柱，但它们都是分称，故只有作总称的"柱"才能与"石"结合，喻指肩负国家重任的人。

92. 每况愈下·甓

对于成语,应当知其用，还要解其理。解其理，就要查检它的出处。但令人咋舌的是，有些常用成语，其出处的解释竟然还是一笔糊涂账，“每况愈下”便是一例。

“每况愈下”这一成语，表示境况越来越坏。它原作“每下愈况”，典出《庄子·知北游》:

> 东郭子问于庄子曰:“所谓道，恶乎在?”庄子曰:“无所不在。”东郭子曰:“期而后可。”庄子曰:“在蝼蚁。”曰:“何其下邪?”曰:“在稊稗。”曰:“何其愈下邪?”曰:“在瓦甓。”曰:“何其愈甚邪?”曰:“在屎溺。”东郭子不应。庄子曰:“夫子之问也，固不及质。正获之问于监市履狶也。每下愈况……”

先做简注:“稊”，似稗之草;“正”，官称;“获”，人名;“监市”，市官;“履”，践;“狶”，猪;“况”，显。

庄子“每下愈况”的序列:蝼蚁—稊稗—瓦甓—屎溺，当是一类比一类更低下，但第三层“瓦甓（pì)”，“甓”是砖，若瓦指屋瓦，则在屋上，砖当时不铺地上;且当时二者均是稀物、珍物，何低贱之有?若此，“每下愈况”还能成立吗?

庄子不会错，错的往往是后人。原来，人们都将“甓”解错，连带“瓦”也解错，于是这一节就讲不通了，而且还错解了其他有关文献，还会错解文化史。这个字对于这个成语太重要了。

按现解，“甓”只有一义:砖。“甓”字《诗经》时代已见。《诗经·陈风·防有鹊巢》:“中唐有甓。”“中唐”，中庭之路。按“甓”是砖称，则指堂下的庭内铺砖。可是今所见最早的砖是西周时期的方形乳钉砖、空心砖，均非用于铺地、砌墙。到了战国时期，砖的形制多样，装饰性、实用性加强，但大都用于垒砌墓葬。至汉武帝时条砖才规范化，长、宽、厚之比为4:2:1。于是，东汉起，大小有统一规格的实心条砖才多见，但这种条砖一般也用于墓葬，作墓室顶部的拱券，或穹隆顶墓室。因此，谓“甓”是砖，明显的名不副实。再从“甓”字的声符义、语源义看，“甓”与砖也无联系之迹。因此，“甓”本义不当为砖。

“甓”从瓦辟声。辟声有旋转意。《礼记·投壶》：“主人般（盘）还曰辟。”郑玄注：“还，音旋。”《孟子·滕文公下》：“妻辟纑。”赵岐注：“缉绩其麻曰辟。”即是纺麻线，转动纺坠并合麻纤维。“璧”，环形瑞玉。“甓”也属旋转之义源。故合形声而知，其初始之物不当是陶制（瓦类）扁平之砖，而应必是陶制圆状物。从我国建筑史看，最早普遍使用的陶制建筑材料，不是瓦和砖，而是地下排水管。今所见河南淮阳属龙山文化的平粮台古城遗址中，就发现了陶制排水管，管端有榫口，用以套接，可谓世界上最早的城市排污设施。下至偃师二里头早商遗址、殷墟等考古发掘中，更多处出土陶制排水管。大量出土物表明，从商代起，凡建宫室，先在基址下设排水管已成为传统。在排水管之后，陶制建筑材料的使用依次是瓦（屋瓦）、砖。瓦（屋瓦）即从陶水管而生：陶水管是制成圆筒形土坯，烧而不剖；若剖分之，即为屋瓦。故今所见最早的屋瓦形制都较大，与后世不同。按名实结合的常例，砖的专称不当早于瓦，陶水管的专称应当早于瓦，更早于砖。今屋瓦的专称“瓦”才始于战国，则《诗经》即西周时代出现的“甓”当然只能是陶制排水管之称，此即为“甓”的本义。

由此，困惑迎刃而解。《诗经·陈风·防有鹊巢》之“中唐有甓”句，谓中庭道途下有排水管。《庄子·知北游》的“瓦甓”，“瓦”是陶制品通称，相当今言“陶”；“甓”指地下排水管，二词组合即表陶制排水管。其物铺埋于道途之下，排泄污积水，较之稊稗自然更低贱，比之屎溺稍胜一筹。若此，庄子论道所在，从蝼蚁，下至梯稗，再下瓦甓，最下屎溺，正是越来越低贱、趋下的系列，这是名副其实的“每下愈况”了。

但“甓”从东汉起衍变为砖义，本义渐失，成为文言中砖的通称。这是后事，不赘。

93. 屋瓦

“瓦”，古代陶器的总称，古名“瓦”，今称“陶”。“瓦”也作几种陶物的专称，屋瓦是主要者。

瓦比砖早。当“瓦”字还没有屋瓦义时，已有了瓦。不过，也不会太早。《世本》说“桀作瓦屋”，似乎早了点。传说中的夏代还是“茅茨不翦”的年代。现所见最早的屋瓦是在陕西岐山凤雏村西周早期宫殿遗址，当时只用在屋脊上。到西周中期，才用瓦覆盖屋面，扶风县召陈村七座西周中期的宫殿遗址，顶部全用瓦覆盖。但全面使用要到春秋时期。当时的瓦用泥条盘筑法制造。先以此制成圆筒形的陶坯，然后剖开坯筒，古人称为“瓦解”；待干燥后，置窑中烧造。其四剖、六剖者成板瓦，仰置在屋的斜面上；对剖者成筒瓦，覆盖在两行板瓦之间。筒瓦上有圆柱形瓦钉，起止滑固位作用。它延伸到屋檐的瓦头就是瓦当。“当”者挡住瓦不下滑，如卮杯之底也称“当”。《韩非子·外储说右上》：“堂谿公见昭侯曰：‘今有白玉之卮而无当，有瓦卮而有当。’”秦以前的瓦当是半圆形，秦以后多为圆形，上有文字和文饰，一般是“长乐未央”“延年益寿”之类吉祥语，文饰有涡纹、卷文纹、铺首纹等。到西汉后期，轮制法替代了泥条盘筑法，生产效率大为提高。南北朝时出现了琉璃瓦。但宋以前都只用于檐脊。到唐代瓦又有改进：屋檐前的板瓦有了“滴水”。早期的滴水与瓦身夹角是九十至九十五度，晚期是一百到一百一十度。它与瓦当配合，可防止雨雪侵蚀屋檐和墙壁。

《周礼·考工记·匠人》：“葺屋三分，瓦屋四分。”言屋顶坡度草屋顶为1∶3，瓦屋顶为1∶4。秦以后，“瓦”作屋瓦更为常见。但必须注意：“瓦”在古代主要作陶器的总称。作屋瓦的专称比其总称的用法要少得多。这与现代“瓦”主要作屋瓦专称的情况大相径庭。因此，阅读古代文献时应审慎，只有在极少数特定的语境中才有作屋瓦的可能。

94. 一抔土

“一抔（póu）土”，或称“长陵一抔土”，是一个常用的典故成语，多解为一捧土，代指坟墓。历代诗文中多见。《文选·张载〈七哀诗〉》：“毁坏过一抔，便房启幽户。”李周翰注：“抔，谓一掬矣。”骆宾王那有名的《讨武曌檄》说：“一抔之土未干，六尺之孤安在？”陈孚《和靖墓》诗：“谁侣孤山一抔土，梅花依旧月黄昏。”

这个典故最早出于《史记·张释之冯唐列传》。传中记述一个案例：有人偷盗高帝寝庙座前的玉环，捕到作案者，张释之据刑律奏当弃市，文帝大怒，认为应判族诛。释之驳议道：“法如是足也。……今盗宗庙器而族之，有如万分之一，假令愚民取长陵一抔土，陛下何以加其法乎？”《汉书》也著录这段文字。颜师古注：“抔音步侯反，谓手掬之也，其字从手，不忍言毁彻，故止云取土耳。今学者读抔为抔勺之抔，非也，抔非应盛土之物也。”按照此注，“抔”通“掊”，故有捧掬义。古今流行的诂释就是根据颜注来的。

这个释义需要讨论。

仔细想想，解为抔勺固误，若颜氏谓之通“掊”，作捧掬义，亦未妥。其一，从用字通假说，“不、音”虽声近，但文献使用，“不”声一般不通“音”声。其二，从案事对比说，张释之虽不同意文帝的族诛处理，但也认为盗长陵“一抔土”比盗宗庙玉器罪要重。若解为一捧土，其量撮微，非器非物，于陵墓无损，与宗庙玉器，没有可比性，何能显其罪重于盗宗庙玉器？张是位秉公执法的循吏，居然以为如同游戏的一捧土远大于一个宗庙玉器，太不合情理。其实，这“抔”字注家也早有异解。《史记》此节的司马贞《史记索隐》说：“音普迴反。坯者，塼之未烧之名也。”谓读 pī，未入窑烧的砖坯。

《索隐》此解才是确诂。理由有二：

一、从案事对比看。“坯”，或作“坏”。《后汉书·崔骃传》：“坏冶一陶，群生得理。”李贤注：“坏，土器之未烧者。”《太玄经·干》：“或锡之坏。”范望注：“坏，未烧瓦。”制陶坯是一项精细的生产活动，主要是将高岭土、长石（即铝硅酸盐）、石英而三位一体，即要将原土筛选淘涑，然后纳入模型，掺水紧压、凝聚之。故制坯所需原土当数倍于最后的坯土，尽管只一坯，原土也需要一定的量；且盗帝陵的泥土，一旦制成器，其价值与影响非凡。故其性质与后果够得上真正是“太岁头上动土”的大逆不道罪。二者当可以较轻重：宗庙玉器虽贵重，但毕竟只是所陈一物，对帝陵损毁间接；土虽是廉物，但自帝陵挖出一定的量，其毁损直接，且影响更恶劣，因此后者自然比前者严重。张释之以二者作轻重比，固当。

二、从用字通假看。“抔”，其俗用正字即为“坯”。《说文》作“坏”。“不”“丕”常通用。《左传·襄公十年》：“生秦丕兹。”陆德明释文：“一本作不。”“胚胎”也作“肧胎”。不声、丕声都有凝聚义。见于《说文》《尔雅》者，“衃”，是“凝血”。“秠”是一壳内二米。“駓”是黄白杂毛之马。故“抔”即为“坯”。

因此，从用字和案例两方面考察，“一抔土”，就是指一坯土，而不是一掊土，一掬土。

95. 砖·瓴甓·瓴甋

砖迟于瓦。今发现较早的砖很少，有陕西云塘的西周方砖，洛阳东周城出土的战国薄砖。不过，整个汉代，墙壁主要用夯土版筑。到汉末，砖才普遍用于各种建筑物。江南诸地更迟一些，要到东晋时才广泛使用。砖用到城墙，更是宋以后的事，今所见万里长城砌的砖墙，大都是明代的遗物。

秦汉的砖虽然产量不高，但都比今日用砖要考究、坚牢，往往有文饰，种类也多，常见的有方砖，铺在室内地面，包镶屋壁四周下部。唐长安宫殿铺地方砖带有莲花纹。曲形砖，呈T形，包砌台阶。空心砖，呈偏平长方形，多用于墓室。条砖，见于秦始皇陵。值得注意的有一种画像砖，是砌墓室壁的模制较大、有浅浮雕图像的实心砖，它们具有较高的历史价值与艺术价值，是了解当时社会政治、经济、习俗等的生动材料，较多地见于四川、河南、山东、江苏、陕西等地的汉墓中。

砖的称名，古代比较丰富，不像“瓦”（屋瓦）古今共一名。砖的古名是“甓（pì）”“瓴（líng）”，也称“瓴甋”“瓴甓”“甗甎”。《尔雅·释宫》说：“瓴甋谓之甓。”郭璞注：“甗甎也，今江东呼瓴甓。”《文选·司马相如〈长门赋〉》：“致错石之瓴甓兮，象瑇瑁之文章。”李周翰注：“瓴甓，甎也。”这些都指狭长的条砖。唐玄应《一切经音义》卷十五引《通俗文》：“狭长者谓之甗甎。”今江浙方言犹称狭长的壁砖为“甗砖”。

“砖”是“甓”后之称，或作“塼”，本作“甎”，最早见于东汉。在应劭《周俗通义》中有“甃，聚砖修井也”之语。在江苏宜兴西晋周处墓砖上，有“元康七年九月三十日，阳羡所造周前将军塼”的文句。晋以后它成了砖的正称。《宋书·王制传》：“父又丧亡，家贫力弱……乡里并哀之，乃各出夫力助作塼。”北齐颜子推《颜氏家训·终制》：“蒙诏赐银百两，已于扬州小郊北地烧砖。”柳宗元《井铭序》：“凡用……大瓴千七百，其深入寻有二尺。”“砖”常与“甓”同义连用。《文选·谢惠连〈祭古冢文〉》：“得古冢，上无封域，不用砖甓。”《晋书·吴逵传》：“昼则傭赁，夜烧砖甓，昼夜在山，未尝休也。”唐柳锑《隋唐嘉话》上：“掘得一冢，无瓴壁。”今亦以“砖”为正字。

96.“屏”——其名其物

“屏”，本不指屏风，而指门屏。

门屏，有门内的内屏，在视朝的路门内、燕寝的寝门内都可设内屏。门外当门设外屏。所谓屏，实是一堵短垣墙。作用为隔形、障蔽。《国语·吴语》：“王背屏而立，夫人向屏。”韦昭注：“屏，寝门内屏。”《吕氏春秋·季秋》：“受车以级，整设于屏外。”高诱注：“屏，树垣也。”《淮南子·主术》：“天子外屏所以自障。”高诱注同。内屏与门之间专称“宁（zhù）”，是君王站立之处。外屏之设，今犹见遗迹。北方一些旧式民居，正大门前有一堵短墙垣，俗称影壁、照壁，古之外屏即此物。

“萧墙”是屏的别称。《尔雅·释宫》：“屏谓之树。”郝懿行义疏：“萧墙即屏。”始见于《论语·季氏》：“吾恐季孙之忧，不在颛臾，而在萧墙之内也。”郑玄注：“萧之言肃也，墙谓屏也，君臣相见之礼，至屏而加肃敬焉，是以谓之萧墙。”这是说称“萧”者，得义于肃敬，人们走近屏墙要肃然起敬，敛正姿容，故有其名。它浑指内外屏。有的注家误断萧墙专指外屏，而外屏为天子专有，从而断定这“萧墙之内”是指来自鲁哀公那儿的暗算。这是曲说。若外屏专属天子，则鲁哀公也非天子；萧墙专指外屏，也没有根据。《论语·季氏》这一句，分明指季孙自己的门屏之内。后来，季氏果然被他自己的家臣阳虎所拘，就是明证。以后，“萧墙”才一直喻指君主自己门屏之内，即藏在亲近者中的隐患、内乱。《韩非子·用人》：“不谨萧墙之患，而固金城于远境……祸莫大于此。”《汉书·李寻传》：“宜察萧墙之内，毋忽亲疏之微。”今常作：“祸起萧墙”“萧墙之祸”。

屏又称“树”，也浑称内外屏，不过多作动词。《论语·八佾》：“邦君树塞门，管氏亦树塞门。”何晏集解引郑玄曰：“人君别内外，于门树屏以蔽塞之。”这里“塞门”也是门屏之称。《尔雅·释宫》：“屏谓之树。”舍人注：“以垣当门蔽为树。”这是外屏。《淮南子·主术》：“天子外屏所以自障。”高诱注：“屏，树垣也。”又引《尔雅》曰：“门内之垣谓之树。”这是内屏。秦以后“树”作屏就罕见了。

97. 罘罳·阙

读古书,有时会碰到一些怪怪的词，看了词典还是不懂。“罘罳(fúsī)”就是一个。有的说是古代设在门外的一种屏风。有的说是设在屋檐下防鸟雀来往的金属网。好像也有道理，因为它们上部都从网，且罘是捕兔网，许与捕鸟有关吧！但这总是猜想。经查考，才恍然……

“罘罳”，或作“罦思”“桴思”，是个汉代词。它与屏风无涉，屏风也决不在门外。屋檐下金属网，这也未闻。《辞源》释为二义：一、门外之屏。二、设在宫阙上交疏透孔的窗槅。大体合情，但还是不到位，故不能使人豁然开朗。

其实汉代“罘罳”有两种表现形式：

第一种，外屏上的网格形纹饰。所谓“门外之屏”，这是话说半句。门外之屏是外屏，它不是屏风，而是宫门正前面的一堵短垣墙。《礼记·明堂位》：“……疏屏，天子之庙饰也。”郑玄注：“屏谓之树，今桴思也。”顾炎武说：“罘罳字虽从网，其实屏也。……汉西

外屏上的罘罳

京罘罳合板为之，亦筑土为之，每门阙殿舍前皆有焉，于今郡国厅前亦树之。”原注：“今人谓之影壁。”（《日知录》卷三二）汉时的外屏并不像上古时那样朴质无华的一堵墙垣，而是上面盖了人字形小屋（后世也有），如顾炎武说：“屏上亦为屋以复屏墙，故称屏曰桴思。”（同上书）需要补充的是：在屋下画雕出网格形的扶疏纹饰。正是这种纹饰，才叫“罦罳”。因此，准确地说，这一种罦罳是

罘罳 轺车、门吏对饮图

指：汉代外屏屋下的网格形纹饰。第二种，宫阙上的网格形纹饰。阙上古就有，汉代尤盛，用于宫殿、城门、墓葬等处，以宫阙最为典型。在汉代、宫殿前必有阙，而且是左右双阙，《释名·释宫室》：“阙，在门两旁，中央阙然为道也。”《汉书·文帝纪》：“未央宫东阙罘思灾。”《佞幸传》：“门阙罘罳甚盛。”汉诗《青青陵上柏》：“两宫遥想望，双阙百余尺。”《白虎通》说：“门必有阙者何？阙者，所以饰门，别尊也。”阙是体现封建礼仪的一种独立的建筑物。它的基本形制似柱状高台上的重檐亭楼，但人不可上登游观。阙上罘罳一般表现在两处，其一是在阙楼的重檐之间作网格形的窗櫺（并不是真的窗）。《河南汉代画像砖》中二二一至二二三图的亭长阙、凤阙，二四九轺车、门吏对饮阙，都可见到这种罘罳。其二是在连阙的楣梁上所作网格形纹饰，《河南汉代画像砖》一五〇图的宫阙即此。那巍峨崔嵬的直柱形单檐高阙之间有长衣卫士交戟伫立。在卫

士的上面即阙的上部屋檐下有宽阔梁墙相连，这横墙上就有网格形纹饰。颜师古所称“罘罳，谓连阙曲阁也，以覆重刻垣墉之处，其形罘罳然”（《汉书·文帝纪注》）就属这一种。

它们为什么都称“罘罳”呢？

《释名·释宫室》释：“罘罳，在门外。罘，复也；罳，思也，臣将入请事，于此复重思之也。”宋程大昌《雍录·罘罳》说：“罘罳者，镂木为之，其中疏通，可以透明，或为方空，或为连琐，其状扶疏，故曰罘罳。”二说都未周。盖“罘”，本是捕兔网。《说文》作“罦”。《晏子春秋·内篇杂上》：“结罘罔（网），捆蒲苇。”司马相如《子虚赋》：“列卒满泽，罘罔（网）弥山。”无论外屏屋下和宫阙、连阙上，都是网格形的纹饰，其形似兔网，故都得喻称“罘”。而屏是萧墙，人们至此“加肃敬焉”（郑玄语），宫阙也象征帝王的威仪，使人至此肃然敬思，故都得称“思”，因是网，字又作“罳”。连起来就是“罘罳”。

这样看来，罘罳并不是真的窗与屏，也不是屏风或防鸟雀的金属网，而是汉代用于礼仪性独立建筑物上部的网格状纹饰。它与外屏、屋檐有关，因为刻画在外屏的覆屋下。

98. 房屋

“房屋”是一个复合词，指房子。“房”“屋”也单用。它们很不一样。

“房”上古并母阳部，与“方、广”诸字同源，取放散意。秦始皇所建阿房宫，得名于其宫形“四阿旁广”。故“房”本指旁屋。《说文·户部》：“房，室在旁也。”段玉裁注：“凡堂之内，中为正室，左右为房，所谓东西房也。”《释名·释宫室》：“房，旁也，室之两旁也。”今语犹如此。两旁的房屋叫“厢房”，不可说成“厢屋”。

“房”取放散意，故可引申指物体间隔状的各个部分：《淮南子·氾论》：“而蜂房不容鹄卵，小形不足以包大体也。”为家族的分支：《魏书·广阳王传》：“然其往世房分，留居京者得上品通官。”为媵妾，旁室居媵妾：晋王嘉《拾遗记》九：“石季伦爱婢名翔风……石崇受谮润之言，即退翔风为房老，使主群小。”“房老”犹老房，老妾。今语有“莲房”“心房”“远房”“填房”等。

“屋”，有圆曲貌。“喔”，鸡叫声，圆其口而呼；“握”，圆其手而持；“幄”，卷曲形帐幕。房屋之“屋”，“以宫室上覆言之”（《说文》“屋”字段玉裁注）即指斜曲的屋面。《诗经·豳风·七月》：“亟其乘屋。”意升踏到屋顶。《行露》：“谁谓雀无角，何以穿我屋？”“屋”，不是泛指房屋，而是专指屋顶面。又，“屋脊”，指屋顶中间的高起部分，里为极栋。“屋面”“屋架”，成语“屋上架屋”“屋下架屋”，这些“屋”，都取屋顶义。

“屋”可泛指覆盖物。《礼记·杂记上》：“素锦以为屋而行。”指小帐。《史记·项羽本纪》：“纪信乘黄屋车。”指黄色缯帛作车篷的车。这些“屋”，其实都是“幄”义。“屋”没有其他引申之用。

99. 墙壁

“墙”“壁”好像是等义词。但为什么“围墙”不说“围壁”，“壁虎”不言“墙虎”？要回答这种问题，从现代说现代是不能奏效的。

《释名·释宫室》：“墙，障也，所以自障蔽也。”障蔽者在外。“墙”不指宫室墙壁，而指宫室或别的区域外部的障壁，即围墙。《诗经·郑风·将仲子》：“无踰我墙，无折我树桑。”墙在外，故需踰。《论语·公冶长》：“朽木不可雕也，粪土之墙不可杇也。”《左传·宣公二年》：“晋灵公不君，厚敛以雕墙。”扩大之，在外面不四围的短墙也可称“墙”。门屏称“萧墙”，这是门外当门的一堵短墙。秦以后还是如此。《淮南子·本经》：“脩为墙垣，甬道相连。”《乐府诗集》卷二五《慕容垂歌辞》：“慕容攀墙视，吴军无边岸。”唐白居易《早春》诗：“满庭田地湿，荠叶生墙根。”元稹《压墙花》诗：“春来偏认平阳宅，为见墙头拂面花。”诸“墙”都不指屋壁，而指外墙。

“壁”正与“墙”相对，指内墙，即宫室的墙壁。《释名·释宫室》：“壁，辟也，所以辟御风寒也。”意“壁”的辟声取得义于“避”。《史记·司马相如列传》：“家居徒四壁立。”唐柳宗元《永州新堂记》：“宗元请志诸石，措诸壁，编以为二千石楷法。”“志”，记。“措诸壁”，写于厅堂的墙壁。唐代起盛行嵌在宫室墙壁上的碑记，朝廷各司诸厅或州里官署都有。清蒲松龄《聊斋志异·促织》：“徘徊四顾，见虫伏壁上。”“壁”引申为陡峭的山崖。唐李白《梦游天姥吟留别》：“半壁见海日，空中闻天鸡。”即取喻于宫室墙壁的高而峭直。引申指军垒，也取喻于宫室墙壁的障蔽严直。《史记·魏其武安侯列传》：“（灌夫）募军中壮士所善愿从者数十人。及出壁门，莫敢前。”

知“墙、壁”之别，可决古书疑难。上引《论语·公冶长》二句前有“宰予昼寝”一语，孔子的“朽木不可雕也，粪土之墙不可杇也”是孔子对宰予“昼寝”的批评。这里有个公案：有一些学者甚至梁武帝都以为当是“宰予画寝”，即“昼”为“画”之讹，原指画寝室墙壁，若此方与下孔子语中“粪土之墙”相协。这很有趣，繁体“畫、晝”二字确实形似易淆，按“昼”是白天睡觉；“画”是绘画寝室墙壁。多数学者不取“画”字说。今据“墙、壁”之辨可断“画”字说非。因按“画寝”，所画是寝室之壁，且不说古人没有在卧室涂鸦之俗，即真为此举，孔子的评语当云“粪土之壁”，孔子不会“用词不当”犯低级错误作“粪土之墙”；且居室墙壁成“粪土”，早成危房，还可居乎？正如一些注家所论“朽木”“粪土”之喻乃是“取譬”。要之，“昼”是“画”非。

综观上述，壁：主内，用于宫室，高而峭直。墙：主外，用于各种围墙，不高大不峭直。这种区别延于现代。“围墙”在外，故不能说“围壁”。而“壁虎”喜伏在峭直的墙壁，故不可易为“墙”。只有“墙壁”连用时，才不区别了。

100. 举一反三

“举一反三”一语出自《论语·述而》记孔子语：“不愤不启，不悱不发。举一隅不以三隅反，则不复也。”“隅”，角落。“反”，复，回复。这是孔子的一条教学经验，说教导学生，不到他求知迫切时，不去开导他；不到他想说而说不出时，不去启发他。举室内一角而不能推导其他三角，就不再重复地教他了。

孔子以宫室之角喻说，故要真正理解“举一反三”一语，必先了解宫室四角。

室角，即所谓“廉隅”，古人非常重视，每角都有专称。

东北角称“宧（yí）”。《说文·宀部》：“宧，养也，室之东北隅，食所居。”《释名·释宫室》：“东北隅曰宧。宧养也，东北阳气始出布养物也。”古人庖厨是所以养育人者，在屋室的北二角都可见阳的（阳光从南照北），故这一角也受阳光斜射而明亮。引申为养育，后出字“颐”。《周易·颐》：“观颐，观其所养也。自求口实，观其自养也。”

东南角称“窔（yào）”，或作“穾”。本义指幽暗。《广韵·去啸》：“窔，隐暗处。”引申指屋室东南角。日光由南而北斜射，屋室南二角都少阳，较阴暗。《仪礼·既夕礼》：“比奠，举席妇室，聚诸窔，布席如初。”郑玄注：“室东南隅谓之窔。”“窔”，一般不单用，而常与“奥”连言（见下）。

西北角称“屋漏”。这个词很怪。《释名·释宫室》解释：“礼每有亲死者，辄彻屋之西北隅，薪以爨灶煮沐，供诸丧用。时若直（值）雨则漏，遂以名之也。”这是一种解释。另一种解释是：睡床多设在西北角，屋顶开天窗，日光从此照射室内，故称“屋漏”（“屋”指屋面），也就称所照射的西北角。《诗经·大雅·抑》孔颖达疏："屋漏者，室内处所之名，可以施小帐而漏隐之处，正谓西北隅也。"

西南角称"奥"。《楚辞·招魂》："经堂入奥。"王逸注："西南隅谓之奥。"《释名·释宫室》："不见户明，所在秘奥也。"它与"窔"一样，是室中少阳幽暗之角，故常连用，泛指幽暗处。《汉书·叙传上》："守窔奥之荧烛，未卯（卬）天庭而睹白日也。"颜师古注："突奥，室中之二隅也。"这是班固《答宾戏》中两句。《文选》张铣注："言其见幽深之小光。"也指整个堂室。《荀子·非十二子》："奥窔之间，簟席之上，敛然圣王之文章具焉。""敛然"，聚集貌。杨倞注："言不出室堂之内也。"

四个角落，称"奥"最为奥妙。这是尊者所处位置。《礼记·曲礼上》："为人子者居不主奥。"即父母健在，作为小辈不能处在此位。《仲尼燕居》："室而无奥阼，则乱于堂室也。"阼是堂东阶，主人升降；奥是西南隅，尊者所处。说明凡堂室必遵这种礼制。这也是祭祀之处。《论语·八佾》："王孙贾问曰：'与其媚于奥，宁媚于灶，何谓也？'子曰：'不然。获罪于天，无所祷也。'"邢昺疏："奥，内也，谓室内西南隅也。"此"奥"代称神。盖灶是实的，神是虚的，卫大夫王孙满意思宁实毋虚，而孔子以为敬天神最要紧，如得罪了上天，那什么祈祷都用不上了。无论主位、神位，都现出了强烈的礼尊色彩。故"奥"引申为主宰。《左传·昭公十三年》："国有奥主。"孔颖达疏："奥主，国内之主。"为宫禁。《三国志·魏书·董昭传》："冒之出入往来禁奥。"指冒名入宫禁。又虚化为深义。"奥房"，深房。"奥爱"，深爱。"奥旨""奥略""奥博""奥妙"等不胜枚举。这一义用于今。

现在回到"举一反三"。老师举一，学生反三，"反"，复，推导，即推导出同类事物的其他部分以印证。譬如孔子告诉了上举第一个东北角"宧"，多阳而明亮，则学生要说出西北角亦相同，而东南角、西南角少阳而阴暗，云云。这就要求学生要善于比类思索，还必须有关于我国宫室南向而建、我国地处北纬地带的基本知识。

由此可知，孔子的“举一反三”不是简单地仿照举例，而是将老师的“一”消化、运用，并调动掌握的有关知识去推导同类事物。因此，“举一反三”实是孔子倡导的学与思相结合的求知方法中的一环。

101. 殿堂

“殿堂”，宫殿。《三国志·魏书·钟毓传》：“夫策贵庙胜，功尚帷幄，不下殿堂之上，而决胜千里之外。”这里指宫殿，是浑称。但是分开来，“殿”与“堂”很不相同。

文献中，最早的宫殿不称“宫”或“殿”，而称“堂”。段玉裁说：“古曰堂，汉以后曰殿。古上下皆称堂。”（《说文·土部·“堂”》注）段说是，只是谓“汉以后曰殿”不够准确。

有堂有室，前堂后室，是古代宫室的基本形制。一般的民居上了庭院的台阶，便登上了堂。宫廷也是如此。登堂治事。《管子·法法》：“堂下有事，一月而君不闻，此所谓远于千里也。”《孟子·梁惠王下》：“王坐于堂上。有牵牛而过堂下者。”《礼记·曲礼上》：“惟薄之外不趋。堂上不趋。”诸“堂”都指天子、诸侯宫中之堂，相当于后世之殿。故可以说上古“上下皆称堂”。

说“汉以后曰殿”，迟了点。上古的“殿”，主要用为臀后义，指行军的尾部。《论语·雍也》：“孟子反不伐，奔而殿。”何晏集解：“殿，在军后者也。”引申为镇守。《左传·成公二年》：“此车一人殿之，可以集事。”这些义项后代也用。而“殿”作宫殿义，战国已见了。《战国策·魏策四》：“要离之刺庆忌也，仓鹰击于殿上。”又《燕策三》：“而秦法，群臣侍殿上者，不得持尺兵。诸郎中执兵，皆陈殿下，非有诏不得上。”《庄子·说剑》：“庄子入殿门不趋。”战国楚宋玉《神女赋》：“步裔裔兮曜殿堂。”同义连用。战国而下，则习以为常了。

称名的变化反映了事物的变化。《太平御览》卷一七五引《说文》：“殿，堂之高大者也。”《仓颉篇》：“殿，大堂也。”秦始皇所营的阿房宫，乃是宏大朝宫的一个“前殿”，它“东西五百步，南北五十丈，上可以坐万人，下可以建五丈旗。”（《史记·秦始皇本纪》）唐代的含元殿是大明宫主殿，高出平地十多米，殿十一间，前有长达 75 米的龙尾道，明代外廷主殿奉天殿为十一间重檐的宏伟殿宇，是我国现存最大的木构建筑。

虽然殿在建筑上远胜于堂，但是性质相同，都是宫殿一部分，朝廷的治政处，上引诸“堂”例都可见。殿也是如此。西汉未央宫的主殿称前殿，是举行大朝和常朝之处，东汉洛阳宫主殿阳德殿用于大朝。唐代大明宫中，外朝为含元殿，中朝为宣政殿，内朝为紫宸殿。清代的太和殿用于最高级礼仪的皇帝登极、朝会、庆寿、颁诏等。总之，各朝的殿一般比较高大，是举行朝会和供奉神佛等各种重大礼仪的场所。正因堂、殿性质相同，故早期有时二名并称，如长安的玉堂，又称玉堂殿；未央宫朱鸟堂，又称朱鸟殿（见《初学记》卷二四、陈直《三辅黄图校证》）。也能同义连用，如上举宋玉《神女赋》例。

102. 说“宫”

一说“宫”，马上想到宫殿。其实，这是后来的事。

“宫”，甲骨文作，，系半出地面的穴室。升到地面以后，“宫”就总称栋宇版筑的居处。《孟子·滕文公上》：“且许子何不为陶冶，舍皆取诸其宫中而用之？”这“宫”就指许行的简陋住房。《礼记·儒行》：“儒有一亩之宫，环堵之室。”指士人的普通住房。《诗经·召南·采蘩》：“于以用之，公侯之宫。”毛传：“宫，庙也。”指公侯所居。故上下贵贱通指，不指宫殿。

秦以后，“宫”是宫殿的总称。

它不再用于一般民居，只可用于封建帝王。可以作某一宫的专称，如称未央宫、长乐宫、大明宫。更可以作总称，修饰名词，如“宫人、宫女、宫墙”等等。无论作专称、总称，其所指内涵大于殿，宫中有殿。故不可笼统称“宫”为帝王居住的地方。即从居住来说，也不是帝王一人。一朝有许多宫，以分居天子、后妃、太子等。至于帝王的居住，一般倒不称“宫”，而称“宸居”“禁中”。班固《典引》：“是以高光二圣，宸居其域。”“宸（chén）”，是帝王的代称。《史记·李斯列传》：“二世用其计，乃不坐朝廷见大臣，居禁中。”这“禁中”往往不在宫中。如唐大明宫，分宫、省（衙署）两部分，而帝王的生活区都在宫城之北，以太液池为中心环列。不过到明清时，“宫”与“殿”似乎有了相对分工。“殿”必是朝政处，而“宫”通常作皇帝及皇室人员燕寝之地。其宫殿分两部分：前称殿，后称宫。清宫的外朝以奉天（太和）——华盖（中和）——谨身（保和）这三殿为主，又有文华殿、武英殿，都称“殿”。内廷则有乾清宫、坤宁宫、宁寿宫、慈宁宫等，都称“宫”。

乾清宫是皇帝寝宫，坤宁宫是皇后寝宫，宁寿宫是乾隆皇帝告老的“菟裘”。但是大而言之，宫与殿都是宫，即宫殿。

要之，宫在先秦是居室的总称，秦以后为宫殿的总称，后期专指帝、后、太子居住的房屋。

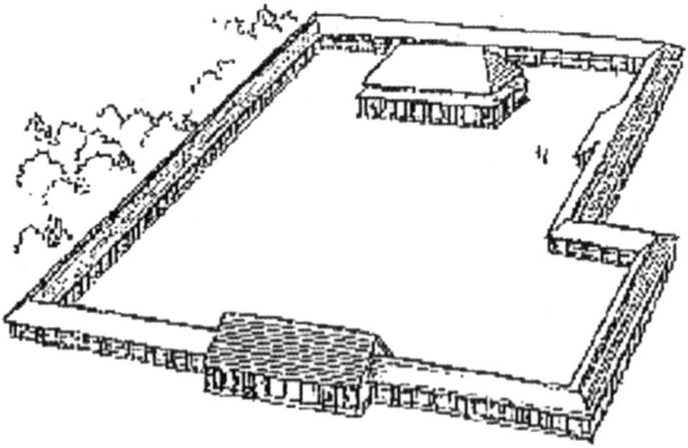

偃师二里头早商宫殿（复原图）

103. 阼·践阼

汉语有“台阶”一词，因为有台必有阶，有阶必有台。我国古代的宫室多建于台基上，因而堂前必有阶。就是今天，有些低层的建筑也有台阶。值得注意的是：古代台阶上的政治、等级色彩甚浓。通过“阼（zuò）”可观其一斑。

“阼”指主阶、东阶。也借用“胙、祚”字。古代宫室都是朝阳南向，故台阶是东西长条。上古宫廷和贵族宫室，堂前设东西两段台阶，无中间道。临朝觐，揖宾客，承祭祀，宾客升降在西阶，面东；主人升降在东阶，面西。这东边的主阶称“阼”。“阼”从阜乍声，乍有酬酢义。《仪礼·士冠礼》：“立于阼阶下，直东序西面。”郑玄注：“阼犹酢也，东阶所以答酢宾客也。”这样，主、宾的上下精微而不乱。《荀子·哀公》：“孔子曰：‘君入庙门而右，登自胙阶，仰视榱栋，俛见几筵。’”杨倞注：“谓祭祀时也，胙与阼同。”《孔子家语·儒行解》：“公（指鲁哀公）自阼阶，孔子宾阶，升堂立侍。”分东西两阶不只用于天子，也可行于一般人家，主人升降在东阶。《韩诗外传》卷二：“舅姑降于西阶，妇升自阼阶。”但是，主要用于宫廷，即指天子、诸侯的主阶。太子接天子位一定要祭祀，第一次从阼阶上下，故天子接位称“践阼”，又称“践祚”。《史记·燕召公世家》：“成王既幼，周公摄政，当国践祚。”“祚”即“阼”。《三国志·魏书·管宁传》：“陛下践阼，纂承洪绪。”因此，对“阼”字，不能浑说“东面的台阶，主人迎接宾客的地方”，应补充“多用于君主”。

要之，“践阼”指太子继承君位，新主登基。“阼”是先秦时期君主（天子、诸侯）行走的台阶之称。

104.“除”的本义

“除”，现在都用作动词义，但它的本义却是名词义，而且规格很高，指宫殿的台阶。从汉代起，帝王宫殿的台阶称“除”。这时候的台阶已不分阼宾两处，而是连为一长条，主宾都可在一个台阶上下，不过天子走中阶，诸侯走东西阶（张衡《东京赋》薛综注）。这个长条台阶叫“除”。

汉魏的文献“除”字常见。《汉书·苏武传》：“前长君为奉车，从至雍棫阳宫，扶辇下除，触柱折辕。”“长君”，武兄苏嘉。《王莽传下》：“晨旦明，群臣扶掖莽，自前殿南下椒除，西出白虎门。”《文选·曹植〈赠丁仪〉》诗：“凝霜依玉除，清风飘飞阁。”李善注：“玉除，阶也。”必须指出：“除”的含义甚为灵活。它可以指台阶，也可以包括台阶上面延伸的一段。上举曹植诗只指台阶。而《苏武传》句当指从屏（内屏）而门而至台阶这一段路。颜师古注：“除谓门屏之间。”张晏说：“（奉车）主扶辇下除道也。”合颜、张二注方得全意。可译：“扶持武帝的专车从门道经门下台阶时，不慎”云云。《王莽传下》句颜师古也注：“除，殿陛之道也。椒，取芬香之名也。”可见它也应包括内屏到台阶。这一特点合乎字的声义。“除”从余声，余声有长义。“余”是“语之舒”，“捈”是曳引，则“除”也有延长意。用于宫室、宫廷殿堂下的路称“涂”，其涂之斜升堂的一般即为“除”，它是下涂的延伸，从阜者，示有山石一样高下的阶级，即台阶。而阶上到堂还得横穿宽阔的庑廊、至门屏，这段通道没有专称，既然“涂”有延长意，故这一段也得称“除”。

“除”主要用于汉魏。它是这一时期宫殿台阶的主称。以后，也作为一般台阶的泛称。杜甫《送孔巢父病归》诗：“清夜置酒临前除。”朱柏庐《治家格言》：“黎明即起，洒扫庭除。”

105. 陛下

“陛（bì）下”是对帝王的尊称。今也常用以尊称他国元首。它是怎么来的？

宋高承《事物纪原·朝廷注措部》“陛下”条说：“唐以前，天子无陛下之呼。”说的上限太迟了。最早战国就有。《韩非子·存韩》：“陛下虽以金石相弊，则兼天下之日未也。”“弊”，尽，尽以召士。秦以后更多。《史记·秦始皇本纪》：“淳于越进曰：‘……今陛下有海内，而子弟为匹夫。’”三国魏曹植《上责躬诗表》：“伏惟陛下德象天地，恩隆父母。”都是唐以前之例。

最早做详细解释的是东汉蔡邕《独断》上：“陛下者：陛，阶也，所由升堂也。天子必有近臣执兵陈于陛侧，以戒不虞。谓之陛下者，群臣与天子言，不敢指斥天子，故呼在陛下者而告之，因卑进尊之意也。上书亦如之。”蔡说不误。陛侧有持戟的臣吏和兵士护卫。秦始皇时有“郎中”“陛楯郎”。西汉有期门武士。《汉书·霍光传》：“太后被珠襦，盛服坐武帐中……期门武士陛戟，陈列殿下。”东汉有“陛长”，六百石，墨绶铜印（《后汉书·百官志二》）。若要与皇帝言，必先告诉陛下面持戟的卫士，由他们传话陛上的人。如果不得皇帝指示，那么连陛下的卫士都不能随便上殿堂。荆轲刺秦王时，不少郎中执兵守在陛下，秦王慌乱时没有想到对他们发指示，于是一段时间他们都眼巴巴看着荆轲追逐秦始皇，不敢上阶施救。可见平时制度之严了。因此，蔡邕“因卑进尊”的解释是符合实际的。清代顾炎武也说：“陛下犹言执事，后人相沿，遂以为至尊之称。”（《日知录·陛下》）

然而，人们很少说到“陛”本身。其实这对深入了解“陛下”一词至关重要。

“陛”从坒声，坒从比声，比者相毗连，从两人相并，会意，则“比、坒、陛”都有毗连、益多之义，故《说文》释：“陛，升高陛也。”即高台阶。《吕氏春秋·贵信》：“庄公与曹翙（同‘刿’）皆怀剑于坛上……管仲、鲍叔进，曹翙按剑当两陛之间曰……”这是升坛之阶，多级而高。《墨子·备城门》：“城上五十步一道陛。”城墙上的阶级自然是高者，当可称“陛”。上古不专用于天子。《楚辞·大招》：“举杰压陛，诛讥罢只。”“杰”，俊贤。“讥”，非。“罢”，驽。王逸注：“陛，阶次也。……言楚国选举，必先升用杰俊之士，压抑无德，不由阶次之人，非恶罢驽，诛而去之。”而到战国时，“陛”已多用为天子所践登的台阶，并有了“陛下”一词（见前）。从秦汉起，一般的宫殿都是东西中三阶，天子践中阶（张衡《东京赋》薛综注），但这不称“陛”。只有天子所处的太极殿的台阶才称“陛”，也即“墄（cè）”。班固《西都赋》：“于是左墄右平，重轩三阶。”李善注引挚虞《决疑要注》曰：“凡太极乃有陛，堂则有阶无陛也。”具体说来，天子步行的殿陛在左边，陛级称“墄”，规定有九级。右边用花纹的砖砌成缓坡，供帝辇上下，称“平”。这就是“左墄右平”。总之，陛专属帝王。

这就难怪“陛下”会成为封建帝王专用的尊称了。

106. 升堂入室

“升堂入室”，也作“登堂入室”，比喻学问或技艺由浅入深，达到甚高的水平。语出《论语·先进》：“由也升堂矣，未入于室也。”“由”，仲由，即子路。这是孔子评价子路的话。字面意指登上了堂，还没有进入内室，喻指子路已有一定水平，但还不高。后人取孔子评语的正意，就变作了“升堂入室”这一成语。

为什么“堂”用“升”，“室”用“入”？为什么先“堂”后“室”？这关系到我国古代建筑的特点。

“堂”从土、尚声。《释名·释宫室》：“堂犹堂堂，高显貌也。”尚取义于“敞”。堂都在宫室前半部，堂前无门户、墙壁，只有楹柱，故很敞亮。东方朔《七谏·谬谏》：“畜凫……满堂坛兮。”王逸注：“高殿敞扬为堂。”考古发掘的殷商以来宫室遗址表明，所有的宫室都建筑在高台基上。因此，堂前一定有台阶，因而从不说“入堂”，而要说“升堂”，或“登堂”。《汉书·晁错传》：“臣闻古之徙远方以实广虚也……先为筑室，家有一堂二内。”“内”，内室。有堂必有室，前堂后室、一堂二内即两室一厅，是我国宫室的基本形制。著名的陕西岐山凤雏村西周遗址，是一座严整的二进四合院，中轴线上自南而北依次为影壁、大门、庭院、前堂、后室，堂室间有主廊构通。廊两边是二进小院，堂两边是东西厢。整个建筑群布为矩形，固以檐廊，形成密闭的空间。秦以后的住宅也大致如此。在汉代一些画像石、砖中看到，大型宅第正门进去为大院，然后是堂。也有前后堂，前堂礼宾，后堂饮食歌乐；再后是室。从堂至室，是平面，没有台阶。室有户，故“室”称“入”“进”。

堂与室，室最重要。最早只有室，“室”的本义就是穴室。《周易·系辞下》：“上古穴居而野处，后世圣人易之以宫室。”穴居时代黄河流域的先民，居住的室本就在地下，许多日常活动、劳作，都在地面进行，不需要也不可能地下设堂，故地下唯有室。而升到了地面后，更为文明，有需要也有可能将夜晚与白天、休息与劳作、睡寝与社交分开，于是有了室与堂的分别，而由于民族心理、生活方便、地理纬度（偏高、太阳总在南面）等因素决定，一般建房总是朝南的，堂总在前且无墙，以使更多见阳，而室总在后面。但室是人们睡寝繁衍的主要处所，性质与穴居时代相同，仍然最为重要。《白虎通·爵》："一夫一妇成一室。""室"代表了一家一户。

回到"登堂入室"。从地位言，室重于堂；从事序说，登堂是初步，入室是根本；从进程观，堂虽要登迈，但浅显易见，只有几步台阶，且无门墙阻拦，登迈似难而易；室虽可平入，但深奥难窥，要过堂进廊入户，路径更长，且有户障，平步似易实难。用"升堂"与"入室"来比喻学问、技艺的水平和难易程度，真是精妙绝伦！有同义一语：入门不易，深造更难，但没有"升堂入室"精深、形象、凝练、隽永。

107. 运筹帷幄

“运筹帷幄”这成语出于汉代。《史记·高祖本纪》：“夫运筹策帷幄之中，决胜于千里之外，吾不如子房。”“筹”，数码，计数的小棒。“子房”，张良。“运筹帷幄”指在帷幄中策划谋算。那么什么是“帷幄”？为什么要在“帷幄”中“运筹”？

“帷”，又作“帏”，与“围”同声源，《释名·释床帐》：“帷，围也，所以自障围也。”可用于室外。周代天子外出巡行至某地，用它围隔成居食的临时宫室，叫“帷宫”。主要用于室内。有两种用式：一种垂挂式。帝王的“殿”，士大夫的“堂”，都在宫室前部，有楹柱而无檐墙，为遮蔽风日，需设帷幕，它挂在楹柱后面，从上垂下；一种铺展式，即将厅堂内的空间围隔，相当于大屏风作用。山东沂南画像石墓中室南面右部所刻画的帷即此，帷内有人切菜、取酒、端菜，是临时庖厨。《鸿门宴》记到樊哙带剑拥盾撞入军门，

帷帐　洛阳朱村墓壁画

“披帷西向立，瞋目视项王”，这帷也当是室内临时遮隔的铺展式围帷，帷中设筵席。

“幄”从巾屋声，声兼义，指形如屋的帷幕。《释名·释床帐》：“幄，屋也，以帛衣板施之，形如屋也。”与“帷”的不同是：矩形、有与屋而似的屋顶。据 1975 年山东长清岗战国墓出土帐钩、帐架的两种复原方案，都是四坡顶矩形构架，如同缩小的一间平屋。它常设在殿堂内，作听政、飨神、丧祭之用。引申作为盖棺小帐、车盖，也都像矩形的“屋”。不过在“运筹帷幄”一语中，“帷、幄”都失去各自特点，成为一般帐幕的泛称了；但它反映了汉代宫室厅堂设置各种帷帐的特点。

“帷”“幄”都是汉代词。厅堂前设置帷幕以遮蔽风吹日晒，并且内设屏风，是汉代厅堂室内装饰的一个新方式。因此才有了“运筹帷幄”之语。实际上，就是说在堂上运筹大事。

幄帐 辽阳棒台子村壁画

108. 帐幕

帐幕，帷帐之称。就其本用，也各有特点。

“幕”名在先。《周礼·天官·幕人》郑玄注：“在旁曰帷，在上曰幕。”即上面有顶，四垂挂下的帐篷，像今天的野营帐，大都张在室外，特别是用于攻战、田猎的。《周礼·天官·掌次》：“师田，则张幕。”“师田”，出师征伐与田猎。《左传·成公十六年》：“楚子登巢车以望晋军……张幕矣，……彻幕矣……”楚君登上瞭望车所见的正是对方营帐的一张一收。1965 年成都百花潭战国铜壶的嵌错纹饰图，中有半圆形大帐篷，帐内有细柱撑顶，顶有柱头，帐中六人，持弓饮酒，有雁六只，这正是“幕”用于田猎之景。秦以后，幕常常用为帐幕通称，但有的还保留原先特点，如“幕府”，因将帅征战常居帐篷，故以称将帅的营帐。《史记·李将军列传》：“太将军使长史急责广之幕府对簿。”唐代的节度使都称以“幕府”。

“帐”名后出。汉代始见。本作“张”，也得义于张。凡帷、幄、幕等张设的布帛都可称“帐”，门类、用途极多。一、军帐。高适《燕歌行》：“战士军前半死生，美人帐下犹歌舞。”此则相当于先秦的“幕”。二、堂帐。《汉书·霍光传》：“太后被珠襦。盛服坐武帐中。”武帐是内有五兵阑架的帝后听政处。三、坐帐。形如覆斗，平时家居所用，在内蒙古和林格尔汉墓，河南密县打虎亭一号汉墓等处壁画中都能见到。四、宴帐。一般也长方形，“帐饮”，去郊野设帐幕饯别。五、飨神、丧葬帐。六、床帐。后三类帐都相当于“幄”。

“幄、幕、帐”都有顶，“帷”则无顶。从东周至南北朝，帷、帐一直是随葬品之一。而隋唐以后的墓葬则未见帐钩等随葬品，这也表明，隋唐以前，有顶的帐（总称）与无顶的帷一直是宫室殿堂的重要陈设之一；隋唐起，它们的施用面狭小了，于是各字的特点渐失，人们多用“帷幕”“帐篷”之类复合词，泛称这些布制遮蔽物了。

109. 垂帘听政·帘

在有的电影、电视中，我们往往见到慈禧太后端坐在髹漆龙凤宝座中，脸上阴霾笼罩，口中呐呐地发出“最高指示”，在她的面前垂挂着一片珠帘……

这就是“垂帘听政”的形象。咸丰皇帝归了道山，同治皇帝才六岁，这位野心勃勃的妃子乘机发动政变，实行了太后垂帘听政。她主宰了同治、光绪两朝。从武则天开始的垂帘听政，都是儿皇帝在前，太后在帘后操纵。

现在，我们要品味的是这个“帘”字。

“帘”，帘子，今人所共知。按用途，有窗帘、门帘等；按质料，有竹帘、布帘、珠帘等。《现代汉语词典》解释“帘”是“用布、竹子、苇子等做的有遮蔽作用的器物”。但最好补充一点：“可透光、掀动的。”这是帘区别于屏风、帐幕等遮蔽性器物的显著特点。但是，更需要知道，古代的帘，究竟为何等物？慈禧听政为何要垂帘？

“帘”的繁体字是从竹廉声，声兼义。“廉”本义是堂的侧边，《汉书·贾谊传》：“廉远地，则堂高。”颜师古注：“廉，侧隅也。”代称堂。从竹、析竹而编。故帘本是堂上用的竹帘。但是用在堂上何处？我国宫室的建制是前堂后室，上了台阶即是“升堂”。而堂前只有楹柱，无壁、无窗、无门，为挡风雨就在楹柱后挂帷幕，帘不用于堂前。《声类》说：“帘，户蔽也。”《通俗文》说：“户帏曰帘。”《说文》“簾，堂簾也”。朱骏声按：“缕竹为之，施于堂户，所以隔风日而通明者也。”（《说文通训定声》）因此，竹帘只用于堂的两旁通厢房的“户”或堂后通内室的“户”，而户都是单扇的小门，其用途要求它必具三性：遮蔽性、透光性、活动性。因此，帘是宫室内门可透光、掀动的垂挂物。帘有镇帘之具，称帘押。帘可卷放，卷帘用帘钩。《汉书·孝成赵皇后传》："严持箧书，置饰室帘南去。"张若虚《春江花月夜》诗："玉户帘中卷不去，梼衣砧上拂还来。"帘本用竹，以后也可用布帛、苇、珠等。慈禧太后宝座前挂的是珠帘。

清楚了古代帘子的性征、用途，就会明白垂帘听政的"中国特色"了。因是儿皇帝，必须有重臣"督导"，但慈禧是女性，不上台面，必居后台。于是，堂上儿皇帝出面，室内女皇帝操纵，中间必障蔽。帘既障蔽，又透光，还可活动，故面前唯垂帘最佳。其他障蔽物帐幕、屏风之类，岂可及耶？

110. 门·户

“门户”一词有多义，如指门扇、家庭、门第，还有许多喻称义。要深入理解这些词义的来源，必先清楚各自的单词义。

“门（門）”是个象形字，两扇为门，多是外门。“门”是一切外门的总称。它不包括室内的户。“门”可作动词。《左传·襄公十年》：“围宋，门于桐门。”此为攻门。《公羊传·宣公六年》：“勇士入其大门，则无人门焉者。”此为守门。

但今天无论内门外门、一扇两扇，都称“门”，即包括室内的户。此外，“门”现在不能作动词。

“户”也是象形字，是独扇的门。《说文》：“户，单门曰户。”独扇门都是房子里面的小门，里面还有壁窗牖，于是常“户牖”连言。《三国志·吴书·赵达传》：“不出户牖以知天道。”“户”也可单用。乐府民歌《木兰诗》：“唧唧复唧唧，木兰当户织。”“当”，面对。这些“户”都指室的前门。也可指室的后门。《诗经·豳风·七月》：“穹室熏鼠，塞向墐（jìn）户。”冬天把室后面（北面）的门和窗堵塞，以保暖。室前或室后，都是内门。“户”单用有时可作为门的泛称，不论内外单双。《吕氏春秋·尽数》：“流水不腐，户枢不蝼，动也。”“蝼”，此指白蚁，指门之转轴不会被蚁虫蛀坏。但是，“户”单指外门却未见（外门也有单扇，但有别的专称）。

“户”有两个常见的引申义。一是洞穴。《礼记·月令·仲春之月》说到春分时，雷电大作，“蛰虫咸动，启户始出”。孟浩然《初年乐城馆中卧疾怀旧》诗：“蛰虫惊户穴，巢鹊眄庭柯。”二是住户。户籍、户口、户版……大量的偏正词组，不胜枚举。它们的引申是很有趣的。洞穴义怎么来的？那是由于中原一带初民都是穴居、半穴居，其穴室到地面是斜阶而上，出口即洞口，相当于地面的室户（半坡遗址即如此），故后来“户”有了洞穴义。住户义呢？室者夫妻子女之所居，一室即一家。《左传·桓公十八年》：“女有家，尔有室。”《尔雅·释宫》：“牖户之间谓之扆（yǐ），其内谓之家。”而一室必有一户。《老子》第十一章：“凿户牖以为室。”因此，户也就代表室家，于是有了住户义。

现在，“户”的本义已并到“门”里去了。只有在“门当户对”这样的少数词中还保留着喻称义（门第）。所引申的洞穴义也不用了。唯有住户义广泛使用，除了古代已见之外（如上引），又如：户籍警、户口簿、户头、户主……“户”都是住户义。当我们看到这些词儿时，也许不会想到它们有趣的来历吧！

111. “专门”为什么用“门”？

“专门”一词，常指独立门户、自成一家，指专长，指某一门学问，等等，都不是真的门。有一次，看到一家工厂的车库大门两边写上赫赫红字：毫不利己，专门利人。算是看到了利人的“专门”。当然，它还是个副词，与真门实也无涉。那么，“专门”一词真的与“门”无关吗？那为什么用“门”？现在看来，恐怕还是有关系。因为在我国的建筑名物如砖、瓦、栋、梁、门、窗、柱……之中，唯有门表出入口，且专门最多。请看：

“闾”，里门。闾里是城中居民区，必设围墙，墙上设闾门为出入口。《公羊传·成公二年》：“二大夫出，相与踦闾而语。”“踦”同“骑”。门两扇，闭一扇，开一扇，一人在外，一人在内，称“踦闾”。《尚书·武成》：“式商容闾。”这不是指商容的家门，而是指商容家所在的里门，故孔传：“式其闾巷。”“式”即“轼”，指车过闾时凭轼小俯示礼贤。居民都住在围墙内的闾里中，闾门内住二十五家。故路过的车不可能“式”家门。于是“闾”也引申指城中基层行政单位。

“阎”，闾里中小门。《荀子·儒效》：“虽隐于穷阎漏屋，人莫不贵之。”“穷阎”，穷僻之处。《广雅·释宫》：“阎谓之衖。”“衖”同“巷”。《荀子》这一句，《韩诗外传》作“隐居穷巷陋室”，巷是里闾中小路。可见，“阎”指巷门，即里闾中巷门、小门。

“闳（hóng）”，宫中巷门。《左传·成公十七年》：“（庆克）与妇人蒙衣乘辇，而入于闳。”杜预注：“闳，巷门。”指宫中巷门。“闳”从厷声，厷声有大义。《韩非子·难言》：“闳大广博，妙远不测。”宫中巷门比闾里巷门要尊显而大。

“闱（wéi）”，宫中侧门、小门泛称。《左传·哀公十四年》：

“子我归，属徒攻闱与大门不胜，乃出。”与大门相对举，则“闱”为小门，侧门。《周礼·保氏》：“使其属守王闱。”孙诒让正义引金鹗曰：“闱者，门之小者也。凡在南者皆称门，其余称闱。”金氏所说也指侧门。《尔雅·释宫》：“宫中之门谓之闱。”郭璞注：“谓相通小门也。”则它也指宫中小门。特指寝门，并引申为内室。束皙《补亡诗·南陔》：“眷恋庭闱，心不遑安。”内室为祕，又引申为科举考试试场。于是会试称“春闱”，乡试称“秋闱 ”（春、秋指时间）。

“闺”，从门从圭，会意，指宫中小于闱的圭形小门。特指内室的小门。屈原《离骚》：“闺中既以邃远兮，哲王又不寤。”王逸注：“小门谓之闺。”《史记·汲黯传》：“黯多病，卧闺閤内不出。”它本就专指室内，故比“闱 ”小。“闺”没有闱的礼尊色彩，它可用于宫内，也可用于庶民。《左传·襄公十年》：“筚（bì）门闺窦之人，而皆陵其上。”“筚门”，柴门。杜预注：“闺窦，小户。穿壁为户，上锐下方，状如圭也。言伯舆微贱之家。”由于“闺”指内室门，内室多女子所居，又不分尊卑，故“闺”多泛指女子，如“闺秀”“闺房”“闺范”等。

“闼（tà）”，从门达声，达通“𦑛”，有小义。本指门屏之间，故引申为君王所处的禁中小门。《史记·樊郦滕灌列传》：“（高祖）卧禁中……哙乃排闼直入，大臣随之。”《汉书·霍光传》：“出入禁闼二十余年，小心谨慎。”

“閤（gé）”，小于闺的门，大门边侧的独扇小门，俗所称“脚门”。《汉书·公孙弘传》：“开东閤以延贤人。”颜师古注：“閤者，小门也。”指东向开的小边门，意在避当庭门而引见宾客。引申指宫内最小的门。经常用为“入閤”“閤下”二词。唐制，天子朝见群臣不在前殿而在后便殿（紫宸殿）。立仪仗于前殿，唤仗，则臣自东西二閤入，故称“入閤”。后以喻辅臣被擢用。唐后，书信对人敬称“閤下”，不敢称正门之下，但说旁小门之下，犹说“下执事”。后代写作“阁下”“入阁”。“阁”是夹室，形近而误，久误而不可更矣。

“阖（hé）”，也作“扉”。《尔雅·释宫》：“阖谓之扉。”邢昺疏：“阖，门扇也，一名扉。”“扉，阖”一物异名，都指独扇小木门（外门）。《左传·襄公二十八年》：“子尾抽桷（jué）击扉三。”陈鸿《长恨歌传》：“西厢下有洞户，东向……方士抽簪扣扉，有双鬟童女，出应其门。”“洞户”，性质是“门”，专名是“扉”。今把书籍封面的白页称扉页，正是独扇外门的喻称用法。

你看，古代的专门如此之多，真是五花八门，把它虚化成“专门”一词，实在太巧妙了！

112. 闭·关·扃

“闭关锁国”“闭关自守”，其中“闭关”一词，古代早有了。《周易·复》：“先王以至日闭关，商旅不行。”孔颖达疏：“以二至之日，闭塞其关也，商旅不行于道路也。”“至日”，夏至、冬至。这个“闭关”，本都是名词，启闭门户的用具。

《说文·门部》：“关，以木横持门户也。”故关是关门用的门闩，可横设，也可直置。一般用在宫室门里内关。《汉书·杨恽传》：“闻前曾有犇（奔）车抵殿门，门关折，马死。”马车冲进门而把关折断，此关当是横置的。关也可以用在室外的城门，就长大而重，一般要双手抱持或肩扛。《史记·魏公子列传》：“嬴乃夷门抱关者也。”但孔子居然能举关。《吕氏春秋·慎大》：“孔子之劲，举国门之关，而不肯以力闻。”举国都城门的大关，是超人罕见的膂力，可作今日的举重冠军。关，关门时横置或直置，开门时就取下，称“下关”。《宋书·王镇恶传》：“军人缘城得入，门犹未及下关，因得开大城东门。”

门栓关怎么使用呢？这关系到“闭”。

《说文·門部》：“闭，阖门也，从门，才所以歫门也。”“歫”同“拒”，止。《说文》作动词，是引申义。它本是名词。与“关”相结合。《管子·八观》：“宫垣不备，关闭不固，虽有良货，不能守也。”“宫垣关闭，不可以不脩。”二例中“关闭”皆为名词性并列结构。《周易·复》：“先王以至日闭关，商旅不行。”孔颖达疏：“以二至（冬至、夏至）之日，闭塞其关也，商旅不行于道路也。”此“闭关”为动宾结构。可见，闭乃是控制关之物。从“闭”的动词义看，“闭”特点是合而受物，如“闭户”“闭口”“闭目”“闭器”“闭气”等，无不显示这一特点。可见，闭当是中空受物、与关相辅相成之物，即是接受门闩的牝器，或是有孔的木块，或是有孔的金属环。它必有二器，分别固置于门（两扇）框的左右或上下。开门时门闩从闭孔拔出，阖门则将门闩分别插进二闭中。

从外关的门闩，称“扃（jiōng）”，相当于门内的关。它用于宫室内的户。《说文·户部》：“扃，外闭之关也。”可见，在户的门框上也设两闭，扃就是横贯户（户一扇）门、插入两闭的关，其高度齐胸，故有“奉扃”一词，是礼敬姿势，《礼记·曲礼上》：“入户奉扃。”郑玄注：“奉扃，敬也。”人近门，以手对户，正好捧扃。“扃”可作动词，关锁。《汉书·外戚传下》：“应门闭兮禁闼扃。”代称门。孔稚珪《北山移文》：“虽情投于阙，或假步于山扃。”指山门。这些用法与“关”同。

113. 囱·窗牖

叶圣陶《穷愁》:“以室无窗牖，遂如仍在宵夜，光明之泽弗被，寒贫可叹哉!”“窗牖”指窗户，但“牖”不是户，最早的窗亦非今日之窗。

《说文》:“囱，在墙曰牖，在屋曰囱。”

《说文》说“在屋曰囱”非常正确。“囱（cōng）”的篆体，是最早窗的象形。“屋”，屋盖，在屋盖的窗，就是后世称的天窗。在穴居或半穴居时代，地下穴室的窗只能开在地面或地上的屋面。这是真正的天窗。实际上，是地下居室顶部“通”天的一个小洞，作用极大，可以用它进光、透气、排烟。“囱”字正是最原始的窗：方或圆的框，中间是窗檽，或者还有开阖的扉扇，以防风雨。后世屋顶的天窗，正是古“囱”的遗制。因此可以说：较早的窗，写作“囱”，指天窗。

早在商代，人们已脱离穴居，把宫室升到了地面，于是宫室不仅有天窗，还有各种壁窗。《说文》说的“在墙曰牖”，即是说宫室四周的壁窗称“牖（yǒu）”。“牖”，从片、从户、从甫会意。“片”，即“爿”，表示墙；户指室；甫有旁义，如水旁曰浦，面旁曰酺。故会其意，“牖”就是凿在墙壁上的洞，即壁窗。中原地处北纬带，建房南向，其窗也南向而开凿。《论语·雍也》:“伯牛有疾，子问之，自牖执其手……”朱熹注：“牖，南牖也。”孔子从南壁窗伸手握伯牛的手慰问。《老子》:“凿户牖以为室。”宫室有门有窗。北面也开窗，专称为“向”。《诗经·豳风·七月》:“塞向墐户。”毛传：“向，北出牖也。”这是外牖。扩大之，任何方位设置的壁窗，都称“牖”。于是“牖”成为古汉语中表示壁窗的总称。《三国志·

吴书·赵达传》："不出户牖以知天道。"清方苞《狱中杂记》："牖其前以通明，屋极有窗以达气。""犀极"，最高的屋栋，指屋顶有天窗。"牖"，作动词，指前面开设壁窗。可见"牖"可以表示所有壁窗，但决不称天窗。

"窗"是"囱"的后起字。由于后来"囱"的字形不能见其本义，在秦以后就加"穴"构成"窗"字，表示天窗这一本义。汉以后，口语中又扩大指壁窗，《木兰辞》："当窗理云鬓，对镜贴花黄。"南朝宋鲍照《拟行路难》诗之三："璇闺玉墀上椒阁，文窗绣户垂绮幕。"唐王建《当窗织》诗："当窗却羡青楼倡，十指不动衣盈箱。"这样，"窗"变成了口语中天窗与壁窗的总称。后者带口语色彩，多用于一些口语体作品。

114. 斗拱

斗拱（dǒugǒng），是我国传统木构架建筑的一个显著特点。它的重要性至少有三个方面：一、结构作用。它是建筑屋顶与屋身立面间的过渡，通过它将屋面的大面积荷载均衡地传递到立柱上，层叠的斗拱使屋檐出挑较大，以形成四围的宽阔廊庑。二、装饰作用。它不仅表现在支撑大屋顶，构成廊庑所形成的整体美，而且交叠的斗拱本身都显出强烈的庄严肃穆感，是森严的封建等级制度的象征。因此，只有宫殿、寺庙和其他高级的建筑才允许置斗拱。三、取材的标尺。由于斗拱到唐代有了统一规格，故唐以后就用斗拱的高度作为梁材比例的基本尺度，其他屋架构件的大小长短和屋顶举折也都按斗拱比例来决定等级。这就简化了设计手续，便于预制建材，是当时世界上先进的创举。

“斗”也作“枓”；“拱”又作“栱”。它主要由斗和栱两部分构成。可以一斗一栱，也可以多层重叠。从多层斗拱来看，其最下的构件叫坐斗，直座在立柱顶的平板枋之上。斗，不是简单的方形木块。它正面有槽口，叫斗口。斗口下平直部分叫斗腰，两侧有凸起的斗耳，下面倾斜的垫木叫斗底。这真像只斗！

拱是置于斗口上曲出跳的弓形木，因为像人的两手作拱而得名。清代也称为“翘”。这是第一层的斗拱。在拱的两个上翘的末端再坐落斗，这斗就叫“升”。在升的矩形平面上再坐落又一层的拱。如此，使斗拱级级重叠。这重叠的斗拱，各级都有各种名称，这里不赘述。在重叠的斗拱中还有斜置的构件，叫“昂”，也处于柱梁之间，形状像伸颈的飞鸟，它主要起杠杆作用，汉代还没有。今所知最早的实例是唐代佛光寺大殿柱头铺作中的批竹昂。

斗拱形式很多，有一斗二升，一斗三升，一斗四升；拱头有直截、折线、曲线，龙首翼身等。斗有平盘式、槽口式等。

斗拱的使用，使木结构建筑格外坚固。山西应县佛宫寺木塔（公元1056年），距今九百多年，经七次强烈地震，受过二百多发炮弹，至今巍然屹立。河北蓟县独乐寺观音阁，其斗拱上下檐各出四跳（四层），高度超过柱之半。它从辽代重修起（公元984年）已逾千年，周围同时代的建筑物都已荡然无存，唯它仍完好如初。这些都是显示斗拱建筑优越性的范例。

汉代一斗三升斗拱。四川汉代画像砖

115.“斗、拱、昂”的别称

斗拱历史悠久，其物常见，然而“斗拱”其名多见于唐以后一些建筑专籍，在一般古籍则少见。显然，古代书面语中斗、拱，多用了别的称名。

最早是“节”，浑指斗拱。《论语·公冶长》：“臧文仲居蔡，山节藻棁，何如其知也?”“蔡”，大龟名。“知”，同“智”。朱熹集注：“节，柱头斗拱也。”“山节”，刻柱头为斗拱象山形。“藻棁”，藻文以饰梁上短柱。《礼记·礼器》也有说管仲“山节藻棁”之言。今所见周代彝器即有斗拱的形象，如殷器足上的栌斗。春秋时，管仲也使用考究的斗拱，臧文仲会给一只大乌龟盖有斗拱的屋，可见，当时贵族宫室设斗拱已不罕见。不过，那时斗拱显然是雏形，并且还没有后代等级制的规定。

“节”，汉代作“楶”。扬雄《法言·学行》：“吾未见好斧藻其德，若斧藻其楶者也。”《汉书·叙传》：“楶棁之材，不荷栋梁之任。”颜师古注：“楶，音节，字亦或作节。”王文考《鲁灵光殿赋》：“云楶藻棁，龙桷雕镂。”张载注：“云节，画云气为山节也。”汉代斗拱更为普遍，且常作文饰。

汉以后，斗有“栭（ér）、栌、欂栌、枅（jī）”诸名。

《尔雅·释宫》：“栭谓之楶。”郭璞注：“即栌也。”张衡《西京赋》：“绣栭云楣。”薛综注：“栭，斗也。”“栭”是柱顶上承托栋梁的栌斗。《说文·木部》：“栌，薄栌也。”“欂，欂栌，柱上枅也。”“枅，屋欂栌也。”朱骏声说：“单言曰栌，累言曰欂栌……方木，似斗形……亦名枅。”（《说文通训定声·栌》）。段玉裁也以为是一物三名。诚确。《庄子·齐物论》：“大木百围之窍穴……似耳似枅。”陆德明释文引《字林》云：“（枅），柱上方木也。”韩愈《进学解》："欂栌侏儒。""侏儒"即"棁"，梁上短柱。何晏《景福殿赋》："欃栌各落以相承。"李善注："栌，柱上枅也。""欃"，昂。沈约《郊居赋》："千栌婕嵥，百栱相持。""千栌"与"百栱"对举，栌单指斗，最为明显。但"曲枅"不指斗（见下）。

拱有"曲枅、栾、拱"诸名。曲枅与枅不同，它指拱。王文考《鲁灵光殿赋》："层栌磥垝以岌峨，曲枅要绍而环句。""磥垝、岌峨"，高耸貌。"要绍、环句"，弯曲貌。"层栌"，指高在柱上的栌斗，"曲枅"当指曲拱。"栾"是䜌声，䜌有曲成二物之义。故"孪"可指双生子，"栾"也可指拱。《广雅·释宫》："曲枅谓之栾。"张衡《西京赋》："结重栾以相承。"薛综注："栾，柱上曲木，两头受栌者。"此言一斗二升斗拱，其拱称"栾"，曲拱的两端受上层斗拱的斗。"拱"当然是拱的正称。如上举沈约《郊居赋》"百拱"。可与"栾"同义连用。何晏《景福殿赋》："栾拱夭蟜而交结。""夭蟜"，长壮弯曲貌。

斗与拱的称名相配，表示斗拱。如沈约《郊居赋》的"栌、拱"对举，王文考《鲁灵光殿赋》的"栌、曲枅"对举。还有"栾、栌"连用，左思《魏都赋》："栾栌叠施。""栱、枅"连用，苏轼《自雷适廉宿于兴廉村净行院》诗："忽行榕林中，跨空飞栱枅。"等等。

层叠斗拱的昂称为"枊、欃"。"枊"通"昂"。何晏《景福殿赋》："飞枊鸟踊，双辕是荷。"李善注："飞枊之形，类鸟之飞。""双辕"，指双柱。"欃"本指木楔，昂之状也像木欃，故昂也称"欃"。宋李诫《营造法式·序目》："飞昂，其名有五：一曰欃……"何晏《景福殿赋》："欃栌各落以相承。"李善注："欃即枊也。"

116．椽笔

汉语多比喻构词，形象、生动、凝练。“椽笔”即有趣一例。

“椽笔”喻称人的写作才能高，犹如称“大手笔”。最早中古时就有了。《晋书·王珣传》：“珣梦人以大笔如椽与之，既觉，语人曰：‘此当有大手笔事。’而帝崩，哀册谥议，皆珣所草。”这里还是梦幻引子，尚未成词。以后获得人们认可，凝为传神之词。宋王安石《英宗皇帝挽词》之一：“谁当授椽笔，论德任琼瑶。”《聊斋志异·罗刹海市》：“先生文学士，必能衙官屈宋。欲烦椽笔赋‘海市’，幸无吝珠玉。”喻词又可转为实物图像。在《郭沫若选集》中有一张郭老五十寿辰的立照，在站立着的西装革履、气宇轩昂的郭老旁边，并竖着一支高于人、头向上的粗长大毛笔。这是古代“椽笔”的最形象写照了。

为什么用椽来比喻大笔呢？则要知其喻物。

“椽（chuán）”，椽子，又称椽条，是垂直搁置檩条即横梁上直接承受屋面荷载的构件。椽的出现比瓦早。《韩非子·五蠹》：“尧之王天下也，茅茨不翦，采椽不斫。”“采”即“採”，柞木。指柞木为椽，不加削饰。传说中的尧舜时代已出现陶器，但没有屋瓦，而椽已有了。

椽，按所处部位有飞椽、檐椽、花架椽等。椽上盖一层笮（zé）即竹箧，箧上仰铺板瓦，再覆盖筒瓦。一般椽是一层，也有作上方下圆两层椽的，如河北定兴北齐“义慈惠石柱”（在石柱村）上的小屋。《释名·释宫室》：“椽，传也，相传次而布列也。”一般椽东西横向平行传次排列，而在屋角近角梁处则有平行与放射两种椽档（档为椽的间距），早期较宽，为椽径的四倍，后趋狭，为1:1。不过，总的要按建筑规格和大小而定。

椽子一般用木，也可用竹。《后汉书·蔡邕传》“亡命江海”句李贤注引张骘《文士传》说：“吾昔常经会稽高迁亭，见屋椽竹。”又引伏滔《长笛赋序》：“柯亭之观，以竹为椽，邕取为笛，奇声独绝也。”宫殿的椽要予以雕饰。汉刘歆《西京杂记》卷一：“赵飞燕女弟居昭阳殿……椽桷皆刻作龙蛇。”《三辅黄图》卷二：“椽首薄以璧玉，曰璧门。”

“椽”，古今都是椽子的总名，但多指、特指圆椽。《左传·桓公十四年》：“为卢门之椽。”陆德明释文：“圆曰椽也，方曰桷。”今所见汉代石阙及崖墓、石室，很多檐椽，都是圆断面的。有的端部还有卷杀，如四川雅安高颐阙。今各种民族形式建筑中的椽也多是圆的。唯椽是细长圆物，故可喻指其他圆形物。如粗大的烛。宋杨万里《梅露堂燕客夜归》诗：“梅堂客散人初静，椽烛烧残一尺红。”也可喻称有劲力的大毛笔而成“椽笔”一词。可以设想，若用栋梁、立柱之类作喻，都过于夸张；椽也有其他分名、专名（见第117节《椽名种种》），但唯有“椽”，最为确当、精妙。

117. 椽名种种

“椽”，椽子总名，多指、常指圆椽。椽还有一些分名、别名。常见的有“桷、榱、橑”三名。

“桷（jué）”，指方椽。《说文·木部》：“桷，榱也，椽方曰桷。”段玉裁注：“桷之言棱角也，有棱角者必非圆者。”段说甚确。《穀梁传·庄公二十四年》：“刻桓公桷。”陆德明释文：“桷，榱也。方曰桷，圆曰椽。”这样的注语很多。然而，由于椽子总是圆的多，而因“椽”用为总名，常可兼赅“桷”，故后世“桷”单用表方椽的用法较少，而多与他词连用。《太平御览》卷一八八引汉张玹《汉记》曰：“梁冀起台殿梁柱，椽桷镂为青龙白虎，画以丹青云气。”《孔子家语·五仪解》：“仰视榱桷，俯察几筵。”都是同义连用，泛指椽子，不论方圆。

“榱（cuī）”字得义于“衰”，等差。《说文·木部》“榱”字段玉裁注：“榱之言差次也，自高而下层次排列如有等衰也。”《释名·释宫室》：“（椽）或谓之榱，在檼（yǐn）旁下列衰衰然垂也。”可见“榱”是从脊栋至檐栎南北纵向高下而言。与从东西横向排列的“椽”实是一物，只是视角不同。但“衰”的等差还指大小、华丽的等差。“榱”特示大而华丽的椽子。凡突出椽子的大而华丽，往往用“榱”，不用“椽、桷”。一般指宫殿的椽子。《孟子·尽心下》：“堂高数仞，榱题数尺，我得志弗为也。”《韩诗外传》七：“堂高九仞，榱题三围 。”“题”，头。“榱题”今俗称出檐 。《荀子·哀公》：“君入庙门而右，登自胙阶，仰视榱栋，俛见几筵。”诸侯国君的殿堂必是宏构大椽，大椽必有华饰。有时为了强调特冠以“华”字，故文献中“华榱”之语尤多，而不说“华椽、华桷”。《汉书·司马相如传上》：“华榱璧珰。”张衡《西京赋》：“饰华榱与璧珰。”璧珰，即榱题。

榱可以说是优等的椽子，因此引申也作椽的总名。上说“桷”字所引“桷，榱也”的训诂就是这种用法。《说文》也将“榱、椽”互训。但“椽”的总名通贯古今，而“榱”的总名一般只限于训诂注释使用，且“榱”主要活跃在唐以前。

“橑（liáo）”，指复屋的大椽。复屋不同于重屋，不是楼，不可居人。复屋的椽必大，故实是榱类。段玉裁说：“橑必与棼连言，而别于榱桷，则榱桷为屋椽，橑为复屋之椽可知。”（《说文》“橑”注）段说是。班固《西都赋》：“列棼橑以布翼。”张衡《西京赋》：“结棼橑以相接。”“棼”是复屋之栋，“橑”当然是复屋之椽。也可单用。《楚辞·九歌》：“桂栋兮兰橑，辛夷楣兮药房。”王逸注：“以木兰为榱也。”

118. 栋梁

“我们今天是桃李芬芳，明天是社会的栋梁……”这是幼时唱的《毕业歌》。

“大夫文种者，国之栋梁，君之爪牙。”这是汉代《吴越春秋·勾践入臣外传》中的话。

“栋梁”古今都喻指担负国家和社会重任的人。本是建筑名词。《庄子·人间世》：“夫仰而视其细枝，则拳曲而不可以为栋梁。”《汉书·叙传》：“楶棁之材，不荷栋梁之任。”“楶棁”，斗拱小材。《宋史·张宏传》：“大者为栋梁，小者为榱桷。”栋梁是宫室构架最重要的大材。

“梁”，又叫“杗（máng）”“杗廇（liù）”。韩愈《进学解》：“夫大木为杗，细木为桷……各得其宜，施以成室者，匠氏之工也。”一般宫室南向而建，大梁指柱上南北向的大横木，梁上受短柱以载栋。梁，按它在构架中的部位可分步梁、双步梁、三步梁等；按它的外观可分直梁和月梁。后者梁肩呈弧形，梁底略向上凹，侧面常有雕饰。引申之“梁”可作栋梁的总名。《礼记·檀弓上》：“歌曰：泰山其颓乎！梁木其坏乎！哲人其萎乎！”此“梁”包括栋而言。沈约《齐故安陆昭王碑文》：“盖百代之仪表，千年之领袖……梁摧奄及。”刘良注：“梁摧，谓如屋之梁栋摧折也。”成语“梁上君子”（出自《后汉书·陈寔传》）、“余音绕梁”之“梁”都是合栋梁而言。这是“梁”有别于“栋”的一个重要特点。“栋”一般不兼“梁”言。

顺便指出，在一些古代建筑专书中，梁称为“栿”。《集韵去啸》：“栿，梁也。”此专名不见于一般古籍。

栋是五架屋东西向最高中脊下的长横木。《释名·释宫室》：

“栋，中也，居室之中也。”《淮南子·氾论》：“上栋下宇。”引申之，凡东西向的长横木都称“栋”。“栋”是栋的总名。白居易《秋霜即事联句三十韵》：“泄云生栋上，行潦入庭前。”“栋”的喻称义比“梁”更常见，并可单用、连用，这大别于“梁”。《国语·晋语一》：“太子，国之栋也。”《左传·襄公三十一年》：“子产曰：‘……子于郑国，栋也，栋折榱崩，侨（子产名）将厌（压）焉，敢不尽言！’”《汉书·佞辛传》：“鼎足不疆，栋干微挠。”“栋干”，指国家要臣。

“栋、梁”各具的特点不是偶然的。梁上受栋，因此“梁”自然多可包括栋，成为栋梁的总名；栋所处最高，其材最长，取材比梁更难，因此“栋”的喻称义自然比“梁”更多而广，并常可单用。

119. 栋名种种

栋，其别名、专名、分名特多，择其主要者一说。

“极”，屋栋的专名。《庄子·则阳》：“其邻有夫妻臣妾登极者。”陆德明释文：“极，屋栋也。”《文选·张衡〈西京赋〉》：“跱游极于浮柱，结重栾以相承。”“栾”，栱，斗栱。薛综注：“三辅名梁为极。”此“梁”指栋。“极”不同于“栋”：它只指最高的栋，不作栋的总名；其义只用于上古、秦汉；而经常使用的是其引申的许多抽象义：顶点、中、法则、至，等等，它们一直用于今。

“楣、桴（fú）”，五架屋的第二道长横梁。《仪礼·乡射礼》：“序则物当栋，堂则物当楣。”郑玄注：“是制五架之屋也。正中曰栋，次曰楣。”《说文·木部》：“桴，眉栋也。”班固《西都赋》：“荷栋桴而高骧。”不过，楣更多地作门楣，指门框上的长横梁。陈鸿《长恨歌传》引唐谚：“男不封侯女作妃，看女却为门上楣。”

“庪（guǐ）”，最低、最前的栋，即五架屋南北两楣之下接檐的大木，也即檐口檩条。上引《仪礼·乡射礼》郑玄注“前曰庪”，即此。

“檼（yǐn）、棼（fén）”是复屋栋（复屋不可居人），实也是较高的栋。《释名·释宫室》：“檼，即今复屋栋。复屋之栋，不可见，故从隐省。”《广雅·释宫》：“檼，栋也。”它也作栋的泛称。《淮南子·氾论》“上栋下宇”高诱注：“栋，屋檼也。”“棼”从林，即二木，表示是复屋（朱骏声《说文通训定声》）。班固《西都赋》：“列棼橑以布翼。”张衡《西京赋》：“结棼橑以相接。”“橑”是复屋椽，棼当然是复屋栋。引申之，也可指楼屋之栋。《三国志·吴书·太史慈传》：“贼……以手持楼棼，慈引弓射之，矢贯手著棼。”“棼”指楼上的屋栋。

“欐”，《广韵》释“梁栋之名也”，是栋梁的泛称。字从木丽声，声兼义。丽者，附丽、比次。字从木，故指众多比次的栋梁。《列子·汤问》：“余音绕梁欐，三日不绝。”《力命》：“居则连欐，出则结驷。”其名后世少用。

这些称名包括“栋梁”在内，都是见于一般古籍的。在一些建筑专书中用名是另一些。如宋李诫《营造法式》中大木作（殿堂），栋都称“槫”：中栋是脊槫，近簷枋的称“牛脊槫”，其他称平槫。清代称“檩”。今则称桁条，檩（lǐn）条。《文选·何晏〈景福殿赋〉》：“桁梧复叠，势合形离。”李善注：“桁，梁上所施也，桁与横同。”李注很含混。今有些辞书以为“桁”就是今桁条，错了。“桁”是中古以后建筑专书中的称名，今也有“桁条”之称。一般古籍中不大会用，何况魏晋时更不会有。这里“梧”通“牾”。“桁”当取横义。意：屋室上部木构纵横交叠。这是形容词，并非作桁条的专称。

120. 美妙的“廊”

也许你没有领略过颐和园长廊的艺术魅力，未曾观赏过雍和宫飞廊的浩瀚气势，但一定走过很多的廊。在大雪纷飞或赤日炎炎的日子，你一定更喜欢连接两舍的短廊。当你走进一个景区的廊，一定会有趣味盎然、心旷神怡的感觉……说不完的中国的廊。

我国古代，无论宫殿或民宅的建筑群，其布局都采用以纵轴线为主、横轴线为辅的均衡对称方式。纵轴线上的主体建筑与对面或两旁的次要建筑之间，通常都有回廊相连。对此，日本的学者也早已认识：“中国建筑之图样，皆为长方形之屋宇，连之以廊，作左右均齐之配合。”（伊东忠太《中国建筑史》）中国的学者识之更深：“这种以回廊与建筑相配合的方法，可收到艺术上大小、高低与虚实、明暗的对比效果，同时回廊各间装有直棂窗，可向外眺望，扩大空间。”（刘敦桢主编《中国古代建筑史》）

“廊”本作“郎”。河北廊坊又作“郎坊”，“廊庑”也作“郎庑”。“廊、郎”都得义于良声，良声有空明义。“筤”是仪仗中的曲柄伞；“郎”，明朗；“阆阆”，明大貌。廊从广（yán），这是半边屋顶的象形，即一边有壁，一边立柱，上有屋顶，屋下是通道。故合而言之，廊是屋下无墙壁遮挡的空明通道。

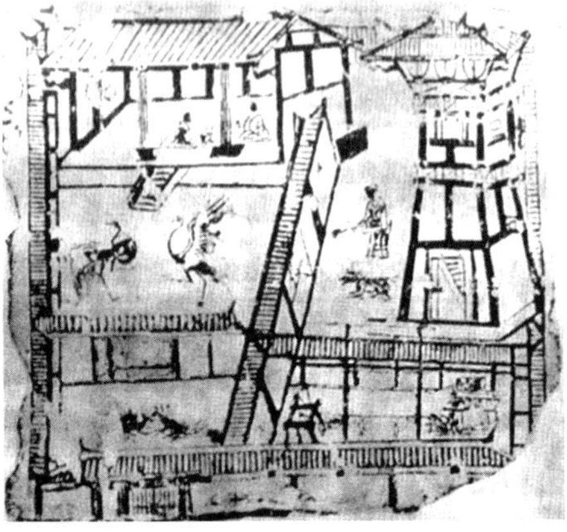

庭院中的长廊
成都杨子山画像砖

廊的种类很多，常见的有以下几种。一、宫殿、寺庙廊。有前檐廊、前后廊、三面廊、周围廊等。北京故宫太和殿、保和殿都有前檐廊。故宫中坤宁宫、碧云寺菩萨殿、杭州灵隐云林寺都有前后廊，颐和园佛香阁、杭州六和塔都有周围廊。二、庭院廊。北京故宫从天安门直到御花园的每一进庭院两旁都有长大的边廊。三、长廊，连接相距较远的两处大建筑群。从宋汴梁和金中都宫城起，各代的宫城御街两侧多建长廊，称“千步廊”。现存首推颐和园长廊，东起邀月门，西抵石丈亭，全长 728 米，共 273 间，像一条彩练铺落万寿山与昆明湖之间，廊中随势曲折，两边是全国名胜集锦彩画，成为别致的艺术画廊。四、覆道飞廊。杜牧《阿房宫赋》“廊腰缦迴”，就是连接“五步一楼，十步一阁”的飞廊。现存首推北京雍和宫飞廊，它悬跨空中，将三座高阁相连。五、桥廊。现存最著名的是广西三江的程阳桥，全长 76 米，在五个石桥墩上建起桥廊，中为走道，全廊有五个不同形制的亭阁。

“廊”既是附属建筑，故多与他词连用。《韩非子・十过》：“平公恐惧，伏于廊室之间。”《淮南子・人间》：“张毅好恭，过宫室廊庙必趋。”《史记・乐书》：“大风至而雨随之，飞廊瓦。”指廊檐之瓦。值得注意的，与“庙”的连用产生的代称意义。“庙”是太庙，即殿。廊、庙都是帝王和大臣出入、议政之处，故可代指朝廷。《国语・越语下》：“范蠡进谏曰：‘夫谋之廊庙，失之中原，其可乎？王姑勿许也。’”杜甫《自京赴奉先咏怀五百字》：“当今廊庙具，构厦岂云缺。”都指朝廷治国之才。由此也可窥见“廊”之物小功大，在宫殿中独特的地位。

121. 廊的亲密伙伴“庑”

说了廊，还得介绍它的亲密伙伴——庑（wǔ）。

《广韵·平唐》：“廊，庑也。”二者常常同义连用。《史记·魏其武安侯列传》记窦婴事：“所赐金，陈之廊庑下。军吏过，辄令财取为用，金无入家者。”柳宗元《南岳般舟和尚第二碑》：“殿舍宏大，廊庑修直。”这里很难或不需区别，故连用而不分了。

“庑”，字从广，无声，声兼义。无声字有大义，“幠”，大（《尔雅·释诂上》）。从广，指半边屋。故会其意，庑指殿堂、楼阁周围的檐屋。《说文·广部》说：“庑，堂周屋也。”朱骏声说：“谓屋于堂之四周者。”《释名·释宫室》：“大屋曰庑。庑，幠也；幠，复（覆）也。”所谓“大屋”，指整个的大屋顶。因为大屋顶，所以有屋檐下的檐屋。不过檐屋比起正殿屋，还是小屋。《史记·李斯列传》：“居六庑之下，不见人犬之忧。”潘岳《怀旧赋》：“步庭庑以徘徊，涕泣流而沾巾。”从考古发掘看，它的历史很早。在七千年前的浙江余姚河姆渡遗址，有长屋遗迹，进深约 7 米，长屋前有 1.3 米宽的庑屋遗迹。河南偃师二里头商代早期宫殿遗址，湖北黄陂盘龙城商代中期宫殿遗址，陕西岐山凤雏和扶风召陈西周早期宫殿遗址，其宫殿外都有宽大的庑屋遗迹。

这种殿周小屋，上有屋（正屋的延伸），里边为墙，外边有柱无墙，下可行人，与廊实是同物。像文首引的《史记·魏其武安侯列传》陈金“廊庑下”，就连用浑称了。《后汉书·顺帝纪》：“庚子，恭陵百丈庑灾。”李贤注：“庑，廊屋也。”《玉篇》：“廊，庑下也。”前所举一些考古发掘的长屋，宫殿遗址的“庑屋”遗迹，实也可称“廊屋”。要说区别，主要是称名角度的不同：从上有斜的屋盖和宽阔空间而称是庑屋；从下供人行走敞亮空明而称，是行廊。其次，

“廊”是大名，“庑”是小名。“庑”字在魏晋后少用，用者都偏屋舍义。《宋史选举志一》：“凡策士，即殿两庑张帟，列几席，标姓名其上。”“两庑”犹东西厢。《元史·百官志》：“殿庑供帐，内苑花木。”至于殿堂，寺庙的前檐廊、前后廊、周围廊等，汉代尚可称“庑”，而后代，多称“廊”，鲜称“庑”。此外，廊还包括各种独立的廊，如长廊、桥廊、飞廊等，则都不可称“庑”。至现代，只有“走廊”“廊子”之称，“庑”完全淘汰了。

现代，建房设廊的特点依然继承。且不说那些寺庙、亭台楼阁的古建筑，就看农村中的老式平房，屋檐一定一长条，俗称壁脚，这就是廊。许多层次不高的单面机关楼，(还有些宿舍) 总是在房前留出一条狭长的地带，作统阳台或通道，这就是廊。距离较近的屋舍，常常通过二楼的“天桥”，将许多屋舍连为一体，这上是天桥下是廊。有的还有缘绕球场连接两端建筑物的长廊。上海金陵东路、杭州湖滨路一段，上面是楼屋，下面行人，路边柱撑。这些是街廊。“庑”，其实也有。如果把上举的那种狭长的统阳台，接上木架，装上玻璃，则成了加出的檐舍；有的在底层屋檐下再延伸接出一段，然后三面围墙作披屋，成了“违章建筑”，按古称它们都是“庑”。

122. 屏风

“屏”不是屏风，本指短垣墙，但到汉代以后，有时也可以指屏风。《南史·孙惠素传》：“母服除后，更修母所住处床帐屏帷。”“帷”，帘帷。唐杜甫《李监宅》诗之一：“屏开金孔雀，褥隐绣芙蓉。”《宋史·周汉国公主传》：“公主适从屏内窥见，意颇不怿，帝微知之。”“屏”都指屏风。

这可以理解。《释名·释床帐》：“屏风言可以屏障风也。”“屏，自障屏也。”作用相近。汉代以后，墙垣式的屏渐渐消失，先进的屏风取而代之。于是，“屏”自然有时也可作屏风的简称了。不过，一般还是称“屏风”。

屏风的出现迟于屏。到了战国时，出现了真正起遮蔽作用的屏风，施用于诸侯、大夫，并有了“屏风”之名。《史记·孟尝君列传》：“孟尝君待客坐语，而屏风后常有侍史，主记君所与客语。”《太平御览》卷七〇一引《三秦记》说荆轲刺秦王时，揪住秦王衣袖，秦王不知所措。这时有美人弹琴唱谕：“三尺罗衣何不掣？四面屏风何不越？”从汉代起，屏风大兴。成为两千多年来别具一格的室

九曲屏风 济南马家庄道贵墓壁画

内家具。

屏风的形制、作用有优于屏的许多特点。一、灵活性。使用灵活。屏风有插屏、围屏，前者单扇，后者多扇，一般是二至十二扇，可随意折叠。《东宫旧事》记皇太子纳妃有连地屏风十四扇，铜环纽（《太平御览》同上卷）。可据需要设在宫室内任何地方。二、装饰性。它通常用木板或竹木架，石、陶或金属物作柱基，蒙绢帛等为屏面，而上饰以彩绘。有的玻璃屏风透明度很高，户外视之若无物相隔。它可以起屋墙华饰所不能起的空间装饰作用。三、实用性。它不限于宫殿，而成为一般民居堂室的常用家具。早期的屏风今时有实物出土。马王堆一号汉墓有木胎彩绘漆插屏，呈箕矩形，高 62 厘米、长 72 厘米、宽 58 厘米、厚 2.5 厘米。屏髹漆，屏面红漆，底色上有几何形、菱形图案，红绿灰三色油彩绘云龙纹，游龙飞舞，姿趣盎然。1966 年山西大同石家寨司马金龙墓出土漆画屏风，是北魏太和八年前的作品，五块屏架完好，还有柱础，经复原是设床头的四尺围屏。传世的屏风也不少。如清代紫禁城太和殿正中宝座上有雕龙髹金大椅，椅后就摆着雕龙髹金屏风。考究的屏风价值连城，是封建帝王、贵族奢侈生活的实证。常遭到有识之士的抨击，桓宽《盐铁论 · 散不足》说："故一杯棬用百人之力，一屏风就万人之功。"

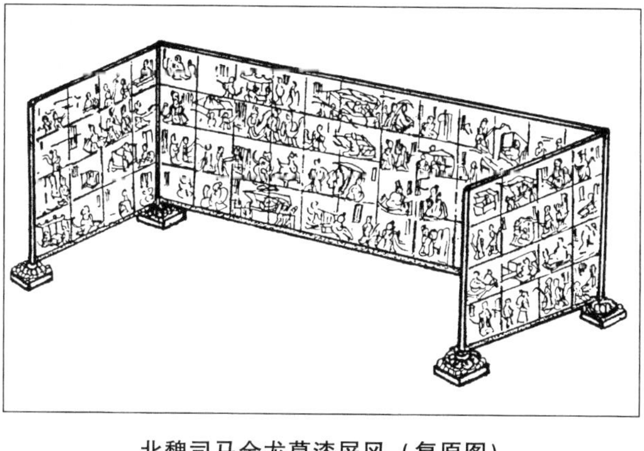

北魏司马金龙墓漆屏风（复原图）

123. 几案

魏王粲《儒吏论》:“刀笔之吏……起于几案之下,长于官曹之间。”“几案”,案桌。这是浑指。分开来说,几、案还有别,并且古今也有异同。

今天,客厅中习见单人或多人沙发前,常横着高至膝盖的Π形髹漆家具,那矩形的板上可放茶杯、烟缸、果盘等饮食小器,这就是茶几。但为什么称“几”?这个名称是怎么来的?

古代的几是放在身后的。《说文》:“几,凥几也。”“凥”即“居”(踞)字,字从尸几,尸代表人,表示人倚几安坐。隋唐以前,人们席地而坐,坐式如跪,臀部落于脚跟;或叉开两脚,叫作“箕踞”。无论怎么坐,时间一长腰背很酸,于是身后放置矮几,供仰倚以省疲劳。《庄子·徐无鬼》:“南伯子綦隐几而坐。”“隐”是依凭意。几的形制一如“几”字:面狭长,两端下承四足,跟今茶几一个格局。1956 年河南信阳长台关一号楚墓出土木雕花几高 48 厘米。1971 年长沙浏城桥一号墓出土黑漆几,通高 47 厘米。这些几长短、宽狭各异,但高度都在 50 厘米以下,很适宜人坐着后倚。到魏晋南北朝,床上还设几,式样更多。

雕几

信阳长台关楚墓出土

几放在背后,当然也可置于胸前。这通常是为了看书、写字、吃饭或做其他工作。进行这些活动,人通常是两膝着地,直着身子,故要求几更高更长一些。这种比身后几更长更高的前几叫作“案”。山东沂南汉画像石有类于今北方炕桌的四足大案、曲尺方案。《资治通鉴·汉纪》：“因拔刀斫前奏案，曰：‘诸将吏敢复有言当迎操者，与此案同。’”“案”，就是当时的办公桌。案件、案卷、案牍等的“案”都取此义。从唐代起，不再席地而坐，有了今天的凳，也有了桌子，但文言中还是称为“案”，清代蒲松龄《促织》：“成妻纳钱案上，焚拜如前人。”

雕花凤足漆案　曾侯乙墓出土

可见案、几有别：几低，放身后供仰倚以除疲劳；案稍高，放胸前，供工作饮食之用。但“几”是大名，“案”是小名，笼统说，案也属于几。嵇康《与山巨源绝交书》：“堆案盈几。”这“案”指案卷，“几”实是案，《失街亭》：“孔明唤入，左右呈上图本。孔明就文几上拆开视之，拍案大惊。”文中“案、几”共指一物。

今天的几、桌分得很清楚，因为大小、高度、用途、置处差别很大。但对古代都有一定继承性。低的依然称“几”，而且形制都相近，只是不用于仰倚。高的称桌，而且形制、结构都比案复杂多了，但“案”字仍普遍使用，如“伏案”“伏案工作”“伏案写作”，还有“拍案叫绝”“拍案大怒”“案头”等。一种旧式的狭长桌子或临时搭架起来当桌子用的长木板，甚至径称“案子”，如肉案子、裁缝案子。这都是“古为今用”。

124. 床·枰·榻

床是较早出现的家具之一，人的睡具。繁体字“牀”的声符“爿”，若横放就是下有四足、上有木板较低矮的眠床。今所见最早的床——河南信阳长台关战国楚墓出土的六足髹漆大床，长 2.18 米，宽 1.99 米，其高仅 19 厘米。《诗经·小雅·斯干》：“乃生男子，载寝之床。”《诗经·豳风·七月》：“十月，蟋蟀入我床下。”《西门豹治邺》：“共粉饰之，如嫁女床席，令女居其上，浮乏河中。”杜甫《茅屋为秋风所破歌》：“床头屋漏无干处，两脚如麻未断绝。”这些都指眠床，古今所同。

木床 荆门包山楚墓出土

“床”还指坐具，古今所异。主要见于席地而坐时期（唐以前）。《孟子·万章上》：“舜在床琴。”舜在坐床边弹琴。《史记·郦生陆贾列传》：“郦生至，入谒，沛公方倨床使两女子洗足，而见郦生。”《后汉书·向栩传》：“（栩）常于灶北坐板床上，如是积久，板乃有膝踝足指之迹。”乐府长诗《孔雀东南飞》记焦仲卿“堂上启阿母”，表示若休去兰芝将永不娶妻，于是“阿母得闻之，捶床便大怒”。既是堂上禀母，母理当坐着听言，而堂上是不会放眠床的，故捶的必是坐床。即便唐代大诗人李白的《长干行》“郎骑竹马来，绕床弄青梅”，从文意看，所绕的也还是坐床。又，李白《静夜思》的名句：“床前明月光，疑是地上霜。”句中的“床”，我们认为也当是置于堂上的坐床。因此，《释名·释床帐》说：“人所坐卧曰床。”意思是：床既可作眠床，又可作坐床。服虔《通欲文》说：“八尺曰床。”东汉一尺合今 24 厘米，则八尺为 1.92 米，足够一人睡，坐则可二三人。汉代此种的坐床，其实就是高一些的榻。

北齐《校书图》中的坐榻

作为坐具的床，也是总名。上说的是较长的多人坐床。也有只供一人坐的，叫“枰”。《释名·释床帐》：“枰，平也。以板作之，其体平正也。”还有一种比普通床更狭长而低也可供坐卧的用具，叫“榻”。《释名·释床帐》：“长狭而卑曰榻，言其榻然近地也。”很像和尚打坐的禅床。《高士传》说：“管宁自越海及归，常坐一木榻，积五十余年，未尝箕股榻上，当膝处皆穿。”就是这种坐榻。

独坐枰　望都汉墓壁画

125. 燧人氏·木燧·阳燧

在发明用火以前,我们的祖先采野果，食生肉，过着茹毛饮血的生活。据说后来“有圣人作，钻燧取火以化腥臊，而民说（悦）之，使王天下，号曰燧人氏”（《韩非子·五蠹》)。从此，人们知道火化熟食，扩大了食源，减少了疾病，增强了体质，真是功盖天地。正如恩格斯所说，“可以把这种发现看作人类历史的开端”（《自然辩证法》)。我们的祖先，距今五十万年的北京猿人已懂得用火；云南元谋人的遗址中也出现炭屑、灰烬，颜色发黑的动物化石，距今一百七十万年！“燧人氏”作为我国人工取火的发明者，是后人创造的一个圣人即帝王名。“氏”，姓的意思。因为他是“钻燧取火”之第一人，故以此功德作为姓号。“燧”,《辞海》说：“古代取火器。”我们可以作些说明。

“燧”，从火遂声。“遂”的本义是道。《史记·苏秦列传》：“禽（擒）夫差于干遂。”司马贞索隐：“遂者，道也。”指上古郊外之道。田间小沟也可名“遂”，即是水道。扩大起来，暗中的通道也称“遂”。后加阜旁成“隧”字。古代常指地下的墓道，春秋时郑庄公幽禁他的老母，发誓不到黄泉决不相见，后来颖考叔巧设了掘地及泉，“隧而相见”的办法解围，就是开挖一条斜下地道，让母子在地道中相会，表示黄泉相见了。《庄子·天地》：“凿隧而入井，抱甕而出灌。”现在构成复词“隧道”。由此可见，遂声有道义。“燧人”本来就作“遂人”，也取遂声的道义。钻燧起火，在我国甘肃、新疆以及世界各地都有大量遗迹发现，据民俗学者的研究，其方法是：将有洞穴的牝木放在地上，或者将易燃的引火信物放进洞穴，双手对搓；或者将引火物放在洞边，然后用拉弓旋拉插在洞中的钻杆，因急速旋转摩擦生热，磨下的木屑变成火星迸射出来，使引火物燃烧。我们看：凿隧成井，钻燧取火，“隧”是洞穴中可行的通道，“燧”则是起火的通道，有起火通道的牝木就称“燧”，燧就是起火器。对于钻木能否起火，至今还有人怀疑。但不断增多的考古出土物已使它不容置疑。如在汉代居延遗址至今就出土了十一件木燧和不少钻杆，布于九个点，其形制都是：一块木板边缘钻出许多圆形孔穴，穴边有刻槽，穴槽及周围都被灼焦，钻杆是圆形木棍，有旋钻痕迹。

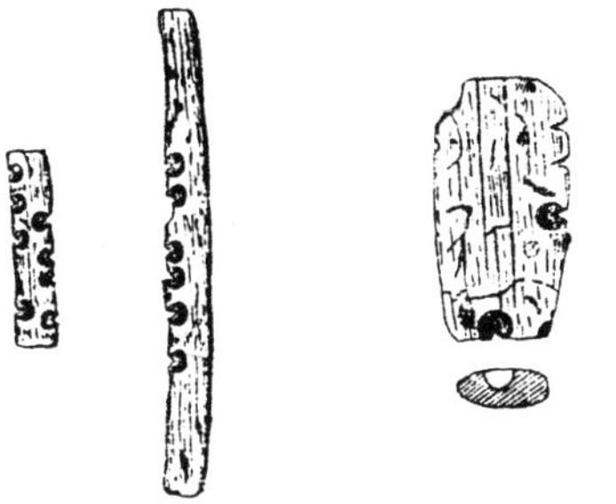

左：长10-20厘米，宽2厘米的钻孔木片。
右：塔什库尔干M29出土的钻火器。

新疆发现的钻火器与钻孔木片

钻燧是木燧，又叫阴燧。还有阳燧。因为不是发明取火的“第一人”，就不求发明人了，反正是受到钻燧起火的启示而发明的。阳燧，是利用太阳光的燧器，即是金属制（一般是铜质），圆形聚光凹镜，对着太阳，将艾絮等易燃物放在聚光点，不久便燃。与钻燧可谓异曲同工，其取火道是阳光至金属凹面的聚光点，故也得燧名。阳燧是珍贵用品，且制凹面铜镜必在青铜工艺相当发达之后，其名最早见于《淮南子·天文》。今考古发现最早是河南上村岭春秋虢国墓葬出土的一面阳燧。

要之，“燧”是取火道。有取火道的木质取火器叫木燧，有取火道的金属取火器叫阳燧。最早发明钻木起火的是燧人氏，是使人们掌握取火道的远古圣人。

春秋早期的阳燧
上村岭虢国墓地出土

126. 烛·蜡烛·蜡炬

“郢（yǐng）书燕说（悦）”的故事大家都很熟悉。楚国的郢都有人写信给燕国的相国。因为晚上写信时烛光不亮，写信的人叫侍者“举烛”，一面说，一面糊里糊涂把这两个字也写在信上了。燕相收到信看了很高兴，对国君解读说：举烛，就是要清明治政；清明治政，就是要荐举贤人任职。燕王也很高兴，就照办，国家居然治理好了。

这是典型的穿凿附会，尽管效果奇佳。关于故事的思想内容许多书文都有分析，但是对于“举烛”本身却不多研究。一般选本都译：举烛，把烛举得高些。还记得上中学时看到的一本连环画画着：一个文官模样的人跪在案桌前，在竹简上写信，旁边侍者先低擎后高举一支蜡烛……

这个故事见于先秦的《韩非子·外储说左上》。“烛”的本义就是火炬。那时候的烛，不是蜡烛，就是火炬。《礼记·曲礼上》：“烛不见跋。”“跋”指手把处。孔颖达疏：“古来未有蜡烛，唯呼火炬为烛也。”炬，束苣苇而成，故称“炬”，点火后燃以照明，主要用于室外举着行走。烛也用于室内，可以擎举，如“郢书燕说”中的“举烛”。一般是置放，置烛之器称“檠”，也叫“灯”。梁简文帝《对烛赋》：“于是挂同心之明烛，施雕金之丽盘。”《史记·樗里子甘茂列传》：“臣闻贫人女与富人女会绩，贫人女曰：‘我无以买烛，而子之烛光幸有余……’”“绩”是纺麻线。女子夜里纺绩，其两手都在操作，不可再执烛，必置烛灯盘以照明。“郢书燕说”中写信的人一面写信一面说“举烛”，可见原先烛是安放着的，因而应译作：把烛灯举起来。从它可以固定、后世为圆柱形的形制看，早期烛也应该是圆柱形、裹束甚坚的火炬。

以后出现了蜜烛。《西京杂记》说："南越王献高帝石蜜五斛，蜜烛二百枝。"这还不是蜡烛。大约到晋、南北朝，才有了蜡烛。《晋书·石崇传》说王恺"以粭（饴）澳（沃）釜"（饴糖洗锅），石崇"以蜡代薪"互相比阔气。《世说新语·雅量》："（周仲智）须臾举蜡烛掷伯仁。"但蜡烛当时还属高档品。一般还是用麻、苇的烛。到唐代才普及了蜡烛。唐河东道晋州的贡物中就有蜡烛。白居易《房家夜宴喜雪戏赠主人》诗："烛泪粘盘垒蒲萄。"燃蜡可流如泪。而蜡烛色白，故常称"银烛"。杜牧《秋夕》诗："银烛秋光冷画屏，轻罗小扇扑流萤。"值得注意的，蜡烛又称"蜡炬"。杜甫《宿府》诗："清秋幕府井梧寒，独宿江城蜡炬残。"李商隐《无题》诗："春蚕到死丝方尽，蜡炬成灰泪始干。"烛本是炬，"蜡炬"反映了蜡烛与炬的渊源关系。

因此，看古典作品，要注意：南北朝以前的"烛"，当解为火炬、炬灯。

127. 燎·庭燎

什么是"燎"？一些词典说：燃烧。那么与"焚烧"就一样了？

"燎"的本义就是烧田除草，即烈火烧荒；作名词，为烧荒的烈火。《诗经·小雅·正月》："燎之方扬，宁或灭之？"郑玄笺："火田为燎。"这是原始农业的土地经营方式。那时候，到处是未开垦的处女地，人们在村落附近或稍远一些地方，选择一片土地，用火将地上的杂草、荆棘、小树烧光，所烧的草木灰就是肥料。然后用石刀、石磅之类将土掘松，播下种子，让它自然生长。待成熟时，用石镰收割。这种经营方式叫"撂荒""刀耕火种"。这烧荒之火是大火、烈火。《孟子·滕文公上》说那时候"草木畅茂，禽兽繁殖"，而"舜使益掌火，益烈山泽而焚之"。"烈"，作动词，意为燃烈火。句意：舜使益担任主火的官，益在山泽燃起大火烧它。

"燎"的特点从构字和名物上都可得到证明。"燎"从火、尞。尞是烧柴祭天（《说文》），是聚柴而盛烧祭天，故尞声字多有大义。"潦"是雨水大，"橑"是复屋大椽。"燎"，古代多用为庭燎，即置于门内庭中照明的大烛，大火炬。它用布缠绕束苇，灌以饴蜜，直立于地，引燃以照明。《诗经·小雅·庭燎》："夜未央，庭燎之光。"孔颖达疏："庭燎者，树之于庭，燎之为明，是烛之大者。"这是古代较大的照明设施，君王公侯设置庭燎，还是一种迎宾求贤之礼，彻夜燃烧，表示竭诚欢迎贤者上门。

因此，"燎原""燎野"就是烈火燃烧原野。《尚书·盘庚上》说："若火之燎于原，不可向迩，其犹可扑灭？""向迩"，靠近。《晋书·孙惠传》："猛兽吞狐，泰山压卵，因风燎原。"《后汉书·酷吏·周紆传》："爝火虽微，卒能燎野。""爝火"，小火。"星火燎原"与此语同一格式，但更形象。用极少的星火与极大的燎（作动词）相对比，才显示出这句成语深刻的哲理性，若是一般的燃烧，就不能构成鲜明的对比，不会达到今天这样生动深刻的比喻效果。

无疑的，“燎”兼有动词、名词义，特点相同。燎：烈火燃烧；大火、烈火。

128. 说“楼”

常说“亭台楼阁”“空中楼阁”，那么，什么是楼？

楼有中西土洋之别。这些是洋楼：高层，平顶、无屋、无廊……传统的楼房一般是两层。《说文·木部》：“楼，重屋也。”有两层屋，上层是整个楼的屋顶，下层在楼底，屋下形成底层的檐廊。唯其有屋（盖屋），与平屋一样，故今吴方言区一些地方犹称楼房为“楼屋”。洋楼就不可称“楼屋”。

“楼”从“娄”得声义。《释名·释宫室》：“楼，言牖户诸射孔娄娄然也。”《尔雅·释宫》：“陕（狭）而修曲曰楼。”郝懿行义疏：“门户洞达，窗牖交通，足资登眺。”可见，楼的特点是窗棂的离娄，通明见阳，处在高位置上的窗棂，这一景象比平房真是“更上一层楼”了。

由于古代的宫室都筑在高台基上，故一般不筑楼。至多筑台榭，起楼的登眺作用。如《左传》鲁公三十一年筑台于郎，三十二年庄公筑台临党氏。春秋时还没有楼，战国时出现了楼。《孟子·尽心下》：“孟子之滕，馆于上宫。”赵岐注：“上宫，楼也，孟子舍止宾客所馆之楼上也。”《史记·平原君列传》：“平原君家楼临民家，民有躄者，槃散行汲。平原君美人居楼上，临见，大笑之。”说“居楼上”，又“临见”，则分明是重屋之楼，而不是不可居人的复屋了。从汉代起，楼开始多起来。在徐州茅村出土汉代画像石《住宅》中，就见到由前后三列建筑物组成的建筑群，每一列都是二层楼屋，即所谓“重屋”，用一斗二升的斗拱承托楼檐，楼上置平坐。四川东汉墓出土的石棺石刻《宴饮乐舞》，也见到这样的重楼，楼下五人席地而坐，右下楼前有一直辕卷篷的辎车，内坐一妇女，御者拱辕引马入门，这门上也设楼。文献记载也甚多。马融“闻玄善筭”，乃在

“楼”上召见郑玄（《后汉书·郑玄传》）。《后汉书·酷吏传·黄昌》言，陈人彭氏“造起大舍，高楼临道”。三国魏王粲《登楼赋》：“登兹楼以四望兮，聊暇日以销忧。”晋郭璞《登百尺楼赋》：“在青阳之季月，登百尺以高观。”宋文帝《登景阳楼》诗：“崇堂临万雉，曾（层）楼跨九成。”（《艺文类聚》卷六五）所谓“百尺楼”“高楼”，并不是层次多，而是屋高。

东汉三层陶楼

“楼”不仅指楼屋，也可作为高而可置人、居人之处的统称。城墙上有楼。《墨子·备城门》：“三十步置坐侯楼，楼出于堞四尺。”《后汉书·邓禹传》：“光武舍城楼上，披舆地图。”车上可有望楼。《左传·宣公十五年》：“登诸楼车。”杜预注：“楼车，车上望橹。”船上也可有楼。汉武帝《秋风辞》：“汎楼船兮济汾河，横中流兮扬素波。”唐刘禹锡《金陵怀古》诗：“王濬楼船下益州，金陵王气黯然收。”台榭浑称也可用“楼”。唐杜牧《江南春绝句》：“南朝四百八十寺，多少楼台烟雨中。”这“楼台”实指台榭。

今天，这些用法没有了，城楼已淘汰。双层列车、轮船都是两层以上，却不以楼称名。至于台榭称“楼”，这种浑称用法也不大见了。“楼”，一般只用于住房建筑，并且多是多层的“洋楼”。

129. 谈“阁”

常说“亭台楼阁”“空中楼阁”，那么，什么是阁？

阁也是楼，是楼的一种。

“阁”的楼义与“楼”不同。“阁”从门各声。“各”是从口、夂，“‘夂’者，有行而止之不相听”（《说文》），故各声字有止义。格，抵拒。《公羊传·庄公三十年注》：“诸侯支格而战者。”徐彦疏：“格犹拒也。”“格”，击。击也是止，本义是关阖门的木橛。引申之，凡止物不动者可称“阁”，如木板上放书的书架叫“阁”；放书的整个房间叫“阁”。汉代著名的天禄阁、石渠阁，即是藏书、校书之所。木板上暂贮食物如书架般用具也叫“阁”。今上海郊县乡间房间里头顶上所铺架置人与物的木板叫“阁”“阁栅”。这些“阁”

独乐寺观音阁

都有止物不动意，并都是在悬于地面的木板上止物。作动词，后起字有“搁”。

楼阁也是止人与物的阁。这是种特殊的楼。除了具备楼的一般共性，还要求具备如下的个性：

一、平面呈规则形，如方形、矩形、多角形；楼板必须用木板，而不可以铺砖。二、四阿屋檐，即四流水顶，四边屋角有上翘的檐。《古诗十九首·西北有高楼》说：“西北有高楼，上与浮云齐。交疏结绮窗，阿阁三重阶。”“阿阁”，即指四阿屋檐的楼阁。三、四面开窗，但窗一般用隔扇；正面一般不设阳台、翻轩，而其余三面周以回廊曲栏（参陈植《长物志校注》卷一“楼阁”）。

这样的阁，多供远眺、游憩、藏书、敬佛之用。现存的阁建筑，观赏用的，如乾隆花园的符望阁。一般的大公园、风景点内往往设这种观赏、远眺的阁。供佛用的，如颐和园的佛香阁，河北蓟县独乐寺的观音阁；藏书用的，如故宫文渊阁，宁波天一阁，杭州文澜阁。这些阁都具有上述阁的特征。

130．府第

“府第”，指贵族、官僚的住宅。《汉书·王莽传上》：“自四辅、三公有事府第，皆用传。”（“传”，符，通行证。）这是同义连用。后世凝固为词。那么，分开来，“府”“第”各自是什么意思呢？

“第”本义是次第义。引申为朝廷所赐佳善的居所。《汉书·高帝纪》：“为列侯食邑者，皆佩之印，赐大第室。吏二千石徙之长安，受小第室。”颜师古注引孟康曰：“有甲乙次第，故曰第也。”《文选·左思〈蜀都赋〉》：“亦有甲第，当衢向术。”“术”，也是城中较大的路。《太平御览》卷一八一引《魏王奏事》曰：“爵虽列侯，食邑不满万户，不得作第。”若是富商巨贾私筑的居宅一般不称“第”。要之，“第”者，封建社会中皇帝、朝廷按级别所赐的官宅。

“府”，本是国家藏财物和文书资料的地方，即所谓“府库”。《汉书·郊祀志上》：“史书而藏之府。”颜师古注：“府，藏书之处。”《礼记·曲礼下》：“在官言官，在府言府。”郑玄注：“府，谓宝藏货贿之处也。”引申为官府，大臣宰相办公的地方。《周礼·天官·大宰》：“以八法治官府。”郑玄注：“百官所居曰府。”诸葛亮《出师表》：“宫中府中，俱为一体。”今犹有此用。党政分线，政事一线的机关称“政府”。由官府义引申，乃指佳善的居舍。庾信《哀江南赋》：“诛茅宋玉之宅，穿径临江之府。”谓除去茅草，开辟道路，构筑宋玉、临江王的旧宅。显然，这里的“府”与“宅”用为同义。但是，“府”也可称非人所居之处。高适《玉真公主歌》：“仙宫仙府有真仙，天宝天仙秘莫传。”成语“天府之国”，更可以称任何人的居舍。清孔尚任《桃花扇·侦戏》：“这不难，就送三百金，到尊府，凭君区处便了。”这显然是对对方居舍的尊称。并非由于居舍的佳善。今犹有“贵府”“尊府”“府上”之语，美称对方的居舍，用于对话。由此可知，“府”指居舍之所以有佳善之意，当来源于喻指：把居舍比作大臣宰相办公之地一样宽宏、华美。既是喻指，可以指真正佳善的居舍，也可以虚指，甚至是简陋的茅舍，也可称为“尊府”“贵府”。无论哪一种情况，都表明居舍称“府”，是一种夸张性的美称，不专指“大官、贵族的住宅”。今语用“府”还是这个特点，如说“我到府上拜访”，“贵府在哪里”，其“府”都是对人居舍的美称。

131. 话“宅”

“宅”，如说“深宅大院”“宅子”“宅院”，都指较完整、宽敞的生活住所。这都承古而来。

“宅”的称名，先秦已有，但首先不指住房，而指宅基地。

《释名·释宫室》：“宅，择也，择吉处而营之也。”“择吉处”，就是选择宅基地，所谓“卜居”“相宅”，是我国古代建筑方面的一个重要民俗。《左传·昭公三年》：“且谚曰：‘非宅是卜，惟邻是卜。’二三子先卜邻矣……卒复其旧宅。”“卜邻”，占卜良邻。晏婴引此谚而谓去新宅复旧宅，其“宅”都指宅基地。大诗人屈原有《卜居》篇。秦后，此风犹盛。《艺文类聚》卷六四引南齐萧子良《行宅》诗：“访宇北山阿，卜居西野外。”《晋书·魏舒传》：“（舒）少孤，为外家宁氏所养。宁氏起宅，相宅者云：‘当出贵甥。’……舒曰：‘当为外氏成此宅相。’”后以“宅相”作为外甥的代称。文中“相宅”，即指占卜察看宅基地。“起宅”，指在宅基地上建造屋院，也包括选定宅基地之意。后世称相宅者为风水先生。相宅者，主要是用阴阳五行学说，相宅地的地理形势，定宅基、造向。“宅”字单用，秦汉文献中也多作此义。《周礼·地官·大司徒》：“以土宜之法，辨十有二土之名物，以相民宅。”《孟子·梁惠王上》：“五亩之宅，树之以桑。”晋陶潜《归田园居》诗：“方宅十余亩，草屋八九间。”《太平御览》卷一八〇引刘桢《京口记》曰：“得郗鉴故宅五十余亩。”这当然也指整个宅基地。何晏《论语集解序》：“鲁共王时尝欲以孔子宅为宫，坏，得《古文论语》。”“坏”的是宅上之房屋（宾语省），新建宫室要利用的正是孔子原来的地基。这“宅”也指宅基地。当然，引申之，也可兼指宅上的居屋，或泛指居屋。《三国志·蜀书·姜维传》：“宅舍弊薄，资财无余。”

由于“宅”是包括宅基地在内的整个居域，范围较大，因而到唐代引申出一个新义：在京朝臣的居宅。官宅是比较宽大的院落。唐封演《封氏闻见记·谆信》：“陆少保字元方，曾于东都置小宅，家人将受直（值）矣。买者求见，元方告其人曰：‘此宅子甚好，但无出水处。’”杜甫《江南逢李龟年》诗：“岐王宅里寻常见，崔九堂前几度闻。”韦述《两京记》所记东京洛阳、西京长安诸坊官宅都称“宅”，如云“崇仁坊西南隅，长宁公主宅”，“延寿坊东隅驸马裴巽宅”，其“北门之西有中书令阎立本宅”。朝官之最大者是皇帝，故“宅家”成为对皇帝的敬称。唐李匡义《资暇集卷下·阿茶》说：“公郡县主，宫禁呼为宅家子，盖以至尊以天下为宅，四海为家，不敢斥呼，故曰‘宅家’，亦犹‘陛下’之义。”朝官的家属称“宅眷”。宋何薳《春渚纪闻·陇州鹦歌》：“你到京师，切记为我传语通判宅眷。”这些用例都表明“宅”不是指一般人的居所，而是在京朝臣的居宅。

现代“住宅”“宅”，都指比较宽大的居所，正是在唐代出现的“宅”之新义发展而来，今义无非是官宅的“大众化”而已。同时，原先宅基地的用法也悄然延续。如说“他们宅上有个大款”“他乡下还有老宅”，“宅”都重在指宅基地即居域，而不重在居屋。

132. 今日“馆”之诸义何来?

今日之“馆”是个常用而多义的名物词。《现代汉语词典》(以下简称《词典》)对“馆”字列了五个义项:一、招待宾客居住的房屋;二、一个国家在另一国家办理外交的人员常驻的处所;三、某些服务性商店的名称;四、储藏、陈列文物或进行文化活动的场所;五、旧时指塾师教书的地方。这些处所为什么都称“馆”呢?

树有根,水有源。它们都承古而来。

“馆”,其初字为“官”。官是朝廷治事处,即官府。“馆”字或从食,或从舍,故作“館”“舘”二体,其本义就指官府接待各诸侯国宾客的房舍,即迎宾馆。《说文·食部》:“馆,客舍也。”《左传·昭公元年》:“楚公子聘于郑,……将入馆。”《左传》中还有“庄公元年秋,筑王姬之馆”“襄公三十一年……筑诸侯之馆”等的记载。可作动词,指安置到馆中。《孟子·尽心下》:“孟子之滕,馆于上宫。”赵岐注:“上宫,楼也,孟子舍止宾客所馆之楼上也。”《左传·哀公十五年》:“陈成子馆客。”“馆客”,舍客于馆,带有礼敬宾客的情味。《孔子家语·儒行解》:“孔子既至舍,哀公馆焉。”哀公礼敬孔子,不让他居舍,而安排他住进馆里。先秦,“馆”与“逆旅”相对。后者是民间的旅馆,规格、设施远低于“馆”,故常用“舍”“宿”相配。《周语·晋语五》:“阳处父如卫,反,过宁,舍于逆旅宁嬴氏。”韦昭注:“逆客而舍之也。”“逆”通“迎”。两相对比,可见“馆”是国家办的高级宾馆。

在涉外交往方面,南北朝时,洛阳有“四夷馆”,接待国内外贡使,相当于迎宾馆。南朝建康(今南京)有专接待高丽使者的“显仁馆”(《建康地志》)。唐代扬州专设接待日本使者的“扶桑馆”。以后各代都有接待外国使者的专馆。隋唐宋时在洛阳或长安设“四方馆”。元明清在京城都有“会同馆”。这些虽不同于今之使馆、领事馆，但今使、领馆称“馆”显然与古代国家的涉外“馆”有渊源关系。

因此，《词典》所列一、二两义正用“馆”的本义：国家高级宾馆。只是今之宾馆很多非“国营”，使、领馆掌管国家涉外事务更全面。

馆本接待外宾，扩大之，也可接待内宾。国字第一号内宾是皇帝，故他们有“离宫别馆”。司马相如《上林赋》：“于是乎离宫别馆，弥山跨谷，高廊四注，重坐曲阁。”下仿之，卿大夫也有“公馆”。再后来，大官、富人的豪宅也称“公馆”，旧时仍有。故《词典》可补列一义：“大官、富人的豪宅。”

《词典》所列第三义也是“馆”的现代引申用法。盖古代的宾馆，为诸侯宾客提供精美的饮食和良好的住宿条件。故由“馆”之从舍功能，古代就有“旅馆”，唐代诗人戴叔伦有“旅馆谁相问，寒灯独可亲”的诗句。由“馆”之从食功能，古代也有“饭馆”“菜馆”“面馆”（流行于北方）等。到了清代，广州出现了由中国商人经办、供外商食宿的“商馆”。明清，出现了很多供进京应试举子食宿的“会馆”，发展到各省大城市都建供同乡食宿的“会馆”。可见“旅馆”“饭馆”等称“馆”都是从“馆”的食宿功能而作礼敬性的美称。食宿是对宾客的礼敬性服务，于是今之理发、照相等服务性处所也称为“馆”了。

《词典》所列第四、五两义也是古称的沿用或衍用。“博物馆、报馆（旧称）、文化馆、图书馆、文史馆、蒙馆”之类属此。盖“馆”本为“官”，官也指藏书文献资料档案处。《礼记·曲礼下》：“在官言官。”郑玄注：“官谓图文书之处。”故历朝有史馆、国史馆、昭文馆、集贤馆，分掌图书、经籍、修史诸事。今则有文史馆、博物馆、图书馆、文化馆等。“官”既然可用于文化史籍事，当也可指教育，故“官”还可指学馆。《汉书·贾谊传》：“学者，所学之官也。”《文翁传》：“修起学官于成都市中。”韩愈《进学解》：“国子先生晨入太学，招诸生立馆下。”近世沿称私塾为蒙馆、家馆，所不同者，古“馆”为国学，后“馆”为私学。

顺便指出，《词典》在这二义中举证的“天文馆、展览馆”，它们与“馆”的上述诸用法没有关系，实取“观”义。古代“馆”可通“观”，“寺观”本即“寺馆”（朱骏声《说文通训定声》），“宫馆”即“宫观”。展览馆是陈列物品让人观看，天文馆是陈列天文仪器，展示各种天象让人观看的场所，如北京天文馆。故这两种称“馆”，实是“观”。

133. "邸"为什么不用于普通人?

"官邸"和"私邸",《现代汉语词典》说:都指高级官员的住所。确实,它们不用于普通人。为什么呢?

这得追溯"邸"的历史。

《说文·邑部》:"邸,属国舍也。"即各诸侯国设在京城接待外宾的高级宾馆。起于战国。《史记·范雎蔡泽列传》:"魏使须贾于秦。范雎闻之,为微行,敝衣闲步之邸,见须贾。"汉代,则成为设在京城供诸郡王侯朝见时住宿的宾馆。《史记·孝文本纪》:"太尉(周勃)乃跪上天子玺符。代王谢曰:'至代邸而议之。'"《汉书·卢绾传》:"舍燕邸。"颜师古注:"诸侯王及诸郡朝宿之馆在京师者,谓之邸。"《太平御览》卷一八一引晋陆机《洛阳记》曰:"百郡邸在洛城中东城下步广里中。"由此分两途路引申。一、从接待宾客而引申为一般的客舍、旅馆。《正字通·邑部》:"邸,今逆旅皆曰邸舍。"陆厥《奉答内兄希叔》诗:"出入平津邸,一见孟尝尊。"《宋史·黄榦传》:"时大雪,既至而熹(朱熹)它出,榦因留客邸。"二、从宾客身份高级而引申为大官、王侯的豪华居舍,即府第。汉刘向《说苑·尊贤》:"史鰌去卫,灵公邸舍三月琴瑟不御。"《宋书·蔡兴宗传》:"王公妃主,邸舍相望,桡乱在所,大为民患。"《魏书·萧宝夤传》:"其资生所须之物,及衣冠、车马、在京邸馆,传尚书悉令豫备。"《南齐书·竟陵王子良传》:"又与文惠太子同好释氏,甚相友悌。子良敬信尤笃,数于邸园营斋戒,大集朝臣众僧。"

从"邸"的本义和上述主要引申义看,它都有暂居之意,邸是暂居的居舍。其字从邑氐声,声兼义。氐即"抵",归至义。会其意为归至之所居。作为府第义,乃指大官、王侯归至暂居的"副宅",

故它与“府、第、宅”等都有区别，上引诸例都可见此特点。如“卫灵公邸舍”。盖春秋时盛庙寝之制，诸侯君主都住在宫中寝内，何来“邸舍”？这分明是他的副宅别宅。南北朝时，“王公妃主”也住在宫中的生活区。他们都立“邸舍”，完全是非法营私之举，故“大为民患”。竟陵王萧子良按例宫中也自有其居，其“邸园”分明也是私邸。《魏书》例称“在京邸馆”，更为明白。

古汉语中，“邸”字单用，一般都是指大官、王侯的副宅。只有与“府、第”等同义连用时，才泛指一般的府第。

今天“邸”多指外国高官的私宅，也不用于普通人。

134. 茅茨·苫

“茅”，或作“茆”，茅草。可以盖屋顶，成茅屋。现在的茅屋、茅舍，主要不用茅草，而用芦苇、稻草等物。但究其本，主要是茅草。茅草的学名是“白茅”，属于多年生草本植物。

茅屋是最古老的房屋了。远古之时，人们把居屋从地下升到地面，首先是构筑茅屋，因为那时还没有砖瓦。《史记·封禅书》记济南人公玊（sù）带上黄帝时《明堂图》云：“《明堂图》中有一殿，四面无壁，以茅盖。”“公玊带”，姓公玊。“采椽不刮”“茅茨不翦”成了古文献中用来追述远古尧舜居况的常见俗语，指用采木（柞木）做椽子，不加修饰，茅草盖屋也不加修剪，示其俭朴。《左传·桓公二年》：“是以清庙茅屋，大路越席。”杜预注：“以茅饰屋，著俭也。”其实，并不是尧舜刻意求俭，而是低下的生产力使然。当有了瓦屋后，茅屋也没有断迹，更为劳动者、穷困者的殿堂。《诗经·豳风·七月》：“昼尔于茅，宵尔索绹（tāo）。亟其乘屋，其始播百谷。”“绹”，索。意思是：白天采茅，夜里做绳子，快快修屋，开年好播种百谷。《后汉书·班固传》：“客居杜陵，茅室土阶。”《南史·孔淳之传》：“茅室蓬户，庭草芜径，唯床上有数帙书。”杜甫《茅屋为秋风所破歌》：“八月秋高风怒号，卷我屋上三重茅。”温庭筠《高山早行》诗：“鸡声茅店月，人迹板桥霜。”“茅店”，客店茅舍。

说到“茅”，就会想到“茨（cí）”，古籍中，“茅茨”常连用。“茨”，从次声，次有屯聚义，《广雅·释诂三》：“茨，聚也。”《释名·释宫室》解：“屋以草盖曰茨。茨，次也，次比草为之也。”“茅茨”即聚茅为苫盖。也可作“茨茅”。《陈书·马枢传》：“枢恶其崇丽，乃于竹林间自营茨茅而居焉。”“茨”都指盖茅。凡铺架的动作都可称“茨”，不限于盖茅。《庄子·让王》：“环堵之室，茨以生草。”《慎子·君人五》：“治水者，茨防决塞。”“茨防”，铺堤，即构筑堤。宋陈造《再次韵谢高几宜惠》诗：“山家茨竹即为堂。”“茨竹”，铺架竹。作名词，为铺盖之物，指整个草屋之盖。《诗经·小雅·甫田》：“曾孙之稼，如茨如梁。”郑玄笺：“茨，屋盖也。”南朝梁任昉《求为刘王献立馆启》：“薄艺桑麻，粗创茨宇。”（《艺文类聚》卷三八）指茅盖的屋宇。这些都为名词，但都包含着动词义，与单作名词的“茅”还有微别。

盖茅，是把茅草一把把铺在屋面吗？否。必须用草编成片，然后片片铺压上去。这张盖叫“苫（shān）”。《尔雅·释器》：“白盖谓之苫。”郭璞注：“白茅苫也，今江东呼为盖。”《晋书·郭文传》：“洛阳陷，乃步担入吴兴余杭大涤山中穷谷无人之地，倚木于树，苫覆其上而居焉。”此作动词，指用苫盖遮蔽。

“苫”字，古今用法相同。章太炎《新方言·释器》说：“凡张盖皆得苫，非止编茅覆屋而已，今人华盖、雨盖皆谓之苫。”这是作遮雨的苫蓑。《左传·襄公十四年》：“被苫盖，蒙荆棘。”孔颖达疏：“被苫盖，言无布帛可衣，唯衣草也。”此为遮身之物。《三国志·魏书·刘馥传》：“时天连雨，城欲崩，于是以苫蓑覆之。”此遮物。也有下垫之苫，今称草垫。古人也有，但常用于居丧。汉应劭《风俗通义·愆礼》：“孝子寝伏苫块。”指用草垫为席，土块为枕，按丧礼，父母丧，子女要这样睡寝三年。后来“苫块”“苫壤”“苫次”等成为居丧的代称。《陈书·姚察传》：“毕苫壤。”《新唐书·郑元璹传》：“会突厥提精骑数十万……诏即苫次起元璹持节往劳。”时元璹正母丧。“苫”的这种浓重礼仪色彩，今天没有了。

总起来说，盖茅屋，是用茅草编成苫，再茨盖于屋上。三名可序列为：茅→苫→茨。

135．坟墓

“坟墓”，本是二名二物。

从前，很早很早的时候，并没有墓葬。《孟子·滕文公上》追述远古之时，“其亲死，则举而委之于壑。他日过之，狐狸食之，蝇蚋姑嘬之”。后来产生了灵魂的观念，认为人虽然去世，而灵魂犹在存，还有可能回到人间来降临祸福，因而要通过祭祀和墓葬，使死去的先人能在另一世界仍过美好的生活。据地下发掘资料可知，距今一万八千年的北京周口店山顶洞人，在死者身边撒布赤铁矿的粉粒，随葬燧石、石器、石珠等他们在世所用的生产工具和生活用具。这表明他们已有了灵魂观念和公共墓地。以后，有了家族丛葬制：夫妇合葬，一家合墓……但都不封土，没有坟。如《礼记·檀弓上》说：“古也，墓而不坟。”直到殷墟，如此奢侈的殷商奴隶主帝王，其葬地，都没有封土痕迹。故“墓”就指地下的墓室、墓穴。直到以后地面构筑了坟，墓还在地下。

“墓”之名显示了墓的特点。《方言》第十三：“凡葬而无坟谓之墓，所以墓谓之墲。”盖“墓”与“无”同声源，埋于地下，地面平平无物，故称为“墓”。

“坟”字从土贲声，声兼义。贲声之字多有高、满义，如“愤”是气之满，“喷”是水之涌，“膹”是多汁的肉羹，等等。“坟”则是堤防、高地。《楚辞·哀郢》：“登大坟以望远兮。”王逸注：“水中高者为坟。”引申为墓葬上起封土，即墓上之坟。最早起坟是为了有标志，以便祈祝拜奠。至少春秋时已有此制。据说孔子三岁丧父，当他长大后想祭祀他父亲，却找不到墓地，待找到后，他便在墓上“封之，崇四尺”（《礼记·檀弓上》）。河南固始侯古堆的宋国墓，坟丘高达七米，属公元前五世纪中叶的遗址。但作为“坟”这个词，明确用作坟墓义却还在孔子后。《礼记》“古也，墓而不坟”之“坟”，指封土，非真正的坟墓义。《墨子·七患》：“生时治台榭，死又修坟墓。”汉张衡《思玄赋》：“睹有黎之圮坟。”“有黎”，祝融氏。“圮（pǐ）坟”，毁坏的坟墓。

今天，“坟、墓”单用，都可泛指坟墓，如“坟地”，也可称“墓地”“公墓”“烈士墓”，其墓都有坟。但还是有不同。称“墓”，侧重于地下的墓穴、墓室；称“坟”，侧重于地上的坟头。如说“×××之墓”“墓碑”“墓葬”等，其“墓”都不可作“坟”；而“坟山”“上坟”，其“坟”也都不可作“墓”。因此，《现代汉语词典》释“坟墓”为“埋葬死人的穴和上面的坟头”，是非常确切的。

136. 坟墓的别称

古代的坟墓除“坟”“墓”外，还有几个常见别称。

先秦有“垄”。“垄”也作“垅”，本指丘垄，即耕地上培成一行行、上种庄稼的畦埂。引申为坟墓。《礼记·曲礼上》：“适墓不登垄。”郑玄注：“垄，冢也。”《战国策·齐策四》：“昔者秦攻齐，令曰：‘有敢去柳下季垄五十步而樵采者，死不赦！……’由是观之，先王之头，曾不若死士之垄也。”垄上可割草打柴，“垄”与“头”相喻，则此“垄”当然指坟冢。“垄”从龙声，假借为夆声，夆声字多有高凸义。《小尔雅·广诂》：“隆，高也。”“癃”，驼背，背高凸。故“垄”是田地中高凸的畦条，引申指墓。必指有坟头之墓。先秦“坟”作坟墓较少用，“垄”就相当于“坟”。

汉代起有“冢”。《说文》：“冢，高坟也。”后起字为“塚”。冢声之字多有大义。《尔雅·释诂上》：“冢，大也。”《释名·释丧制》：“冢，肿也，象山顶之高肿起也。”“冢子”，长子。“冢君”，大君，周代敬称列国君主。“冢宰”，周代六卿之首。大义可引申为高义，指山顶。《诗经·小雅·十月之交》：“山冢崒崩。”毛传：“山顶曰冢。”因此，墓上有高高封土者也得称“冢”，即指坟墓。《史记·淮阴侯列传》：“然乃行营高敞地，令其旁可置万家，余视其母冢，良然。”《三国志·蜀书·先主传》：“北海相孔融谓先主曰：‘袁公路（术）岂忧国忘家者邪！冢中枯骨，何足介意！’”杜甫《曲江》诗之一：“苑边高塚卧麒麟。”此字延用于今。这是汉代以来书面语中对坟墓的泛称，相当于先秦的“垄”。它与口语色彩的“坟”是文白之别。

“茔”是另一个角度：指墓域。《说文·土部》：“茔，墓地，从土、营省，亦声。”段玉裁注：“茔之言营也。营者，帀居也。经营其地而葬之，故其字从营。”诚确。按，“茔”与“营”多通。《礼记·月令》：“（孟冬之月）审棺椁之薄厚，茔丘垄之大小。”《吕氏春秋》《淮南子》都作“营”。“茔”，犹“营”，度量。“经营”者，南北为经，东西为营。故“茔”着重指墓所在的地域。《玉篇》也释其义为“墓地”。《广雅·释丘》则释：“茔，葬地也。”《汉书·霍光传》：“太夫人显改光时所自造茔制而侈大之。”颜师古注：“茔，墓域也。”《汉书·张安世传》：“（宣帝）赐茔杜东，将作穿复土，起冢、祠堂。”《后汉书·栾巴传》：“茔域所极，裁二十顷。”这里“茔”或与“冢”连用，或与“域”连言，则它专指冢墓的地域，更为明显。

137. 君主帝王坟墓的专称

“坟、冢、垄”等都是凡人的坟墓，诸侯王、帝王的坟墓与凡人不同，故先后有三个专称：丘、山、陵。

“丘”，山丘。丘作坟墓，是利用天然山丘作坟，山中起墓，如长孙皇后临终前对李世民所说：“因山而葬，不须起坟。”（《旧唐书·列传一·后妃上》）“因山而葬”，庶民穷者也很普遍，故“丘”也作坟墓的泛称。《史记·吴王濞列传》：“掘其丘冢，甚为暴虐。”司马迁《报任安书》：“何面目复上父母之丘墓乎?”而诸侯国的君主，是以全部山丘为坟墓，于是“丘”成了他们坟墓的专称。顾炎武《日知录·陵》指出：“及春秋以降，乃有称丘者，楚昭王墓谓之昭丘，赵武灵王墓谓之灵丘，而吴王阖闾之墓亦名虎丘，盖必其因山而高大者。”这些“丘”相当于后代的“陵”。无疑的，“丘”是先秦诸侯国君主陵墓的第一个专称。

第二个专称是“山”。我国第一个封建皇帝秦始皇的骊山坟墓，是我国最大的一座帝王陵，今称为“秦始皇陵”是非常恰当的。不过，它原本称“山”。《史记·秦始皇本纪》说：“乃分作阿房宫，或作丽山。”又说“穿治郦山”。“作”“穿治”者，构筑意，非说开凿原有的骊山。北魏郦道元《水经注·渭水二》也说：“秦名天子冢曰山，汉曰陵。”称“山”与“陵”意同。先秦的人们就把山陵比作君王，称其死为“山陵崩”。不过，秦以后，“山”之名废了。

“陵”，是古代君主帝王坟墓的第三个专称。“陵”，土山。上古还没有坟墓义，帝王尚无“陵”之称。今所称黄帝陵、太皞陵、大禹陵，其“陵”都是后人追称。“陵”墓之称，始于战国中叶。于此，吕祖谦《大事记解题》卷三“赵起寿陵”条，顾炎武《日知录》卷十五“陵”条都有揭述。这是最早用帝陵义的实例。其后，秦孝文王“葬公陵”，悼武王“葬永陵”，孝文王“葬寿陵”，楚先王墓有“夷陵”（皆据《史记》）。秦以后，帝王的坟墓都称“陵”，汉有著名的五陵：高祖的长陵，惠帝的安陵，景帝的阳陵，昭帝的平陵，武帝的茂陵。后合称五陵原。从此，直到清末，“陵”一直作帝王坟墓的专称。

“陵”作为帝王坟墓，不仅是名的不同，更在于内容的变化。一、人工筑。丘只是利用自然小山为坟墓，而陵是人工垒土石建造的像山陵一样的高大坟墓。二、规模大。陵不仅有高大的坟，而且有一整套特殊的建筑设施，包括有庞大的祭殿建筑群，所谓“陵寝”；有神道御路，即通向祭殿和坟前的导引大路；有护陵监，即严密的保护陵园的机构；与此相应，其墓室是坚固、宏大的地下宫殿。总之，它具有一整套帝王陵寝制度。秦以后的陵，也有用于分封藩王和三公大臣的坟墓。东汉有东海恭王陵，东平宪王陵（《后汉书·章帝纪》《明帝纪》）。《西京杂记》称董仲舒墓为下马陵等。但这是少数、早期的现象。从总体说，“陵”只能用于皇帝（包括皇后、皇子等皇室主要人员）。

现代“陵”仍然承古而用，把国家领袖的坟墓称为“陵”“陵墓”，如称“中山陵”“列宁陵墓”等。虽然不承袭封建社会的一套陵寝制度，但“陵”的使用对象还是与古代陵寝相似，一般人的坟墓是决不可称“陵”的。

138. 奴隶主君王园林“囿”

囿（yòu），用于“园囿”“苑囿”等复合词；也作动词，局限、拘泥义，如“囿于成见”之类。

“囿”字，甲骨文作“田”中有四个“屮”。田是田猎，茻是草莽。会其意是牧养禽兽的场地。其规模，“天子百里，诸侯四十里”（《诗经·大雅·灵台》毛传），也有说“囿：天子百里，大国四十里，次国三十里，小国二十里”（《太平御览》引《白虎通》）。最有名的是周文王之囿。《孟子·梁惠王下》说“文王之囿，方七十里”，打柴割草和打猎的老百姓都可进去。这当然带着一定的理想成分。《诗经·大雅·灵台》称“王在灵囿，麀鹿攸伏”。“伏”，孵化。诗句极状周文王囿中禽兽繁殖之盛。见于史书的我国第一个帝王之囿，是殷纣王的沙丘之囿，纣王“益收狗马奇物”，“多取野兽蜚鸟置其中”，以供“乐戏”（《史记·殷本纪》）。通常，囿中还种植果菜。《大戴礼记·夏小正》：“囿有见韭。”“囿有见杏。”当然，其中必有宫室、台榭的奢华建筑。囿都设官管理。《周礼》有“囿人”一官，“掌囿游之兽禁，牧百兽”。由此可见，殷周时代的囿并不是专“养动物的园子”，而是以养育禽兽为主兼植果菜的园林，是奴隶主贵族首领们观游、田猎、休娱的场所。这是我国园林的滥觞。

从秦代起，新的苑代替了囿，故“囿”仅出现在“苑囿”这样的并列结构中，作泛称义。

但“囿”有两个引申义。一是指汇聚，事物的渊薮。萧统《文选序》：“历观文囿，泛览辞林。”一是局限、拘泥，作被动词。《庄子·徐无鬼》：“辨士无谈说之序，则不乐；察士无凌谇之事，则不乐，皆囿于物者也。”很有趣的是，前一义昙花一现，后来就被“苑”代替，并传于后世，今犹有如“文苑”“艺苑”之称；而后一义“囿于”之用却一直传于今。个中原因是：苑的规模、水平远胜于囿，故用为比喻义，也是“苑”更优于“囿”，故“苑”替代了“囿”；奴隶制园林的囿有严格的范围等差（见上），这是后来的“苑”“园”所没有的，故“囿”最能体现局限、拘泥义，自然会沿用千古了。二义的存废是我国不同阶段园林特点的折光。

139. 封建帝王园林“苑”

今语“苑（yuàn）”字用得很多，“艺苑”“文苑”……，甚至城市一些小区也名为某某“苑”。为什么称“苑”？

说来话长。

“苑”字最早出于战国文献，多与“囿”连用。《吕氏春秋·重己》：“昔先圣王之为苑囿园池也，足以观望劳形而已矣。”《隋书》记隋炀帝大兴土木，“又求海内嘉禾异草，珍禽奇兽，以实苑囿。”既然连用，二物应当类同；但有了“囿”，再出“苑”，二者当有不同。但其不同何在呢？《字林》曰：“有垣曰苑，无垣曰囿。”（《初学记》卷二四）《淮南子·本经》“侈苑囿之大”高诱注：“有墙曰苑，无墙曰囿。”“苑”字从艸、夗声。艸表示有草木，当是园林性质；夗通“垣”（从朱骏声《说文通训定声》说），指墙垣，合起来“苑”就是表示有墙垣的园林。别小看“有墙垣”，它不仅仅表示有围墙，而且显示围墙之内必有各种宫室建筑。囿是无墙垣的，则有墙垣的苑，自然是比囿更高级的园林。事实就是如此。苑的规模比“囿”大，且多利用自然景势，苑内有许多宫、馆等园林建筑。故“苑”名之起，标志着帝王的园林已从早期自然林薄（草木丛杂之所）和游观射猎的阶段进到以离宫别馆亭台楼阁为主体的人工园林阶段。第一个称“苑”名的，是第一个封建皇帝秦始皇，他在渭水之南构筑上林苑，苑中建造许多离宫，其中前殿阿房，东西五百步，南北五十丈，上可坐万人，下可以建五丈旗，还有庞大的附属建筑。汉武帝扩建，竟至周围几百里，建七十个离宫，容千乘万骑。（《汉旧议》）此外，武帝还建甘泉苑、博望苑等。宣帝起乐游苑，顺帝起西苑，桓帝起鸿德苑、显阳苑，南北朝宋建乐游苑、芳林苑，齐建娄湖苑，梁有兰新苑等，都称“苑”。唐代，在长安城北构筑三苑：

西内苑、东内苑、禁苑，方圆都在数十至百余里，苑内都有亭台楼阁、宫殿园池。苑是封建帝王享用的园林，是古代各个时期最高级的园林。

如此的“苑”，就引申出汇聚义，专指人或物的渊薮，多指学术、文艺。韩愈《复志赋》：“朝骋骛乎书林兮，夕翱翔乎艺苑。”从《后汉书》起，历代史书多有《文苑传》记载文士的事迹。知道了来龙去脉，就会领悟“苑”为什么如此讨人喜欢而走俏，有些小区称某某苑，真有中华文化的品位。

140. 私家和公共园林“园”

“园”本指用篱笆环绕种植蔬菜、花木的区域，常与“囿”结合作为农业经济的一个部门。也可指封建帝王陵墓的园地。这里要说的是它的园林义。今日到处有园林，那么，“园”何时有园林义？即何时有私人和公共园林的？

在商周时代，整个先秦，只有囿，从天子、王公而下，各级奴隶主首领等差严格，那时候没有私人园林。从秦汉开始，“囿”变成了“苑”，还是帝王园林。但同时私人园林也兴起。我国第一个私人园林是汉代梁孝王刘武（汉武帝弟）筑的“鬼园”（也作“鬼苑”），据说“园中……宫观相连，奇果异树，瑰禽怪兽毕备，王日与宫人、宾客弋钓其中。”（《西京杂记》）宰相曹参、大将军霍光等都有私园。这些都是诸侯王、卿相的园林。真正属于民间私人的名园，最早可推茂陵富人袁广汉的北邙园。它筑在北邙山下，东西四里，南北五里，规模不大，但相当精致丰美。园中为假山高十余丈，横延数里。筑塘池洲屿，流水环绕，各种奇禽怪兽养育其中，嘉木异草艺植于内。

汉以后，商贾、士大夫的府宅园林更为普遍。北魏杨衒之《洛阳伽蓝记》说汉以后洛阳造园之盛：“帝族王侯，外戚公主……争修园宅，互相夸竞。崇门丰室，洞户连室，飞馆生风，重楼起雾。高台芳榭，家家而筑，花林曲池，园园都有。”这些私人园林，大都仿搬苑囿的格局。而到了唐宋时代，进一步发展了私人园林的艺术技巧，在李格非的《洛阳名园记》里，记到唐宋时二十个府宅园林：有栽种花树的花园，有利用某一自然风景而加工构筑的风景园林，有模仿天然山峦景物、完全的人工园林。到明清时，私家园林更以各种规模、形式遍及全国，以南京、苏州、扬州、杭州诸地为代表的江南园林，广州地区的岭南园林，都是很突出的。

公共游豫园林也是古代园林中的一支。唐代长安城东南的曲江池“芙蓉园”，就是此类园林的一个代表。它在三月上巳、九月重阳等许多节日向每个市民开放。以后供人们游憩的各种形式的园林更多。但是，古无今“公园”之名，称“公园”者，是指公家的园地。这说明，古代公共游豫园林并没有达到一定的规模。

还可注意：到了清代，帝王御苑多用“园”。如康熙的畅春园、静明园，雍正所创圆明园，乾隆所建长春园、万春园、清漪园（即后来的颐和园）等。这标志着帝苑发展到了一个新阶段，即能满足帝王朝政、游观、寝息等全部生活要求的宫园。当然，物盛必衰，至此，帝苑的历史也终告结束。

由上可见，“园”字在古代，是私家园林的正称，后期也称帝王园林。它又可以称公共游豫园林和宗庙祭祀的园林。

因此，现在“园”自然成为一切园林的总称。各城市都设园管局，也建有许多公园。公园，包括许多风景游览点，都是中国古代园林，特别是私家园林的继承和发展。有的公园本身就是利用某私家园林旧址而改建的，如上海的豫园、淮海公园，苏州的狮子林等。公园也汲取了帝王苑囿的一些特点，如内设动物园、鱼池之类。从现代公园的亭台楼阁、池塘溪桥、奇花美草、珍禽异兽，大到布局构思，小至一草一木，到处都能看到古代帝苑和私家园林的历史影迹。这是今天理解“公园”一词和游览公园时应该懂得的知识。

交通

141. 邮亭

曾几何时，我们在街道、广场或公园里能见到邮局设立的邮亭。它们为什么称“邮亭”？是否因为“有的像亭子”而称？

“邮亭”古已有之。它是个并列结构。“邮”是邮，“亭”是亭。

《说文·邑部》：“郵，竟（境）上行书舍，从邑垂。”“行书舍”，传递文书的处所。“垂”同“陲”，边境。早期的国都甚小，到战国时已不限于边境，并已多见于地名。秦名将白起被赐死在杜邮，蜀都有邛邮（《史记·淮南厉王长列传》），《留侯世家》有曲邮。这些地名当得名于该地长期设邮。《孟子·公孙丑上》：“德之流行，速于置邮而传命。”马传为置，步递为邮。《留侯世家》司马贞索隐引《汉旧仪》云：“五里一邮，邮人居间，相去二里半。”意邮递员负责左右二里半（合为五里）范围内的邮递。一般是步递。直到宋代苏轼诗中还这样写：“奔走烦邮吏，安闲愧老僧。”偶也有车递。《睡虎地秦墓竹简·语书》：“别书江陵布，以邮行。”意将这文书抄送江陵公布，由邮站递送。据简文意这里不是短途步递。总之，邮是在交通路线上每五里所设专司步行传递文书的小站。它没有车马，不供应食宿，传送距离最短。

亭，起于秦制，盛于汉。现一般都据《汉书·百官公卿表上》“十里一亭，亭有长；十亭一乡”以亭为秦汉时乡以下的基层行政单位。据一些专家考证，亭是与“乡、里”不同性质、不同系统的。它在乡村，设置在水陆交通要道处，直接统属于县。不过，“十里一亭”倒是事实。亭的基本职能是：一、“司奸盗”，维持治安；二、供官吏、行旅者食宿；三、告警，主要是边亭任务；四、邮传。因此，从设置距离、规模、职责看，亭大于邮，但不备车马，故与驿传还不同。

既然五里一邮，十里一亭，邮与亭往往是重合的，在语言上，表现为“邮亭”的同义连用。这在《墨子·杂守》中已有：“筑邮（邮）亭者圜之。”白起被赐死的杜邮，又叫杜邮亭，见《水经注·渭水》，其地在咸阳西门外十里。但邮亭的建置到汉代大一统的封建帝国时才制度化，故“邮亭”连用到汉代才较多。《汉书·薛宣传》：“桥梁邮亭不修。”《平帝纪》：“宗师得因邮亭书言宗伯。”颜师古注：“邮，行书舍也。言为书以付邮亭。”《黄霸传》：“吏出，不敢舍邮亭，食于道旁。”这些已紧缩为一个并列式复合词，泛指五里十里步传文书的小站。

由此而观，现代的邮亭也是因负责小段区域中收寄邮件与古代的邮亭性质相同，故承用古名，并不是由于屋小得“有的像亭子”而得名，再说一般并不像亭子。邮亭与“书亭、岗亭”之类不同，后者才是因亭而得名，是偏正结构。

142. 传·驲·置·驿

明张居正《请蠲积逋以安民生疏》："迩年以来，仰荷圣慈，轸念元元，加意周恤，查驿传，减徭编……""驿传"，即驿舍，驿站，是古代供传递朝廷文书和官吏来往途中更换马匹和休息、食宿的地方。

"驿站"这个词，"驿"是汉语词，"站"是蒙古语 jam 的音译，义相当于驿，故它是汉蒙词素并列组合的复词。据元代中期统计，全国已有各种驿站 1500 多处，以大都为中心，将全国连通，仅藏族地区便设驿站 28 处。但是就称名说，"驿站"之称，乃是现代的事，在漫长的古代，驿站早期不称"驿"，后也不称"站"。

"传"是车递的专称。甲金文中已见。"后下七·一三"："传氏（致）孟伯。"周器《洹子孟姜壶》有"齐侯命大子乘遭遽（传）来自宗伯"之句。"传"都指传车。《左传·成公五年》："晋侯以传召伯宗。"杜预注："传，驿。"《史记·扁鹊仓公列传》："以刑罪当传西之长安。"司马贞索隐："传，乘传送之。"《汉书·高帝纪下》："（田横）乘传诣洛阳。"颜师古注："传者，若今之驿。"有传车，必有传舍。"传"也指传舍。《战国策·魏策四》："令鼻之入秦之传舍。"《史记·廉颇蔺相如列传》："舍相如广成传。"司马贞索隐："广成是传舍之名。"云梦秦简有"传食律"，专列传中对不同等级的过往官员供给饭食的条例。传与传的距离，据《史记·田儋列传》可知是三十里传设马厩（车要马拉）。因此，"传"是三十里设置可供食宿行的车递驿站，称名用于上古至魏晋。

"驲（rì）"初也是车递之称。战国以前，马主要用来拉车，普遍性的驿站不可能骑马传送文书。《左传·文公十六年》："楚子乘驲，会师于临品。"杜预注："驲，传车也。"至中古时，才作马递。

《资治通鉴·陈宣帝十一年》："周天元如洛阳，亲御驿马，日行三百里，四皇后及文武侍卫数百人并乘驲以从。"胡三省注："驲，驿马也。"到元代以后才作驿站之称。明谢谠《四喜辑·帝阙辞荣》："永昌，快去驲中催趱船夫，就此起程。"

"置"有安置义。引申指驿传休整、停息之处，就成为马递驿传的别称。置也有马厩以休马。《史记·田儋列传》："（田横）乘传诣洛阳，……未至三十里至尸乡厩置。"裴骃集解引臣瓒曰："厩置，置马，传驿也。"《汉书·李陵传》记汉武帝诏李陵请"因骑置以闻"，颜师古注："骑置，谓驿骑也。"又《曹参传》："取狐父、祁善置。"颜师古注："置，若今之驿也。"言取狐父及祁城的善置驿。"置"可指车递的传，也可指马递的驿。

"驿"是马递专称，起于秦汉。《吕氏春秋·士节》："齐君闻之，大骇，乘驿而自追晏子，及之国郊，请而反（返）之。""驿"常与"骑""马"连言。《汉书·陈汤传》："西域都护段会京以乌孙兵所围，驿骑上书。"晋袁宏《后汉纪·光武十五·车平宪王苍》："又置驿马，千里传问起居。"《汉书·王温舒传》记其迁河内太守时，"令郡具私马五十匹，为驿自河内至长安……奏行不过两三日。"按，河内至长安一千一百里，则日行五百五十里。据有的学者统计，一般马递的日行速度大致如此（高敏《秦汉邮传制度考略》），这是一般车递所不可比拟的。不过，有时也还有车递。《汉书·昭帝纪》："上官桀……与燕王通谋，置驿往来相约结。"此指驿车。"驿"作驿站之称，要到唐代。唐韩愈《记宜城驿》：

马递驿，嘉峪关魏晋墓壁画

“此驿置在古宜城内，驿东北有井，传是昭王井，有灵异。”驿的设置，汉唐之制，都是三十里设一驿。驿有长，又有驿吏。驿都有马厩，也供应食宿。因此，与传的规模、作用相同。

此外，亭也有供食宿、传递文书的作用。不过，它是步递，而且主要作用不在此，故不能作驿站之称。

折梅逢驿使（明《五朵云》）

143．车轮诸名

轮有很多：车轮、齿轮、涡轮、滑轮……最早的轮是车轮。但最早的车轮却不叫“轮”。

最古老的车轮叫“辁（quán）”。《说文·车部》：“有辐曰轮，无辐曰辁。”这是全木截削成没有辐条的轮子。原始创作是：将一块原木板削成浑圆，中设孔穿轴，人力拉推滚动。“辁”又称“椎轮”。“椎”，朴质。萧统《文选·序》：“若夫椎轮为大辂之始，大辂宁有椎轮之质？”“大辂”，后代皇帝所乘的豪华车子。比喻事物的草创。白居易《白蘋州五亭记》：“盖是境也，实柳守（柳恽）滥觞之，颜公（颜真卿）椎轮之、杨群缋素之。”“椎轮”是辁轮的俗称，此也喻草创。

“轮”，从车侖声，声兼义。侖声有条理义，故轮是有条理地聚合辐条的车轮。轮的内周孔置毂，毂中贯轴，轮外周是牙，亦叫辋。《释名·释车》：“辋，罔也，网罗周轮之外也。”毂与辋之间插入辐条。商周的车轮直径较大，有辐条18至40根，通常是20根。《老子》：“三十辐，共一毂。”即辐凑聚到毂。显然，轮是造车发展到相当水平的产物。自从轮有了辐条，几千年来没有新的质变。车靠轮转而行，故“轮”代称车。晋王嘉《拾遗记·周穆王》：“又副从瑶华之轮十乘，随王之后以载其书也。”刘孝标《广绝交论》：“故轮盖所游，必非夷惠之室。”“轮盖”，车盖，借称作官者。引申为转。《吕氏春秋·大乐》：“天地车轮。”高诱注：“轮，转。”为一切轮圆形之物。如月亮。刘禹锡《八月十五日夜桃源玩月》诗：“金霞昕昕渐东上，轮欹影促犹频望。”

“轮”，有一些用修辞手法造成的别称。一个是“轨”。“轨”指车两轮之间。周代规定：车轨为六尺，车轨的两边是轮的辗迹，代

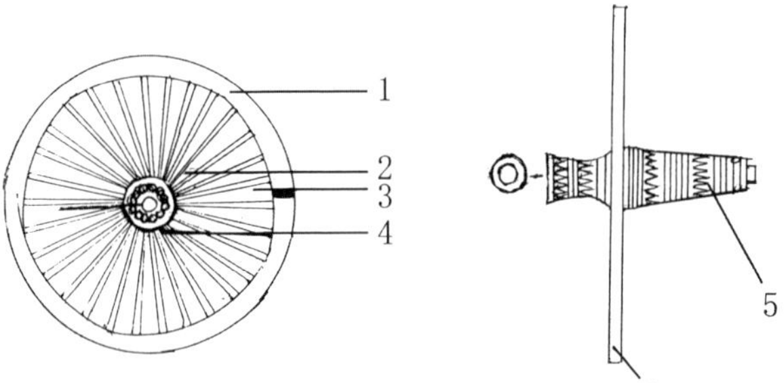

1. 牙，辋，輮　2. 股
3. 骹　4. 轴　5. 轴，毂
6. 轮

车轮

称造成轮迹的主体——轮。《汉书·刘向传》："夫遵衰周之轨迹，循诗人之所刺。""轨迹"，轮迹。另一个是"辚"。《集韵》："辚：辚辚，众车声。"杜甫《兵车行》："车辚辚，马萧萧。"代称发出车声的主体——轮。《仪礼·既夕礼》郑玄注："轴状如转辚。"孔颖达疏："辚，轮也。"进而作动词，轮碾意，变其音为去声。司马相如《上林赋》："徒车之所辚轹（lì），乘骑之蹂若。"既言"徒车"，"辚"当指轮碾压。《史记·司马相如列传》："揜（掩）兔辚鹿。"辚鹿，轮子碾压鹿。

144. 毂·错毂·毂击·毂下

《楚辞·国殇》:“操吴戈兮被犀甲，车错毂（gǔ）兮短兵接。”《战国策·齐策一》:“临淄之途，车毂击，人肩摩，举袂成幕，挥汗成雨。”上句“错毂”状车轴头交插，下句“毂击”写齐都人口稠密以至击毂取乐。

上古车子的“毂”，究竟是何物?

毂是一段两头稍细中部粗大的木筒，轮子与轴的套接构件。它首先套进车轮的中心圆孔，轮的辐条一端插入相应的毂孔（另一端插入轮圈辋)，《老子》所谓“三十辐共一毂”。故毂者，基本是轮毂一体物。然后一起套进车厢之外的轴两端，在毂的外细端连轴凿孔，贯三寸之辖。毂外还要露出一段车轴头，这一段也有一些保护轴的套饰。整段毂较长，在 40 厘米以上。木坚，《释名·释车》:“毂，埆也，体坚埆也。”由于毂长并粗大，还要外伸一段车轴头，因此上古车战时，双方兵车交接，常常发生如《国殇》中的“错毂”实是车轴头交插的景象。由于毂木粗圆坚大，敲之有声，齐都人往往于闹市中击毂取乐。

毂将车轮与车轴套接，作用很大，故可代称整个车。《汉书·食货志下》:“转毂百数。”颜师古注引李奇曰:“毂，车也。”沈约《饯吕僧珍》诗:“持毂二崤道，扬旆九河阴。”还构成“毂下”一词，喻天子身边。《汉书·王尊传》:“贼数百人在毂下。”颜师古注:“在天子辇毂之下，明其逼近也。”称京城。《文选·任昉〈齐竟陵王文宣王行状〉》:“神皋载穆，毂下以清。”李善注:“毂下，喻在辇毂之下。京城之中也。”

145.“管辖”之“辖”

“辖（xiá）”字今常见，如“辖区”“直辖市”。更有“管辖”一词，古已有之。《晋书·凉武昭王李玄盛传》：“又敦煌郡大众殷，制御西域，管辖万里，为军国之本。”“管辖”之“辖”是管束义。“辖”为何有此义？

“辖”的管束义源于该词的名物义。其物今也有见。北方大车轴头上穿着的小铁锟，可制轮不脱，灵活插拔，此即是辖。

辖，古也作“鎋、舝”，是车上最重要的销子。盖轮子的中心是圆毂，车轴与轮横向穿入毂中，为了固定车轮与车轴的位置，在毂外端有孔穴插入销子，这就是辖。《诗经·小雅·车舝》：“间关车之舝兮，思娈季女逝矣。”孔颖达疏：“间关，设舝貌。舝，无事则脱，行乃设之，故言设舝也。”它多用青铜制成，扁平长方形，上有辖首，可灵活插拔；仅长三寸，却是行止车的关键。《淮南子·人间》：“夫车之所以能转千里者，以其要在三寸之辖。”《孔丛子·嘉言》：“譬若载无辖之车以临千仞之谷，其不颠复亦难冀也。”《汉书·陈遵传》：“每大饮，宾客满堂，辄关门，取客车辖投井中，虽

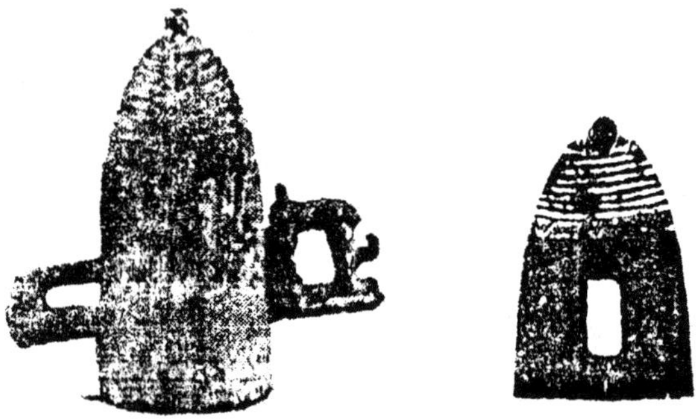

西周铜辖

有急，终不得去。”《太平御览》卷七五二记述了一则先秦轶闻：公输子削竹木为鹊，“飞之三日不下，自以为至巧”，墨子对他说：“子之为鵲（鹊）也，不如匠之为车辖，须臾竖三寸之木，而任五十石之重。”

三寸车辖，可以控制车的行止，即管控一辆车。虚化作动词，自然成了管束义，并且用于管束、管控城市、区域、部门等，实在太准确、巧妙了！

146. 车轴饰物诸名

上古车轮毂之外，有一段较长的车轴头，上面有种种饰物，好像很啰嗦，但各有其独特作用，一个也不能少。

“轊（wèi）”，也作“軎”，《说文·车部》释“车轴耑也”，指车毂外有金属套筒的车轴头。鲍照《芜城赋》：“当昔全盛之时，车挂轊，人驾肩。”“驾”，凌，迫。指毂外的轊即车轴头会互相钩挂，形容车多。但《史记·田单列传》：“齐人走，争涂，以轊折车败，为燕所虏。”这伸出轮子外的车轊太长，以致轴头折断，车不得行。自然，后例中“轊折”，要致“车败”，肯定影响到毂外端之辖，及辖内的毂。

“軧（qí）”，常误作“軝”。它指车毂末端用皮革缠饰的部分。它既是装饰，又在碰击时保护轴头不受损坏。通常是用皮革挽裹，再用间色髹漆。贵族车，如旧注称“约軧”者。《诗经·商颂·烈祖》：“约軧错衡。”孔颖达疏：“谓以朱色缠束车毂以为饰。”先在毂头刻镂，使起兆瑑，再浑体上厚胶，用皮筋扎裹，又上胶一层，然后用皮革紧裹，使兆瑑容突分明。接着，上底漆，待干后画五彩，再上朱漆。扬雄《解嘲》所谓“朱丹其毂”，就是这样。这当然是汉代二千石以上的大官才有的毂饰。

“輨（guǎn）”，也作“錧”，也是毂饰，是车毂细端口包盖的金属帽，起保护作用。战国以前用铜，以后用铁。引申指车轴头。因就在辖的部位，故常与“辖”连用，喻指事物的关键。赵岐《孟子题辞解》：“《论语》者，五经之錧鎋，六艺之喉衿也。”“衿”同“襟”。輨也称“釱”，也作“轪（dài）”，这个名称较常用，又见于马王堆出土帛书，故可一说。

《方言》九：“关之东西曰輨，南楚曰轪。”屈原《离骚》：“屯余车其千乘兮，齐玉轪而并驰。”指陈聚车驾千乘，都用玉饰车轴头，意“从己者众，皆有玉德，宜辅千乘之君也。”（王逸注）扬雄《甘泉赋》：“陈众车所东阬兮，肆玉釱而下驰。”也承屈赋而用。又用作刑具。《史记·平准书》：“敢私铸铁器煮盐者，釱左趾。”裴骃集解引韦昭曰：“釱，以铁为之，著左趾以代刖也。”即用铁圈硬套箝左趾。可见也是车輨的一种“活用”。

147. 车厢“舆”

舆是车厢。汉王符《潜夫论·相列》：“巧匠因象，各有所授，曲者宜为轮，直者宜为舆。”“舆”可指代车。《周易·剥》：“君子得舆，小人剥庐。”孔颖达疏：“是君子居之则得车舆也。”史书有《舆服志》。“舆服”指车服。《荀子·劝学》：“假舆马者非利足也，而致千里。”“舆马”指车马。“舆”还可指代大地。《史记·三王世家》：“御史奏舆地图。”古人以为天地有覆载之功，故以天为盖，以地为舆。地理称“舆地”。这个“舆”意义如此大，则必须看看它的真容。

以兵车为代表的上古车子，车厢呈矩形，面积并不大，据考证，殷代的车厢只 0.75 -0.8 ×1 -1.3 平方米（参孙机《从胸式系驾法到鞍套式系驾法》）。只容三人活动。前部上面有横木轼，或是一根直的圆棍，或延曲至两旁。轼高只及站立的人之腰部，供御者站轼后执辔（四马的骈马有两辔固定在轼上），射者可凭而引弓，也可让

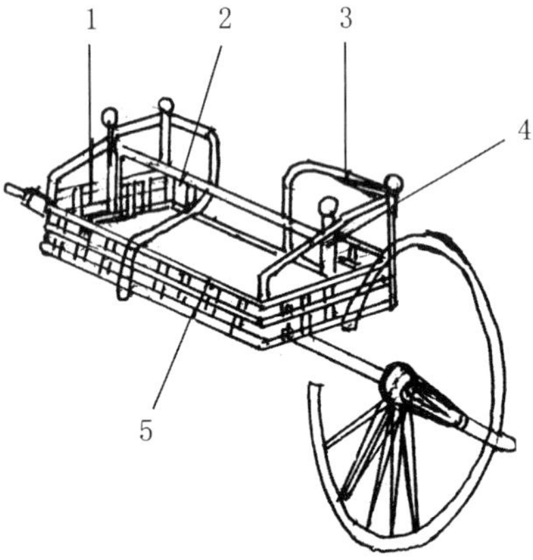

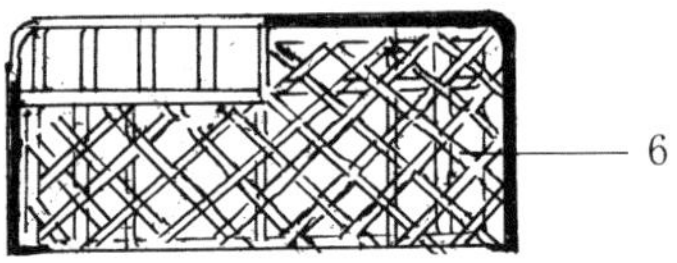

1. 轵，軨；　2. 轼；　3. 较；
4. 輢；　5. 轛；　6. 轖。

车舆

人“伏轼”，即小俯上身以对人致敬。《吕氏春秋·期贤》：“魏文侯过段干木之闾而轼之。”“轼之”，向贤者伏轼致礼。轼下横直交叉的栏木，与人相对，故称“轛”。若是掩板，称为“軓（fàn）”，也有说是轼下围辕的半圆形木。在轛下有挡泥的板叫“屏泥”。《汉书·黄霸传》：“别驾主簿车，缇（tí）油屏泥于轼前。”“缇”，橘红色。

车厢两旁的立柱和栏板是輢，因人所倚靠而名，若是兵车，可插戈殳戟矛等长兵器。《战国策·赵策三》：“臣恐秦折王之輢也。”鲍彪注：“輢，车旁也。”如果輢用横直交叉的木格，就称“軨”。宋玉《九辩》：“倚结軨兮长太息，涕潺湲兮下霑轼。”若是坐乘车，“軨”也可称其窗槅。軨格也可称“轵（zhǐ）”。輢上的横木（高于轼）是“较”，平底凿孔，以纳軨条。役车、栈车实板无軨，故无较。一般一较，卿以上的车有重较，即有横木二重。《诗经·淇奥》：“宽兮绰兮，倚重较兮。”毛传：“重较，卿士之车。”陆德明释文：“车两旁上出轼也。”较有翻出的边缘，称“辄（zhé）”，又称“车耳”。扬雄《太玄经·积》：“君子积善，至于车耳。”它到汉代发展为轓（fān），可作坐者的靠手，也可挡住车轮翻起的泥水，相当于今天的挡泥板。车厢两旁底部的横木下有左右伏兔，即凹形的木块，以将车厢置于车轴上。

车厢后部厢底的横木称“轸（zhěn）”。它的引申最广。可扩指车厢底部四周的横木，代称整个车厢、车。《国语·晋语四》：“若资穷困，亡在长幼，还轸诸侯，可谓穷困。”韦昭注：“还轸，犹迴车。”虚化为方义。《楚辞·九章·抽思》：“轸石崴嵬，蹇吾愿兮。”“崴嵬”，高貌。洪兴祖补注：“轸石，谓石之方者如车轸耳。”车厢后部中间开口，供人上下车。有绳子叫绥，供人上下时拉凭。

整个车厢，有时有皮革蒙蔽在外，可挡风寒，称“轖（sè）”，字也作“轖”。《急就篇》卷三：“革轖髹漆油黑苍。”《文选·枚乘〈七发〉》：“意者久耽安乐，日夜无极，邪气袭逆，中若结轖。”李善注引《说文》曰：“轖，车籍交革也。”

148. 车篷诸名

车有车篷。古代的马车、牛车很多有篷。

四面的篷总称为“襜（chān）”。“襜”或作“幨”。元熊忠《古今韵会举要》：“（车）四旁垂而下，谓之幨。”《后汉书·刘盆子传》：“乘轩车大马，赤屏泥，绛襜络。”李贤注：“襜，帷也；车上施帷以屏蔽者。”指四周的蔽帷，即车篷。

两旁的称为“帷”“幢（童）容”。“帷”是帐幕总名，并特指两旁者。《周礼·天官·幕人》：“掌帷幕幄帟绶之事。”郑玄注：“在旁曰帷，在上曰幕。”作为车帷，也特指两旁的篷。《诗经·卫风·氓》：“淇水汤汤，渐车帷裳。”孔颖达疏：“以帷障车之傍如裳，以为容饰，故或谓之帷裳，或谓之童容。”“童容”又作“幢容”。成都杨子山一号墓出土有《帷车》画像砖，中坐二人，居右者系妇人，居左者为御者，一马挽车疾驰（《四川汉画像石选集》第二十图）。车的左右两侧设帷，并留出窗口，就是张帷、“幢容”的形象。

“襜、帷”性质相同，故常同义连用。泛指车篷。《后汉书·蔡茂传》：“敕行部去襜帷，使百姓见其容服，以章有德。”代称车。王勃《滕王阁序》：“宇文新州之懿范，襜帷暂驻。”

前面的车篷特称为“幰”。《说文新附》：“幰，车幔也。”《通俗文》：“张布曰幰。”都是释其通义。“幰”，从巾宪声，声兼义。“宪”通“轩”，则字义指轩车的篷幔（参郑珍《说文新附考》）。轩车前高后低，顶部与三面都有固定的卷篷障蔽，与他车无异，只有前面供人上下，挂着一面的篷幔，于是轩车上的这种篷幔也叫“幰”。由于轩车前高，前面的篷幔显得较高。《南史·鲍泉传》：“后为通直侍郎，常乘高幰车。”扩大之，不是轩车，而挂在前面的篷幔也叫“幰”。《文选·潘岳〈籍田赋〉》:“微风生于轻幰，纤埃起于朱轮。”李善注:“幰，车幰。”“微风”句可见：因为幰是张挂在前面的，故最易行而飘拂。张幰的车常为大臣娶亲所用。白居易《和春深》诗之十九:“宾拜登华席，亲近障幰车。”

此外，还有些用词，如“幄”。“幄”或作“屋”，本指帷幄屋形的帐幕，常专用于帝王的车。《史记·秦始皇本纪》:“子婴……车黄屋，从百司，谒七庙。”《陆贾传》:“令尉佗去黄屋称制、令比诸侯。”“黄屋”，即黄幄，用黄色缯帛做的车篷。至于“篷”出现较迟，且一般指船篷。杜牧《独酌》诗:“何如钓铅雨，篷底睡秋江。”宋汪元量《湖州歌》之十二:“靠着篷窗垂两目，船头船尾烂弓刀。”

149. 说“驾”

车需要驾，才能行。何谓“驾”?《说文·马部》:“驾：马在轭中。”字从加、马，会其意是加马于车。

马是如何“加”到车的呢?

马力通过辀（zhōu）辕而带动车轮滚动。辀辕即车杠，一端压在轴上，一端前伸。有两根前伸夹在牲口两旁直而平的长木叫“辕”，用于大车，即牛车。只有一根，由轴的中央稍上曲而前伸的长木叫“辀”。《左传·隐公十一年》:“公孙阏与颍考叔争车，颍考叔挟辀以走。”辀用于马车。在上翘的辀端下，横架一根短木叫

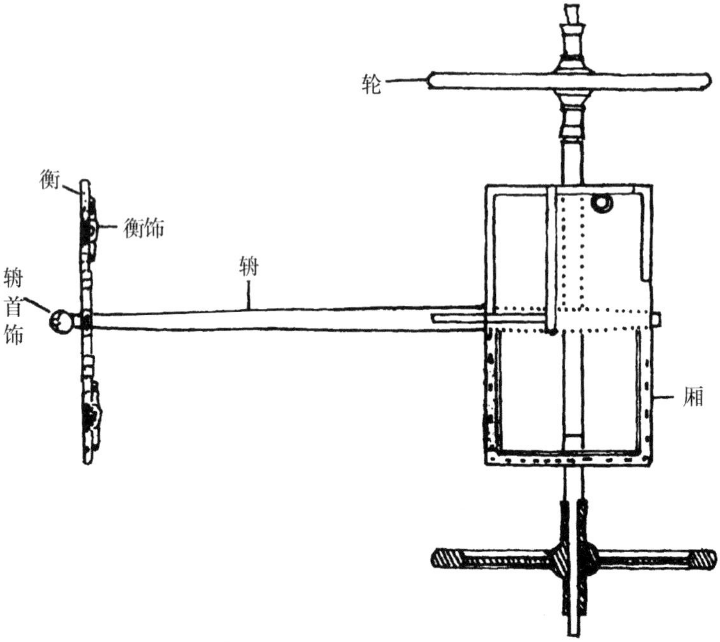

单辕车俯视图

“衡”。衡上装置銮，字也作“鸾”。《诗经·大雅·烝民》：“四牡骙骙，八鸾喈喈。”不过出土实物并不都是八个。车行时，发出和谐响声。衡下与马怎么连结呢？它无法直接加在马的身首，而是在衡下悬置两个人字形的钩状物，叫“軥（gōu）”，俗称为“轭（è）”，勾曲夹贴马颈。《左传·襄公十四年》：“射两軥而还。”陆德明释文：“軥，车轭两边叉马颈者。”通常服马有軥衡管束，外面的骖马没有。衡，上与辀连结。这个结合只靠销子。马车的销子叫“軏（yuè）”，牛车的销子叫“輗（ní）”。其物虽小，作用特大。《论语·为政》：“大车无輗，小车无軏，其何以行之哉？”扬雄《太玄经·闲·次四》：“测曰：拔我輗軏，贵以信也。”范望注：“輗軏，喻信也。治民以道，信行于下也。”韩愈《送文畅师北游》诗：“已穷佛根源，粗识事輗軏。”都喻指事物的关键。一般二字连用，偶也有单用者。《韩非子·外储说右上》：“墨子为木鸢，三年而成，蜚（飞）一日而败。弟子曰：‘先生之巧，至能使木鸢飞。’墨子曰：‘不如为车輗者巧也，用咫尺之木，不费一朝之事，而引三十石之任，致远力多，久于岁数。今我为鸢，三年成，蜚一日而败。’惠子闻之曰：‘墨子大巧，巧为輗，拙为鸢。’”“木鸢”，木制飞鸟。

除了軥轭，还有直接加在马上的其他一些部件。套住马颈有颈靼，上缚在軥的两头。马胸有靷，是当胸的宽皮带，下垂流苏，专称“鞅”。两端是细皮带，穿过围住马身称为“靷”的游环，缚到车轴上，这样可使拉车时承受马力。最重要的自然是马缰绳，叫“辔”。辔连结马很复杂：马口部套皮条编结的络头羁，口中置衔，两端有镳，辔连于镳。一马二辔，其中骖马的内辔叫“軜”，系在轼上，故四驾马车，只有六根辔握在驭者手中，分两手：右手握右骖外辔，右服右辔与左服右辔，左手握左骖外辔，左服左辔与右服左辔。这样，两服马离不开辀侧，两骖马又通过内辔和服马连结在一起，御者有条不紊，操纵自如，艺高者就可以做到“两骖不猗，不失其驰”（《诗经·小雅·车攻》，“猗（yī）”，偏），“两服上襄，两骖雁行”（《诗经·郑风·大叔于田》）了。

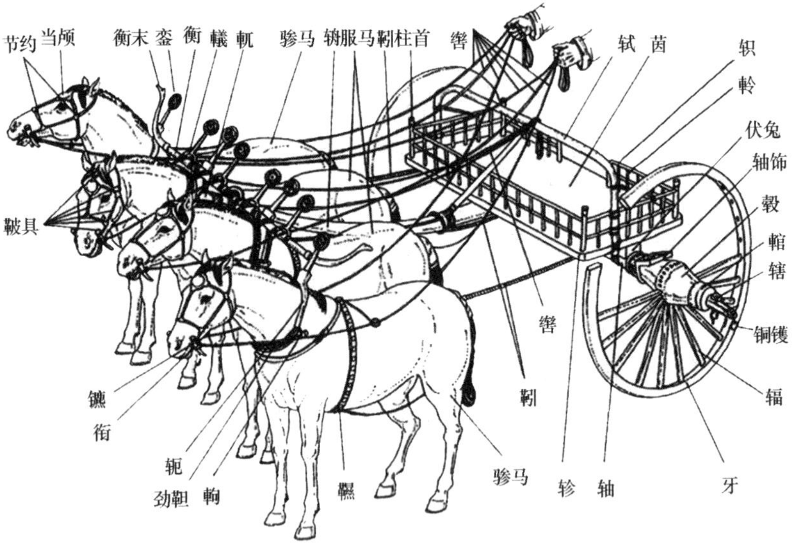

辀车与马具

150. 驾车的马

“车”与“马”，今天是风马牛，但上古是形影不离的好伙伴。《诗经·唐风·山有枢》：“子有车马，弗驰弗驱。”甚至造车要搭马。《礼记·玉藻》：“大夫不得造车马。”明明是造车，要连类而及“马”。乘马就是乘车。《论语·雍也》：“乘肥马，衣轻裘。”即指乘肥马拉的车。战国以前，车子，少数用牛驾，大都用马；马，主要用来拉车，不作单骑。到战国时，赵武灵王引进胡服骑射，才从匈奴学来了骑马。车与马才渐渐脱钩。

这里要说的是“车马”，黄金时代的马，驾车的马。

驾车的马少则一匹，多则六匹。《荀子·议兵》：“六马不和，则造父不能以致远。”上古一般兵车是四马，它们有合称以及各种专称。

四驾马合称“驷”。从四、马会意。《玉篇》：“驷：四马一乘也。”上古一车套四马为常式。《诗经·郑风·清人》：“清人在彭，驷介旁旁。”“彭”，邑名。“介”，披甲。郑玄笺：“驷，四马也。”《诗经·秦风·驷驖》：“驷驖孔阜，六辔在手。”“驖”，言其色黑如铁。四马本有八辔，因骓马的两辔连在轼上，故御者两手共执六辔。由于通常驷为一乘，故也代称车。上古用以计算国家的兵力。《论语·季氏》：“齐景公有马千驷。”这不仅是说有四千匹马，更主要的是表明也有千辆兵车。“驷”又引申为四。《汉书·朱灵臣传》：“长安厩吏，乘驷马车来迎，买臣遂乘传去。”成语有“一言既出，驷马难追”（《论语·颜渊》）。

四驾马，中央夹辕（单辕）的马叫“服”。《诗经·郑风·大叔于田》：“两服上襄，两骖雁行。”郑玄笺：“两服，中央夹辕者，襄，驾也。”《战国策·卫策》：“新妇谓仆曰：‘拊骖，无笞服。’”

服马最重要。引申之，“服”，可作驾马泛称。《诗经·郑风·大叔于田》：“叔适野，苍无服马。”郑玄笺：“服马，犹乘马也。”隋炀帝《秦孝王诔》：“服马顾而不能行，挽夫悲而不成曲。”作动词，驾。《诗经·小雅·大车》：“睆彼牵牛，不以服箱。”“箱”，车厢，意天上的牵牛星不可以驾车。

四驾马在外边的马正称是“骓”。《后汉书·舆服志上》：“在左骓马轭上。”李贤注引徐广曰：“马在中曰服，在外曰骓，骓亦名骖。”“骓，骖”相对说，也有左右之别。南朝颜延之《阳给事诔》：“如彼竹柏，负雪怀霜；如彼骓驷，配服骖衡。”李善注：“服谓中央两马夹辕者，在服之左曰骖，右曰骓。”“骓”也可引申为驾马的泛称。《史记·袁盎列传》：“今陛下骋六骓，驰下峻山，如有马惊车败，陛下纵自轻，奈高庙、太后何？”三国魏曹植《洛神赋》：“揽骓辔以抗策，怅盘桓而不能去。”

三驾马，总称为“骖”，字从马、参（三）会意。《诗经·小雅·采菽》：“载骖载驷，君子所届。”“届”，至。“骖”又可指四驾马的在外边者，与服马相对。《荀子·哀公》：“两骖裂，两服入厩。”杨倞注：“两服，马在中。两骖，两服之外马。”上举《诗经·郑风·大叔于田》“两骖雁行”、《战国策·卫策》“拊骖”亦其例。作动词，是名词活用为动词的使动用法。《战国策·魏策一》：“季子为衍谓梁王曰：‘王独不见夫服牛骖骥乎？不可以行百步。’”“骖骥”，把千里马作骖马。

两驾马是“骈（pián）”。从并声得义，指相并的两马。《说文·马部》：“骈，驾二马也。”段玉裁注：“并马谓之俪驾，并谓之骈。”《尚书大传·唐传》：“然后得乘饰车、骈马，衣文锦。”引申为对偶，并列之义。这是它的常用义，以两两相对的语句成文的叫骈文，以两字组成的词语叫骈字。清康熙时有类书《骈字类编》。

151. 缰·辔

缰,牵牲口的绳子，如说“脱缰之马”。

缰，古已有之，但多作“韁”。汉班固《白虎通·诛伐》：“人衔枚，马韁勒，昼伏夜行为袭也。”《太平御览》卷八九五引《三国典略》曰：“齐冯子琮被执于省内，以弓弦绞杀之……子琮所乘之马曳韁走，以头扣车，状如号哭。”《乐府诗集·清高曲辞·青骢白马》：“青骢白马紫丝韁，可怜石桥根柏梁。”“韁”字得义于“畺”。《释名·释车》：“韁，彊也，系之使不得出彊限也。”“彊”通“疆”，初文是“畺”，田界，会其意使马行在一定界域的丝绳或皮绳。从使用看，有口语色彩。

“缰”主要用于马，盖其他牲口的牵绳各有专称。如系犬绳是“绁”，或作“緤”“紲”。《说文·糸部》：“绁，犬系也。”《左传·僖公二十四年》：“臣负羁紲从君巡于天下。”服虔云：“一曰犬韁曰绁，古者行则有犬。”系牛绳是“纼（zhèn）”，又作“紖”。《礼记·少仪》：“牛则执纼。”《周礼·封人》：“凡祭祀，饰其牛牲，设其楅衡，置其紖。”楅设于角，衡设于鼻。郑玄注引郑司农曰：“紖，著牛鼻绳，所以牵牛者，今时谓之雉。”陆德明释文：“紖，本又作纼。”牛鼻绳又称“縻（mí）”。司马相如《难蜀父老》：“盖闻天子之于夷狄也，其义羁縻勿绝而已。”

然而，古代马缰绳的书面语正名是“辔（pèi）”。“辔”，使用比“缰”广，贯穿整个古代。《说文》作“轡”，释“马轡也。”从车、丝会意，指用丝绳驾车的绳，这就是马辔。《礼记·曲礼上》：“执策分辔，驱之五步而上。”孔颖达疏：“辔，御马索也。”经文是说驾者试驾：将六辔分两手，其中一手还握马策，让马走五步而上。《诗经·秦风·驷驖》：“驷驖孔阜，六辔在手。”四马共握六辔。又

《诗经·郑风·大叔于田》："执辔如组，两骖如舞。"最难控制的是骖马，今掌握很精熟，使骖马与服马和谐并行，用"如舞"形容，精妙入神。《大戴礼记·盛德》："不能御民者弃其德法，譬犹御马弃辔勒而专以筴（策）御马，马必伤，车必败。""勒"，嚼口络头；"策"，击马杖。

古代作马缰绳的还有"靮（dí）""鞿（jī）""靶"等词，各有来源，因使用不广，不赘。

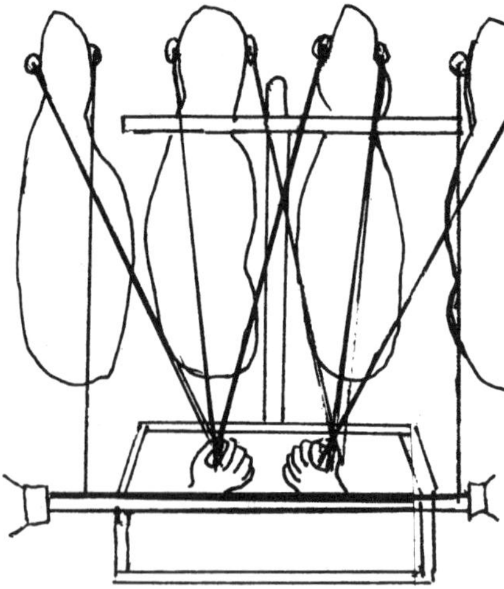

驱车执辔示意图

152. 绊马绳——“绊”“絷”

在所有的家畜中，用于马的绳带最多。除了用于驾车的许多绳带，还有两条非常别致的绳子：绊、絷（zhí）。它们都是用来拘系马足的。《说文》中也予互训。实际上它们仍是二名二物，各有特点。

“绊”的本义或以为名词，或以为动词。应是动词，拘系马足。《淮南子·俶真》：“身蹈于浊世之中，而责道之不行也，是犹两绊骐骥而求其致千里也。”庾信《谨赠司寇淮南公》诗：“绊骥还千里，垂鹏更九飞。”文中是喻人受拘束，不能自由发挥特长。“绊骥”是虚绊。如用于人，则产生制约、牵制义。《晋书·文帝纪》：“今绊姜维于沓中，使不得东顾。”这也不是真的系拘姜维。转为名词：拘马足的绳子。《汉书·叙传上》：“今吾子已贯仁谊之羁绊，系名声之韁锁。”“羁绊”指马笼头和绊马足绳，但整句又是喻指仁义。今天作“绊脚石”“绊了一跤”，“绊”是脚受阻碍而仆跌，这是后起义。

“絷”，有的词典误以为也作马缰绳。它是形声兼会意字，从糸、执，执亦声，本义也是系拘马足，动词。这是个后起形声字，古字为㬎，或作“㬎”，见于《说文》，指事字，篆文象马四足被“○”圈住。《诗经·小雅·白驹》：“皎皎白驹，食我场苗；絷之维之，以永今朝。”屈原《国殇》：“霾两轮兮絷四马，援玉枹兮击鸣鼓。”毛传、王逸注都释“絷”为“绊”。《庄子·马蹄》：“连之以羁㬎，编之以皁栈。”“皁栈”，槽枥、马槽。成玄英疏：“㬎，谓约前两脚也。”这是从实际说：要拘束马，只要拘其前足就够了。用于人，《左传·成公九年》：“晋侯观于军府，见钟仪，问之曰：‘南冠而絷者，谁也？’”杜预注：“絷，拘执。”《庄子·秋水》：“东海之鳖左足未入，而右膝已縶矣。”成玄英疏：“縶，拘也。”这些“縶”，都是拘执义，无论以为是本义或作引申义，无论对象是马是人，都是真的拘执。转作名词，为绊马绳。《诗经·周颂·有客》：“言授之縶，以縶其马。”《左传·成公二年》：“韩厥执縶马前。”（“马”，衍字）《公羊传·襄公二十七年》：“公子鱄辞曰：‘夫负羁縶，执铁锧，从君东西南北，则是臣仆庶孽之事也。’”

由上可见，二词本义都是拘系马足，但“绊”虚“縶”实。“绊骥”，骥是类属名（良马泛称），“绊”自然也虚泛，甚至是喻称义；而“縶”的对象“白驹”“四马”都是特定名物，故是实指系拘。引申用于人，“绊姜维”并非真的拘执其人，而是制约意；而“南冠”的钟仪、东海之鳖被“縶”，是实被绳缚执。引申作名词，“绊”是喻称性质的绊马绳，“縶”则是实实在在的绊马绳。要之，“绊”虚“縶”实。

153. 辎重·辎軿

“辎重”，词典说“指行军时由运输部队携带的物资”。但“辎”怎么讲?“重”怎么讲?

“辎重”，古代已有了，指行者携带的物资，常指军用物资，比现在专用于军事范围大。《老子》二十六章：“是以君子终日行，不离其辎重。”(从帛书甲本)《孙子·军争》：“是故军无辎重则亡。”《史记·淮阴侯列传》：“从间道绝其辎重。”“间道”，小路。《汉书·韩安国传》：“王恢、李息别从代主击辎重。”颜师古注：“辎，衣车也。重谓载重物车也。故行者之资，总曰辎重。”这就是说，“辎、重”本是衣车与载重物车。其实，“重”不是一种车名，当指重物，颜注是随文而解；“辎”才是一种车名。

“辎”本不是运输专车，而是与軿（píng）车一类，都是有障蔽

明代辎重车（采自《四镇三关志》）

的坐卧车，后者多为贵妇人所乘。常“辎軿”连言。汉制：三公、列侯、中二千石、二千石的夫人出行可乘辎軿车。刘向《列女传·齐孝孟姬》：“妾闻妃后逾国，必乘安车、辎軿。”《后汉书·列女传·皇甫规》：“董卓为相国承其名，娉以辎軿百乘、马二十匹，奴婢钱帛充路。”但是二者有相对侧重：軿车以坐卧贵妇人为主，辎车以载物为主。形制也有些不同。軿车两旁、顶部、后部都屏蔽，只留前部出入，无后辕。《三国志·吴书·贺齐传》：“赐齐軿车骏马。”谢庄《孝武宣贵妃诔》：“帷轩夕改，軿辂晨迁。”此后妃所乘。而辎车有顶棚，只蒙顶部和两旁，前后不蔽，并有双后辕（便于延伸堆物）。山东沂南北寨出土汉画像石即有这种车。辎车用以载物，也可居人。《史记·孙子吴起列传》：“于是乃以田忌为将，而孙子为师，居辎车中，坐为计谋。”孙膑受过髌刑，不能行走，请入辎车，便于卧休，也可不引人注目。《史记·留侯世家》：“上虽病，彊载辎车，卧而护之。诸将不敢不尽力。”载重物的车称“辎”，名副其实。“辎”从车甾声，甾声有积塞义，其初文象川流壅塞为灾，“菑”是不耕田，即未耕而草茂壅塞之田。“辎”也指车上丛聚物。故《释名·释车》：“辎车，载辎重，卧息其中之车也。”

由上所述，汉代的“辎重”为：“辎”，有顶棚和后辕的坐卧车，可载重物；“重”，重物。“軿”，顶部和三面有障蔽的坐卧车，多为贵妇所乘。“辎”“軿”，是汉代两种车型。

汉代軿车，山东福山画像石

154. “倾盖如故”·轺

汉代邹阳《狱中上梁王书》中所引的一句谚语是“白头如新，倾盖如故”。上句说：有些人一起到老竟像新结识一样。下句说：有些人陌路相逢，倒像老相识一样，亲切地两车紧靠，以致把车盖也挤歪了。前一种现象，就是鲁迅先生所说“今天天气哈哈哈……”的关系，后一种就是“一见如故”“相见恨晚”的情景。

这里要说的是：什么是车盖，车是什么样的车，怎么会挤歪。

古代车舆中遮雨蔽日或张帷幔类车篷，或竖篷盖。车盖活像过去乡间拔牙的土郎中所持的大阳伞。它的设置是这样：车厢中竖一直杠，底下部较粗，叫“桯（yíng）”；桯，有孔，以纳插较细的直柄，叫“达常”，其径围是桯的一半；达常之上有盖斗像伞顶，叫“部”；顶端犹如车毂四伸若干幅条，叫“橑”，又叫“弓”。《说文·车部》：“橑，盖弓也。”橑上就可张布帛，就像一把张开的大伞。文献中车盖常见。《孔子家语·致思》：“孔子将行，雨而无盖。”《史记·商君列传》：“劳不坐乘，暑不张盖。”《列子·汤问》：“一儿曰：‘日初出大如车盖，及日中则如盘盂。’”圆形的车盖要上遮方形或长方形的车厢，肯定有弧边要超出舆箱之外，于是两车紧靠以亲切交谈，上部

西汉木轺车，甘肃武威磨嘴子墓出土

的篷盖就会相交而可能被挤得斜歪。

并不是所有的车都设盖。先秦的战车肯定没有盖，老臣与妇人乘坐的安车也不宜张盖，而张帷幔。“倾盖如故”是汉谚，多据汉车而说。汉车张盖的主要是轺（yáo）车。《释名·释车》：“轺车，轺，远也，遥远也，四向远望之车也。”它由先秦立乘的兵车发展而来。今作坐乘车就中立车盖便于四向远望。这是一般吏人用车。通常是一马驾。《史记·季布栾布列传》：“朱家乃乘轺车之洛阳，见汝阴侯滕公。”司马贞索隐：“谓轻车，一马车也。”常作为驿车。《汉书·高帝纪下》：“（五年）乘传诣洛阳。”颜师古注引如淳曰：“律：四马高足为置传……一马二马为轺传。”《儒林传·申公》：

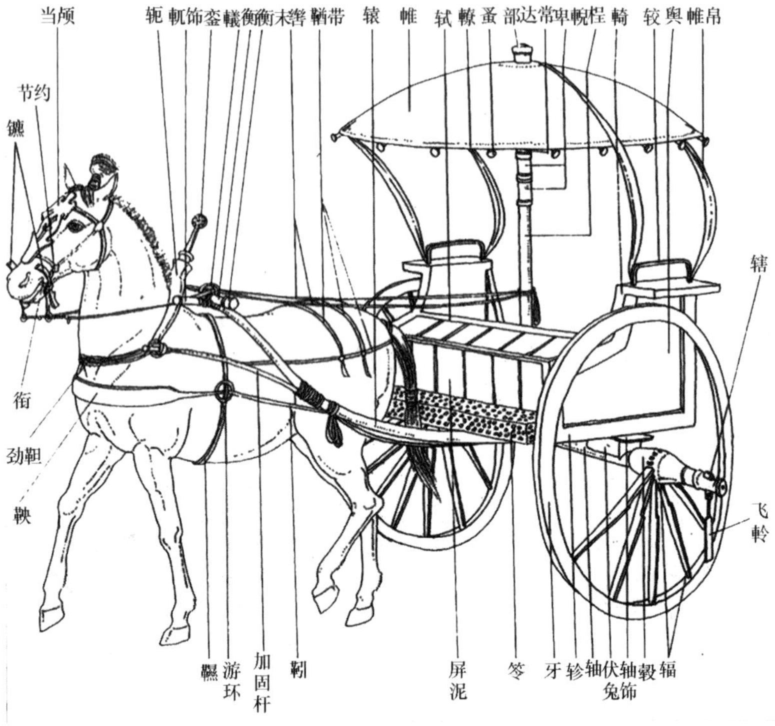

张盖车示意图，采自《梓人遗制图说》

"上……安车以蒲裹轮，驾驷迎申公，弟子二人乘轺传从。"四川德阳黄浒镇蒋家坪出土画像砖就是轺车形象。其车是十辐高轮，马扬蹄疾驰，马尾有结，车前高后低，中坐二人，左御执辔在手，右坐吏人，座中立直杠上撑大圆盖。

坐车有级别，盖的颜色也体现了级别。汉制：二百石以下小吏白布盖，三百石（县长）以上皂布盖，千石以上皂缯（即帛）盖。据居延汉简，一乘轺车值万钱，与一区住宅价等。一般百姓当然不能享用。

155. 辅轩·轩轾

说到“辅轩（yóuxuān）”，就想到扬雄。这位汉代辞赋家、哲学家、语言学家，他有本名著叫《方言》（关于作者也有异说），这是我国第一部方言词汇专著，它全称是《辅轩使者绝代语释别国方言》，其中就有这个词。汉应劭《风俗通序》说：“周秦常以岁八月遣辅轩之使求异代方言。”这是指采风的使者。颜延之《赭白马赋》：“飞赋轩以戒道。”《隋书·高祖纪下》：“每见珪璪入朝，辅轩出使，何尝不殷勤晓谕。”这些是指出使他国的君王的使臣。

“辅轩”是一种车。

《说文·车部》：“辅，轻车。”段玉裁注：“辅车，即轻车，本是车名。”但“辅”一般不单用，常与“车”结合，为轻车义。《诗经·秦风·驷驖》：“辅车鸾镳。”汉班固《西都赋》：“辅车霆击、骁骑电骛。”引申为轻义。《诗经·大雅·烝民》：“德辅如毛，民鲜克举之。”郑玄笺：“辅，轻也。”

《说文·车部》：“轩，曲辀藩车也。”段王裁注：“谓曲辀而有藩蔽之车也。”辀是单辕，用于马驾的兵车、田车、乘车。它本就是曲木，一端连车轴中央，从底部伸出后逐渐隆起，上翘的端首横接衡轭等驾具。云“曲辀”，则比一般辀更有弯曲度。到了汉代，单辕变为双辕，辕也上曲。“藩”通“轓”。《汉书·景帝纪》颜师古注谓“轓”是“车耳反出，所以为之藩屏翳尘泥也”。通俗地说，轓是坐车的两轮上面、车厢两旁伸出的有约半尺宽度（汉制为八寸）的靠手挡泥板。它既便于坐时放手舒身，又可挡住车轮转动时溅起的泥水。此外，它还有一个特点：前高后低，即前轻后重，前面挂车幔，以供上下。山东沂南北寨出土画像石有一辆张盖四维的一马驾车，坐一御者、一吏，那八条轮辐的大车轮上正是一轓，有耳翻出，其长与轮径等。这轓有等级色彩。《汉书·景帝纪》："令长史二千石车朱两轓，千石至六百石，朱左轓。"但是，轩车上古时尚无色彩分等级。《左传·闵公二年》："卫懿公好鹤，鹤有乘轩者。"杜预注："轩，大夫车。"孔颖达疏引服虔曰："车有轓曰轩也。"《庄子·让王》："子贡乘大马……轩车不容巷，往见原宪。"《墨子·公输》："墨子曰：'荆之地方五千里，宋之地方五百里，此犹文轩之与弊舆也。'"综此，轩当是卿大夫所乘、有上翘的辕、两边设置轓蔽、前高后低的坐车。凡出使他国或兼采方言的使者，都是大夫级，故得乘轩车。

轩车级别高，故可作车的通称。《尚书大传·帝告》："未命为士者，不得乘朱轩。"郑玄注："轩，车通称也。"范晔《乐游应诏》诗："轩驾时未肃，文囿降照临。""轩驾"，车驾。轩车前高后低，常与前低后高的"轾"对举。《诗经·小雅·六月》："戎车既安，如轾如轩。"高亨注："车向下俯。"即车顶前倾貌，即前低后高。后以"轩轾"喻指高低、轻重。

"輶轩"是偏正结构。"輶"取轻义，"轩"用专称义，合指轻巧的卿大夫级的专车。由于使者常乘坐这种车，因此，它成了朝廷使者的标志，故常称"輶轩使""輶轩使者"，甚至径称"輶轩"。清梁章钜《称谓录》："輶轩，天子之使臣也。"

156. 古“港”非今“港”

今“港”是港口、港湾。有军港、海港、不冻港……。有的古汉语词典也列出这一义。上当了。古“港”非今“港”。

“港”字从水、巷，会意。巷者，里中道，小路，可通大街、大路，故“港”本义当指江河的分流，即与大的江湖相通的小河。《集韵·上讲》：“港，水分流也。”韩愈《送王秀才序》：“道于杨、墨、老、庄、佛之学，而欲之圣人之道，犹航断港绝潢，以望至于海也。”《水浒传》第十九回：“原来这石碣村湖泊，正傍着翠山水泊，周围尽是深港水汊。”这些“港”都指河的汊流，而不是港口。引申为可通大江大海的人工小河。宋杨万里《舟中买双鳜鱼》诗：“小港阻风泊乌舫，舫前渔艇晨收网。”有的词典举此“港”为港口义，实误。这里的“小港”正指人工小河，一般河床较低，两岸苇蒲所夹挡，可以避风。同一作者的另一些诗也都有此用法。《圩丁词》：“河水还高港水低，千枝万泒（派）曲穿畦。”“港水”指灌溉圩田的人工渠水，比河要小，但也为人工开凿。明夏原吉上奏《治苏松水利疏》：“臣等相视，得刘家港，径通大海，常熟之白茆港，径入大江。皆系大川，水流迅疾。”这里的刘家、白茆二港都不是港口名，而也都是人工所凿河名，用于灌溉。有时也可“港口”连言，也不是今港口义。明徐光启《农政全书·水利·东南水利下》引郏侨言：“自今考之，惟白茆港口，福山港口，七浦之斜堰，仅有闸迹，其他更不多见，何也？盖有闸必有守闸者。寇盗豪强，不利于大闸者十九，而江海口，地多旷廓，守之为难。况波涛冲蚀，水道又有迁徙之患，势必难存者。” “港口”，是河港的通江、海处，港口“地多旷廓”“守闸”云云，足见与今港口义不同。总之，“港”字，即便中古以后，也只是指人工开凿通江海，主要用于农溉的河道。今上海的南汇乡间依然称这种河道为“港”，旧时开凿的称“老港”，新开凿的称“新港”。

157. 波·浪·涛

“波浪”“波涛”是常见复合词，其义人人明白。但若问“波”与“浪”“涛”有什么差别？就要“三思”了。

首先要说，早期它们还不是同义词，没有可比性。其时“浪”只是放散义，而不是波浪义。《诗经·邶风·终风》：“谑浪笑敖，中心是悼。”孔颖达疏：“浪，意明（萌）也。”谓戏谑之心萌生，“浪”即放荡意。《离骚》：“沾余襟之浪浪。”王逸注：“浪浪，流皃（貌）也。”指泪水不断散落的样子。所谓“浪迹”，即散迹，行迹无定。“浪子”，即游荡、放荡之人。孔稚珪《北山移文》“今又促装下邑，浪拽上京”，二句骈对，“浪拽”与“促装”相对，“浪”正是放。今有的词典将“浪”的首义释为“波浪”，并举左思《魏都赋》“温泉毖涌而自浪，华清荡邪而难老”以证，未是。“自浪”作自掀浪，殊不成语。其实这也是荡散、流散之意。“浪”有波浪义大约在南北朝。梁元帝《鸳鸯赋》：“朝浮兮浪花，夜集兮江沙。”梁刘孝绰《月半夜泊鹊宅》诗：“月光随浪尽，山影逐波流。”“浪、波”对文同义。但其用还不普遍。到唐代才多见。杜甫《望兜率寺》诗：“霏霏云气重，闪闪浪花翻。”孟郊《送淡公》诗之三：“侬是指浪儿，饮则拜浪婆。”“浪婆”，波浪之神。词牌“浪淘沙”，源自唐教坊曲名，肇自白居易、刘禹锡诸人。白词有《浪淘沙》“白浪茫茫与海连，平沙浩浩四无边”之句，刘词有“春风吹浪正淘沙”之句。并且与“波”开始同义连用。如《晋书·张华传》：“但见两龙各长数丈，……须臾光彩照水，波浪惊沸。”杜甫《秋兴》诗：“江间波浪兼天涌，塞上风云接地阴。”《晋书》成于唐人。唐代“浪”与“波”结为兄弟，成“波浪”这个同义复合词，一直沿用至今。

二词同义以后，方可以观察它们在水波义上的同中之异。

“波”水皮声，声兼义，皮声字多有“不正”义：“跛”是行不正，“颇”是头偏，“陂”可指斜坡，后出字“坡”，等等。“波”则指水流的不平，也就是主要由于自身的涌动造成的水纹起伏。《九歌·湘夫人》：“嫋嫋兮秋风，洞庭波兮木叶下。”“嫋嫋秋风”只能起水纹起伏之波。唯其一般起伏，可喻指眼神。傅毅《舞赋》：“目流睇而横波。”这也可证明，波的水涌动程度最低。

“浪”本是放散、放荡义，用于水波，是指由客观因素主要是风造成水的激荡，故程度当比“波”要高一些。李白《下寻阳城泛彭蠡寄黄判官》诗：“浪动灌婴井，寻阳江上风。”今俗语“风吹浪打”“大风大浪”“无风不起浪”都说明“浪”不是常波，而是风波所致的大波。

当然，浪比波高大，但浪还不是最高，甚于浪的就是“涛”。苏轼《念奴娇·赤壁怀古》：“大江东去，浪淘尽，千古风流人物。……乱石穿空，惊涛拍岸，卷起千堆雪。”“惊涛”，是更大的激浪。

158. 问津·浦

有“问津”一词，常说“无人问津”“不敢问津”，这里“津”是何义？

或以为“问津”指探问情况，则“津”当指“情况”。这是后来的引申义。“问津”最早出于《论语·微子》：“长沮桀溺耦而耕，孔子过之，使子路问津焉。”郑玄曰：“津，济渡处。”“问津”义为探问渡口。唐王勃《滕王阁序》：“舸舰弥津，青雀黄龙之舳。”“迷津”，迷乱了渡口。古地名孟津（今河南孟州），周武王与八百诸侯在这里会盟伐纣，就因是渡口而有“津”名。“津”有动词义“摆渡”，但只作名词修饰语。《庄子·达生》：“颜渊问于仲尼曰：‘吾尝济乎觞深之渊，津人操舟若神……’”“津人”，摆渡的船夫。“津”是渡口的正称。可指大江渡口，如孟津；也可指小河济处，如《论语》的“问津”。“津梁”中的“津”即指渡口。

“浦口”是个地名，旧称浦子口，在长江北岸江苏江浦东，与南京下关隔江相望，是长江下游南北交通要冲。其名之“浦”何义？这个地名也关系到古代作渡口义的另一个词“浦”。

“浦”，从水甫声，甫声有大义，故“浦”指水边、水滨，多指大江之滨。《诗经·大雅·常武》：“率彼淮浦，省比徐土。”毛传：“浦，涯也。”“江浦”，指长江之滨，“洛浦”，指洛水之滨。引申为大河交会处或河流入海处，这些处所往往都是渡口。“浦”有与“津”不同的特点。一、指大的江流的渡口。“浦口”即是一例。又，夏浦（战国），长江、汉水交会处，为长江中游水陆要冲，即今武汉市。青浦，是黄浦江上游的重镇。乍浦，今浙江平湖东南，是河流入海处的海港，元时，外国船舶多会聚在此港。这类地名很多。二、所指范围比“津”要广大。它可包括岸上附近沿江、滨江之地，水上渡口附近的水域。《晋书·徐宁传》：“（桓彝）至广陵寻亲旧，遇风停浦中累日。”这里明说浦中可休舟船。杜甫《朝》诗之二：“浦帆晨初发，郊扉冷未开。”“浦帆”与“郊扉”相对偶，指浦中之帆。

要之，“浦”，大江或河流入海处的渡口，多作地名。

159. 筏子诸名

《元朝秘史》卷三中有："咱每可用猪鬃草拴做筏子，径直渡过勒豁河。"其中的"筏子"就是筏，也叫竹排、木排。作为水上交通工具，应早于独木舟。当有了各种先进的船舶后，它也没有被淘汰，无论在狭涧急溪，或在大江深湖，都可见到巨龙般的竹木排、灵巧浮漂的皮胶筏。

筏子，古代有很多名目。

放筏图　四川汉代画像砖

今常用的"筏"，古已有之。《方言》第九："筏，秦晋之通语也。"郭璞注："木曰筏。"《广韵·入月》称："大曰筏。"《北堂书钞》卷一三五引《东观汉记》："关汉平成都，乘筏从江下。"但是，"筏"字在古代并不常用，并且也不一定指大者、木制者。可见，它是个古代口语词。唯此，发展成今天通行的筏子的通称。

"泭（fú）"，或作"柎"。《说文·水部》："泭，编木以渡也。"

这是个楚方言词，是先秦对筏子的泛称。《楚辞·九章·惜往日》："乘氾泭以下流兮，无舟楫而自备。"王逸注："乘舟氾船而涉渡也。编竹木曰泭。楚人曰柎……泭，一作柎。"

"桴（fú）"字从水从浮省，浮亦声，意为以木浮水，从其功能得义。有的旧注以为泭大桴小，这是随文释义，不可据论。它也是筏子（不论大小）的通称，通用于先秦和秦以后。《国语·齐语》："方舟设泭，乘桴济河。"《论语·公冶长》："道不行，乘桴浮于海。"《北史·李崇传》："可桴筏随高，入规自脱，吾必守死此城。"可以说，"桴、筏"一文一白，是古代对筏子最通行的两个称谓。

"箄（pái）"或作"簰"，本指捕鱼的小竹笼。《方言》第十三："篆小者，南楚谓之篓，自关而西秦晋之间谓之箄。""篆"，饮牛圆筐。唐陆龟蒙《渔具并序》："矢鱼之具……编而沉之曰箄。"又指铺在甑底供放置食物的竹席。又指筏，变其音为平声佳韵，读 pái。《集韵·平佳》解"大桴曰簰"。未洽。卑声没有大义，箄之为竹笼、甑底席都是小物。按，箄筏是取"卑"的下义：竹笼是沉于水下的捕鱼具，甑底席也是铺在最下面的竹席。箄筏者，就是在所编竹木的上面再置皮革类囊袋，人在囊物中，所编竹木在最下，这就与一般没有上层浮具的竹木筏不同，它俨然像一只以竹木排作底的简易船。《后汉书·邓训传》："缝革为船，置于箄上以渡河，掩击迷唐。"又《西南夷传·哀牢夷》："建武二十三年，其王贤栗遣兵乘箄船，南下江汉。"《岑彭传》："公孙述遣其将任满、田戎、程汎将数万人乘枋箄下江苏。""枋"通"舫"。"枋箄"犹言箄船。

"槎（chá）"，本作"查"，有宗教色彩，专指道家入仙境的筏子。《正字通·木部》："槎，仙查。俗作仙槎。"晋张华《博物志》三："年年八月，有浮槎，去来不失期。"北周庾信《杨柳歌》："疏槎一去上天池。"杜甫《秋兴》诗之二："听猿实下三声泪，奉使虚随八月槎。"引申之，也可泛指一般的筏子。宋梅尧臣《黄河》诗："槎沫夜浮光，舟人朝发唱。""槎沫"，附于筏子上的泡沫。不过，通常还是表现出仙槎的影迹。清纪昀《阅微草堂笔记》卷十九录友人赠诗："乘槎万里渡沧溟，风雨鱼龙会百灵。……记取白云飘渺处，有人同望蜀山青。"这"槎"虽非仙槎，但行远万里，显示出仙槎神游的特有色彩。"槎"的这种用法比较普遍。

160. 俞 · 舟 · 船

独木舟是最早的船。《周易 · 系辞下》说：“伏羲氏刳木为舟。”《蜀王本纪》说大禹治水到四川潼尼阵山砍下大樟树造了最早的独木舟。现在见到的考古实物已不少。江苏武进奄城乡，福建连江县，都发掘到好几只独木舟，有的尖头，有的方头，长的有 11 米，短的 7 米多。新世纪初，浙江杭州萧山跨湖桥新石器时代遗址出土一艘独木舟，距今 7500 ～8000 年，在世界范围亦属罕见，船身最宽处 70 厘米，舱深约 15 厘米，船体多有烧灼火烤印迹，并与锛等石器同出。足见我国独木舟在 7500 年前已出现。中华文明早期的独木舟称什么呢？《说文 · 舟部》说：“俞，空中木为舟也。”“俞”字又作“窬”（《淮南子》），也许是独木舟的专称。虽也事无对证，但许慎当有依据，而且也颇合理：因为从古声韵看，“俞”与“窦”声近，它与窦同声源。“窦”是洞，独木舟者，就是一段木头挖空一个洞，《周易 · 系辞下》所谓“刳木为舟”。这种船显然不能作长途运载工具。它是与渔猎社会的生产水平相适的。那时候，没有过多的产品需要四方交易，没有大量的人员需要水道流动。故独木舟只是生产工具，用于捕捞、水面种植、摆渡。这就是“俞（窬）”的时代，俗称为独木舟时代。

接着出现了“舟”。甲骨文有大量的“舟”字，、、、、、，它们基本都是方头方尾，矩形而首尾略上翘，首尾两边有出角，中间有隔舱：或三舱，或二舱。这是成熟的木板船的象形。有多舱与木板榫接是对独木舟的最大变革。独木舟时代决不会出现这种“舟”。“舟”对于“俞（窬）”，即独木舟，是一个飞跃。但是，“舟”与“窬”还没有本质的不同。第一，从声韵看，“舟、窬”也

相近，因此它也与“窦”同源。第二，从作用看，大量的“舟”字都是一种格局，这种舢板似的木板船当然也不能抗搏大风大浪，因而不能出没于大江深湖。这样，“舟”基本上还只能是生产工具，而不是长途运载工具。那时，若有运载需要，也主要靠车马和竹木筏，而不是赖“舟”。直到春秋时的孔子还说“乘桴浮于海”，“桴”是筏，而不说“乘舟”。事实表明：夏代，商代早、中期，都还是“舟”的时代，甲骨文中有那么多“舟”字，却没有一个“船”字，就是因为当时还没有船。

船是什么？汉代刘熙《释名·释船》说：“船，循也，循水而行也。”清代朱骏声也说：“以其沿水而行曰船。”“沿”“循”者，是江河中能长行的舟。显然，“船”是从舟从沿、沿省声的会意兼形声字，船成了进行商品交流和人员流动的水上运输工具。“船”字的出现，是造船水平进一步提高和全面进入船的时代的标志。其字最早见于战国文献。《墨子·小取》：“船，木也。”《庄子·山木》：“有虚船来触舟。”《吕氏春秋·知度》：“绝江者托于船，致远者托于骥。”当然，名物先于词，应该说，作为运输工具的“船”在战国前就有了。例如春秋时著名的“泛舟之役”，秦国为了解救晋国饥荒，运粮船队从都城雍（今陕西凤翔）顺渭水东入黄河再溯汾水而上，全程七百余里，把援粮运到晋国，开创了我国的漕运史。南方的吴国有了大型战船“艅艎”和“三翼”，都是“涉川之良器”（《抱朴子》）。既然甲骨文还没有“船”字，可见船的时代，其上限最早当在西周。

综上，“窬”：独木舟，原始社会的生产工具。“舟”：木板船，夏商时的水上生产工具。“船”：西周以来的水上运载工具。

161. 慈航·余杭·航船

一次,几个学生在某寺庙看到楹联中有“慈航普渡”的词语,向老师请教。老师教道:“航是航行,行驶。这里动词活用为名词,指船。”

这位老师所说的话都有点问题。

“慈”是佛门的标牌。佛教诸天中有慈天,弥勒菩萨,梵语就是慈的意思。“慈航”,是指像渡船那样,用慈悲心肠济渡凡人,使脱苦海,到达“彼岸”。白居易《渭村退居一百韵》所谓“断痴求慧剑,济苦得慈航”。“慈航普渡”也是这个意思。“慈航”之“航”当然是名词,义也指渡船,而不是一般的船。这不是活用,正是其“本用”,是“航”的本义在现实生活中难得的投影。

“航”在先秦作“杭”,有的词典说“杭”通“航”,这是本末倒置,且那时候还没有“航”字,怎么“通”?应该说“杭”就是“航”的古本字。《楚辞·九章·惜诵》:“昔余梦登天兮,魂中道而无杭。”此“杭”指渡船。还有地名之证。杭州是隋所置,本名钱塘,但毗邻的余杭(今也并入杭州市)却是古名。这是章太炎先生的故乡,良渚文化中心地。秦始皇三十七年十月,始皇偕左丞相李斯、少子胡亥为南巡会稽、祭大禹,过丹阳至钱塘,遇钱塘江水波险恶,不可渡,就西行百二十里见江狭波平,遂得横渡,祭毕返回,上了岸,把渡船留下,故命其地为“余杭”,意舍留渡船之地。作动词,为济渡江河。《诗经·卫风·河广》:“谁谓河广?一苇杭之。”毛传:“杭,渡也。”意谁说黄河宽广?一束苇作筏也可渡过去。“杭”字义源于“亢”。亢,是人颈的象形。人颈,连接首与身,加上木,指船,合起来指沟通此岸与彼岸的木渡具;用作动作,为从此岸济渡彼岸。“慈航”,正用“航”的本义。

“杭”到汉代衍生了三个字：用单船渡为“航”；用方舟——并两船为一的双体渡船为“斻”，合“方、亢”为一字；用竹木筏渡的为“潢”，合“横、水”会意。但是，后两个字多被打入幽宫，只有“航”字独领风骚，无论怎样的渡，一般都称“航”。不过，主要作名词，指渡船。《淮南子·主术》：“大者以为舟航柱梁。”高诱注：“方两小船并与其济为航。”张衡《思玄赋》：“不抑操而苟容兮，譬临流而无航。”汉以后才多作动词。《三国志·吴书·贺邵传》：“长江之限，不可久持，苟我不守，一苇可航也。”这里还用为原来的动词义“济渡”。其后，又引申为沿水长行。那种运载客货长途远行、定期往返的班船称为航船。据李肇《国史补下》说：“大历贞元间，有俞大娘航船最大，……南至江西，北至淮南，岁一往来，其利甚博。”宋赵彦卫《云麓漫钞》云：“今浙西临流州县，凡载行旅之舟，谓之航船。”其实，不仅是宋代的浙西，就是现在江浙一带乡间称定期往返的班船仍叫“航船”。“航”也常用于海上行船。有成语“梯山航海”（出于南朝梁元帝《职贡图序》），指登山航海，喻长途跋涉。无论航江河，抑或航海，都不是称一般的行驶，而是指长途行驶。

今天，“航”的渡船义、济渡义都已不用，只用古代的长途行驶义。“航行”“航海”“航空”“航天”之词素“航”都为此义。《现代汉语词典》“航”字列义为“航行”，同词释义不甚妥当；而“航行”释为“船在水里或飞机在天空行驶”，也未善。“航”字当释“长途行驶”；“行驶”条释语当前面加“作长时间的”附加语，方可足意。

简单说来，“航”，古作“杭”，本指渡船；活用为动词，济渡；再引申为长途行驶，即今词典所列“航行”实是“长途行驶”义。对这个变迁史，文首提到的那位老师就不甚了了，故对学生作了误导。

162. 橹和桨

橹、桨都是用人力推进船只行进的工具，古今都常见。《正字通·木部》说："长大曰橹，短小曰桨；纵曰橹，横曰桨。"

"橹"，古代或作"樐""艪""艣"。它是长大而左右摇动的桨。因长而入水较深，故比桨效率高。一船可以多橹。宋元时海船，有的一船有大小橹20把，一把大橹多至30人操作。在船旁，即在主桅前方舷侧，称"腰橹"；在船首甲板舷侧，称"头橹"；装在船尾部的是"艄橹"，这一种最多。它除了推进作用，还能助舵或代舵掌握航向。《三国志·吴书·吕蒙传》："蒙至寻阳，尽伏其精兵……使白衣摇橹，作商贾人服。"唐刘禹锡《步入武陵乐亭临江寓望》诗："戍摇旗影动，津晚橹声促。"橹之名与物与今日同。

船桨之名古今大异。从名说，今唯"桨"名，古则名多。

"桨"，古亦有。但不见于秦汉。我国台湾《中文大辞典》引屈原《九歌》："桂棹兮兰桨。"这是误引（该句出自苏轼《前赤壁赋》，为《九歌》一句的化用）。《九歌·湘君》此句作"兰枻"。"桨"字到中古才见，而且初是吴方言口语词，多用于小船。乐府民歌《黄竹子歌》："一船使两桨，得娘还故乡。"唐李康成称此歌为"今时吴歌"（见《乐府诗集》卷四七）。因此，文献中所见较少。出现较多的是其他许多称名，下举其常用者。

"楫（jí）"，或作"檝"，是古代船桨最常用的通称，可以说"今曰桨，古曰楫"。最古老的桨就称"楫"。《周易·系辞下》："刳木为舟，剡木为楫。"今考古发现最早的是1960年浙江吴兴钱山漾、杭州水田畈等新石器晚期遗址出土的短桨，长一米左右，有狭桨板和宽桨板两种。"楫"常与"舟"连用。《荀子·劝学》："假舟楫者，非能水也，而绝江河。"汉李尤《舟楫铭》曰："舟楫之利，譬犹舆马。”又可作动词：划船。《诗经·大雅·棫朴》：“淠彼泾舟，烝徒楫之。”“烝”，众。“淠”，舟行貌。谓泾水之舟能顺流而行者，乃众船夫“以楫棹之故”（郑玄笺）。

“桡（ráo）”，泛指长短桨。《九歌·湘君》：“荪桡兮兰旌。”“荪”，香草。王逸注：“桡，船小楫也。”但《淮南子·主术》：“夫七尺之桡而制船之左右者，以水为资。”这该是长桨。《太平御览》卷七六九引《吴时外国传》曰：“扶南国伐木为船……大者载百人，人有长短桡及篙。”今犹有此称。《水运技术词典》说：“现在有些地方把长桨或短桨均称桡……长江上游较大木船的桨比一般尺度大，也叫桡。”

“櫂（zhào）”，或作“棹”，长桨。它是通过桨扣、桨桩、桨座而吊置于船舷上方。上引《九歌》的“桂棹”，王逸注：“棹，楫也。”常作动词。晋陶潜《归去来辞》：“或命巾车，或棹孤舟。”汉武帝《秋风辞》：“箫鼓鸣兮发棹歌，欢乐极兮哀情多。”“棹歌”，划桨时唱的歌。《后汉书·岑彭传》：“又发桂阳、零陵、长沙委输棹卒，凡六万余人。”“棹卒”，划桨手。

“榜”，是吴越一带船桨的称名。本指舫船，引申为船桨。屈原《涉江》：“齐吴榜而击汰。”王逸注：“吴榜，船棹也。”“汰”，水波。唐刘长卿《七星滩重送》诗：“秋江渺渺水空波，越客孤舟欲榜歌。”“榜歌”，犹棹歌。唐以后消失。

附带说“枻（yì）”。似指桨实不指桨。“枻”，或作“栧”，指船舷，上引《湘君》“兰枻”，王逸注：“枻，船旁板也。”《渔父》：“渔父莞尔而笑，鼓枻而去。”王逸注：“叩船舷也。枻，一作栧。”孔稚珪《北山移文》：“今又促装下邑，浪拽上京。”“拽”通“栧”。“浪拽”，浪击船舷，使船破浪行进。今有的专书、辞书据个别错误旧注释“枻”为船桨，不妥。

以上几个称名，只有“桨”“桡”沿用于今。

163. 内河大船种种

内河大船，都是运输船。书面文献多见的，有“艑（biàn）”“舫船”“艚”三种船。

“艑”字，有的词典前版释为“小船”，后版改为“〈书〉船”。其〈书〉表古代词义。都不确。它早先也是方言词。《广韵·上铣》：“艑，吴船。”唐玄应《一切经音义》一：“吴船曰艑，晋船曰舶，长二十丈、载六七百人者，是也。”这当是大船。文献中都用为大船，常强调大，称为“大艑”。《太平御览》卷七七〇引《荆州土地记》曰：“湘州七郡，大艑所出，皆受万斛。”《宋书·吴喜传》：“从西还，大艑小艒，爰及草舫，钱米布绢，无船不满。”南朝臧质《石城乐》曰：“大艑载三千，渐水（吃水）丈五余。”从无“小艑”之称，可见，艑必大。其字从舟从扁，从体形扁而得名，它是扁而宽阔的大船，并不是扁而浅的小船。实是一种宜于运货载人的内河运输船、客船。

唐代以前，方舟盛行，两舟并联合一，可提高稳定性和增加承载面积。这是古代的双体船，是当时军需、运粮的重要船种。这种船称“舫船”。《史记·张仪列传》：“舫船载卒，一舫载五百人与三月之食，下水而浮。”《梁书·元帝纪》：“江湘委输，方船连舳。”“方船”即“舫船”。

“艚”，从舟漕，漕省声，会其意是漕运的船。漕运船都是大船。早期又称“方艚”，还是双体的艚船。《宋书·恩倖传》：“南金北毳，来悉方艚。”《宋书·垣护之传》：“护之百舸为前锋，进据石济……而虏悉已牵玄谟水军大艚。”舸大而快，故作为前锋，是战船；大艚大而慢，作为辎重，运军粮与士兵，体型庞大，故魏军企图用它们挡护之还路。唐代以后，方舟衰落，艚船主要都已是单体船，并且有了明确的漕运路线。明宋应星《天工开物·漕舫》："凡京师为军民集区，万国水运以供储，漕舫所由兴也。"即漕运者用漕船从水路把各地粮食送到京师，这水路主要是运河水系，其次是沿海(沙岸线)。艚船多属平首平尾平底的沙船型，大者载粮万斛，中等者载千余石。运河艚船载五百石。宋代的艚船曾在扬州施桥出土，还可见于张择端《清明上河图》。《天工开物·舟车》对艚船的形制与结构作了较详剖析。

"艚"在今天称为"艚子"。《现代汉语词典》"艚"字："〈书〉一种木船。"下列"艚子"一条。信息量小，不能明"艚"的古代义，当释："艚：〈书〉漕运大船。"

164. 小船种种

小船都是行于内河的。古代的小船也名目繁多，择其常见者一说。

“艇”，古代是小船的一种，但不是战船。《说文新附》：“艇，小舟也。”它比“艒”（见下）还要小。《释名·释船》：“二百斛以下曰艇。艇，挺也，其形径挺，一人二人所乘行者也。”《淮南子·俶真》：“越舲蜀艇。”高诱注：“蜀艇，一版之舟。”唐温庭筠《西州曲》：“艇子摇两桨，催过石头城。”唐代民歌《莫愁乐》：“莫愁在何处，莫愁在城西。艇子打两桨，催送莫愁来。”

“舲”，或作“艑”。当以“霝”见义，即有窗櫺（棂）的小船。有的还盖屋。《玉篇·舟部》：“舲，小船屋也。”屈原《涉江》：“乘舲船余上沅兮，齐吴榜以击汰。”王逸注：“舲船，船有窗牖者。”《太平御览》卷七六九引《淮南子》曰：“汤武，圣主也，而不能与越人乘舲舟而浮于江湖。”高诱注：“舲舟，小船者也。”因此，这是先秦吴越一带的内河航行的较华丽的小客船。

“舠（dāo）”，本作“刀”，也作“舸、艄”。《释名·释船》：“三百斛曰舸。……江南所名，短而广安不倾危者也。”《广韵·平豪》：“艄，吴船。”可见，这是短而宽、稳性较好、江浙一带的内河小运输船。《诗经》时代已流传到北方。《诗经·卫风·河广》：“谁谓河广？曾不容刀。”毛传：“小船曰刀。”

“艒（mù）”，又作“艒（䑿）艒”，又称“艖”，一种小底的普通小船。《方言》九：“南楚江湘，凡船大者谓之舸，小舸谓之艖，艖谓之艒艒。”郭璞注：“今江东呼艖，小底者也。”《宋书·吴喜传》：“从西还，大艑小艒，爰及草舫，钱米布绢，无船不满。”唐皮日休《酒箴序》：“以䑿艒载醇酎一甑，往来河上。”

“艓（dié）”，从舟枼声，枼声有小义。“堞”，城上小墙。“牒”，小札。“牒”，薄切肉。艓是轻便小船，浑指。《宋书 · 沈攸之传》：“轻艓一万，截其津要。”杜甫《最能行》：“富豪有钱驾大舸，贫穷取给行艓子。”杨伦注：“艓，小舟也，言轻如叶也。”

“舴艋（zéměng）”，《广雅 · 释水》：“舴艋，舟也。”王念孙疏证：“小舟谓之舴艋，小蝗谓之蚱蜢，义相近也。”《艺文类聚》卷七一引南朝宋《元嘉起居注》曰：“余姚令何玢之，造作平床一乘，舴艋一艘，精丽过常。”唐李贺《南园》诗之九：“泉沙耎（软）卧鸳鸯暖，曲岸回篙舴艋迟。”宋张先《木兰花》词：“龙头舴艋吴儿竞，笋柱秋千游女并。”此指龙舟。宋李清照《武陵春》词：“闻说双溪春尚好，也拟泛轻舟，只恐双溪舴艋舟，载不动，许多愁。”双溪在金华，词人晚年避兵于此。这种船是蚱蜢形的小客船、游船，其特点是轻、快、小，中古时盛行于江南一带。

165．百舸争流

“百舸争流”一语之妙，关键在“舸”一词。

毛泽东《沁园春·长沙》：“独立寒秋，湘江北去，橘子洲头。看万山红遍，层林尽染；漫江碧透，百舸争流。……”

“舸（gě）”，有的释为“大船”。有的释为“船”。但都没有做过深入研究。《广雅·释水》：“舸，舟也。”《方言》第九：“南楚、江、湘，凡船大者谓之舸。”王念孙于《广雅·释水》疏证：“舸者，洪大之称。门大开谓之閜，大杯谓之柯，大船谓之舸，义相近也。”王说有理。大义者，除王氏所举，又如：“阿”，大陵；“诃”，大言而怒，皆其例。但从文献使用看，作为大船，古代有“艑、艚、艒”诸名，多是运输船，它们并不快。而舸的主要特点并不是大，而是快，其次才是大。故“舸”当指快速的大船。所谓快，必然要求船身狭长、头尖，划桨手多，少载货。如一种“走舸”，是用于突袭的

北宋《武经总要》中的走舸

轻捷战船。据《洴澼百金方》说，这种快船共设有十四支桨。唐李鉴《太白阴经》称这种舸："舷上安重墙，棹夫多，战卒少，皆选勇士精锐者充之，往返如飞鹏。"《三国志·吴书·周瑜传》："又豫备走舸，各系大船后。"不加"走"，也指快船。《宋书·垣護之传》："護之之百舸为前锋，进据石济……虏不能禁。"《江表传》曰："刘备进住鄂县之樊口，闻曹公军下，恐惧，俄周瑜船军至，备乃乘单舸往见瑜。""孙权名舸为马，言飞驰如马之走陆地也。"（《太平御览》卷七七〇引）刘备欲火速会晤周瑜，故乘单舸，孙权称舸为马，足见舸船驶行之疾速。舸船因其大而快，常合而为一作为舫船，用于军需、运输。当然双舸比单舸慢，但肯定比一般的双体船要快。《艺文类聚》卷七一引王隐《晋书》说："顾荣徽侍中，见王路塞绝，便乘船而还，过下邳，遂解舫为单舸，一日一夜行五六百里，遂得免。"原两船并为一舫，影响了速度，后解为单舸，又恢复了原先的速度。唐王勃《滕王阁序》："舸舰弥津，青雀黄龙之舳。""舳"，船后持舵处，指船。句意：塞满渡口的大船，都是青雀黄龙之形。这里，"舸舰"泛称大船。它们也必是快船。因为"舰"是用于军事进攻的战船，战船都是快速的。"舸舰"连用指大战船。

"百舸争流"，"百"是虚数；"争流"，争驶。一个"舸"字，令人击节！试想，若作"舟、船"，指一般的船，它们的"争流"竞驶就气势平平。若作"舠""艇"之类小船，指小船竞驶，则小而慢，"争"得好生没趣也。若作"艑""艒"之类的大船，则行速本慢，也显不出"争"势。今用"舸"，快速的大船，并且古代常作为前锋进攻的战船，那么以这样的"百舸"来争流竞驶，不正显出排山倒海、浩荡奔腾的壮观奇景吗？

古人对诗词常讲"诗眼"，能作"诗眼"的一般是动词、形容词。但微妙的名物词也可担当吧？譬如这个"舸"。

166. 战船种种

“舰”，现代是大型战船的通称。古代呢？

“舰”，本是一种战船专称，属艇类。《辞海》释“舰”为“大型的战船”，下举现代词“巡洋舰”等，又举《三国志·吴书·周瑜传》“方连船舰”等例。这就古今对错了号（引文也有误）。“舰”，本作“艦”，是从監从舟的会意字，《释名·释船》所说：“上下重版四槛，四方施版以御矢石，其内如牢槛也。”它是四面设板槛的小型战船。据唐李鉴《太白阴经》记载，它的船舷上设置半身高的女墙，作为掩体，舷墙下开设掣棹孔，长桨就从孔中伸出入水，一排棹手在墙内划动。船面五尺之内建楼棚，高与女墙齐，棚上四周又设女墙，上无覆屋，树幡帜、方旗，置钲鼓。舰盛行于三国至唐代。《三国志·吴书·周瑜传》：“然观操（曹操）军船舰，首尾相接，可烧而走也。”陆机《辨亡论》下：“舳舻千里，前驱不过百

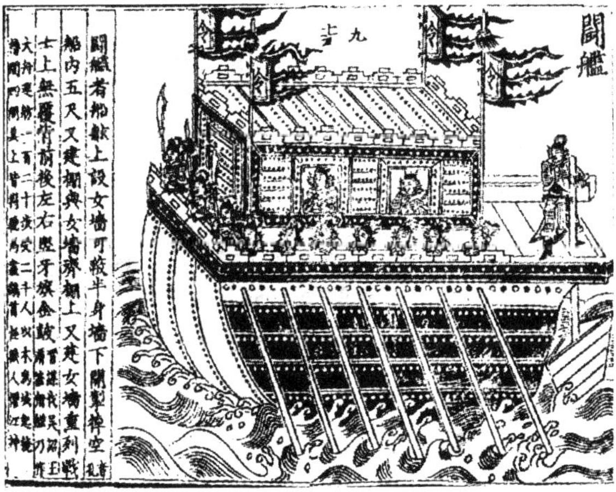

北宋《武经总要》中的斗舰

舰。”《晋中兴书》曰：“蜀贼以桔槔打没侃（陶侃）舰二十余艘，人皆投水。”《宋书·刘钟传》：“钟因率左右攻舰户，贼遽闭户距之，钟乃徐还。”“舰户”，舰的室门。上述“舰”船，都是小型的战艇，像《晋中兴书》记它能被桔槔（取井水的杠杆）打没，足见吨位不大。

与“舰”相近的是“艨艟（méngchōng）”，又称“艨冲”，又作“蒙童”。《集韵·平钟》：“艨，艨艟，战船。”《释名·释船》：“外狭而长曰蒙冲，以冲突敌船也。”据《太白阴经》称，这种船是用生牛皮把船身和顶舱蒙护起来，船面分两层，下层置划桨手，两弦开有掣棹孔，长桨从孔中伸出，与“舰”一样。上层设有发射箭弩的窗口和矛穴，列众多的强弩手。船体不大，又不怕箭弩，能迎矢快速攻敌。显然，这是有很好防御设施的轻捷快艇。《三国志·吴书·周瑜传》：“刘表治水军，艨冲战舰，乃以千数。”《旧五代史·贺环传》：“以艨艟战舰阨其中流，晋人断我艨艟，济军以援南栅，环退军于行台。”

“鵰舠（diǎoliǎo）”是更小的快艇。《集韵·平尤》：“鵰，鵰

北宋《武经总要》中的蒙冲

舠，船长皃。”《正字通·舟部》：“船小而长者曰鵃舠。”其船形狭长，首尾起翘。《梁书·王僧辩传》记侯景乱梁时，“率步骑万余人于岸挑战，又以鵃舠千艘并载士，两边八、十棹，棹手皆越人，去来趣（趋）袭，捷过风电。”《资治通鉴·梁元帝承圣元年》“鵃舠千艘”句胡三省注：“盖今之水哨马，即其类。”水哨马是长江巡哨船，由航速较快的船型充任。

167. 大型战船种种

“舰”，现代是大型战船的通称。古代也有大型战船，但不叫“舰”。

早期有大战船叫“三翼”，是“大翼、中翼、小翼”的合称，春秋时期吴、越三种同类型大战船的称名。据《文选·张协〈七命〉》李善注引《越绝书·伍子胥水战兵法内经》说：“大翼一艘十丈，中翼九丈六尺，小翼九丈。”据有关资料记载，大翼可乘士卒九十余人，其中划桨手五十人，管理舳舻（船头尾）者三人，专管武器者四人。船上武器有长钩、长矛、长斧各四把，弩三十二把，箭三千二百支，军盔三十二个。船身狭长，长宽比为1∶5至1∶7。中、小翼稍递减。其速度特快，后代作为快艇的喻称。张协《七命》：“尔乃浮三翼，戏中沚。”谢灵运《撰征赋》：“迅三翼以鱼丽，襄两服以雁逝。”甚至唐代诗人元稹用“光阴三翼过”的诗句来形容时间的消逝呢！

春秋时吴国有“艅艎”，又作“余皇”。《左传·鲁昭公十七年》：“楚师继之，大败吴师，获其乘舟余皇。”这是一种座船，船首饰“鹢首”，专供国君乘坐。只是作战时可临时起旗舰作用。

“戈船”，是一种大型战船，春秋时就有了。《越绝书·外传记地传》：“勾践伐吴，霸关东，徙瑯琊，起观台，台周七里，以望东海，死士八千人，戈船三百艘。”戈船“上建戈矛，四角悉垂幡旄旍葆麾盖”（《西京杂记》卷六）。到了汉代，成了水军的一种主舰。汉代水军军官有戈船将军。《汉书·武帝纪》：“归义越侯严为戈船将军。”

“楼船”是春秋战国至明代间楼式大战舰的统称，内河及海上都可使用。东汉袁康《越绝书》佚文记吴王阖闾问伍子胥怎样训练水军、使用战船，伍子胥就举出“大翼小翼”“楼船”等舰船（《太平御览》卷七七〇）。汉代，楼船更盛。《史记·平准书》：“是时，越欲与汉用船战逐，乃大修昆明池，到观环之，治楼船，高十余丈，旗帜加其上，甚壮。”“战逐”，战斗驰逐。汉后仍不衰。刘禹锡《西塞山怀古》诗：“王濬楼船下益州，金陵王气黯然收。”据《太白阴经》和明李盘《金汤借箸十二筹》称，一般楼船上建楼三重，列女墙战格，状如城垒；树幡帜，开弩窗矛穴，置抛车、垒石、铁针，外覆毡革。楼船也可并联。三国时，王浚伐吴建造可受两千人的连舫，上起楼橹，开四出门，船上也可驰马。这就是并联的大楼船。“楼船”是水军的主舰，以至成为战舰的代称。负责造船的官称楼船官，水军将领称楼船将军。后汉马援平南越，率楼船大小三千余艘、士二万余人（《后汉书》本传）。《玉海》卷一四七引《兵

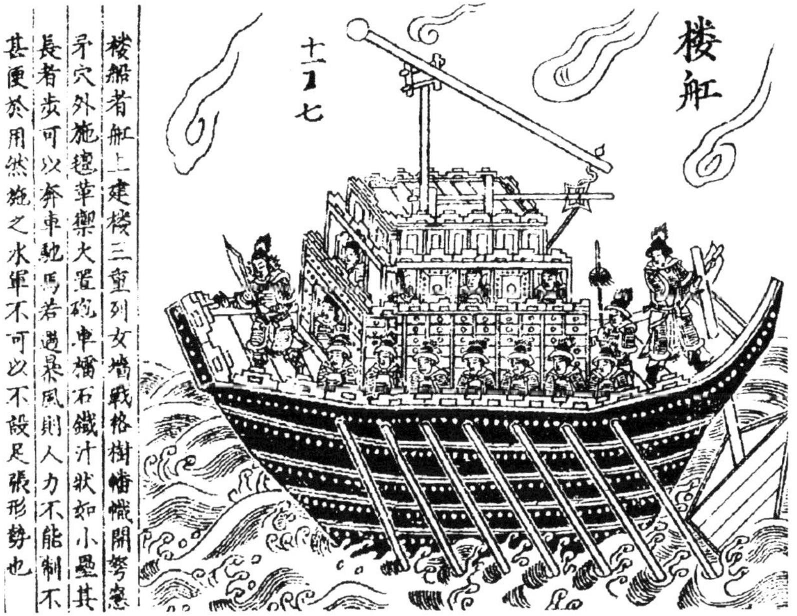

北宋《武经总要》中的楼船

制·水战建炎楼船凌波军》："（宋高宗）建炎元年六月二十一日置水军以习水战，号楼船军，从李纲之请也。"可以说，楼船是古代最流行的大兵舰。

其他

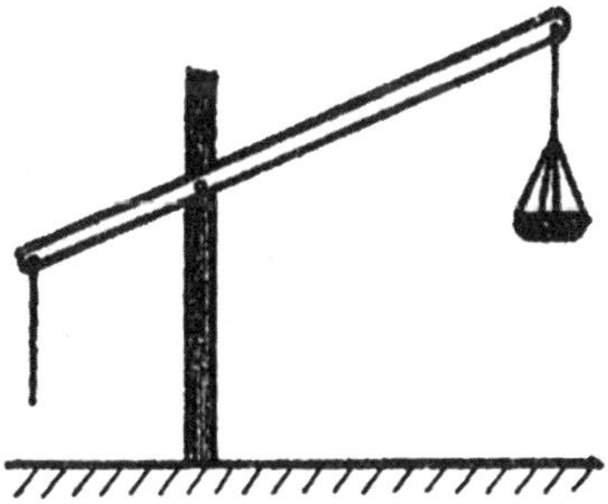

168. 邦·国

现代汉语中,有“邦交”,没有“国交”;常称“友好邻邦”,少说“友好邻国”。个中原因,说来话长。

“邦”“国”都是对国家的通称。但最早作国家通称者,非“邦”非“国”,而是“方”。商代曾有过土方、井方、鬼方、巴方等许多方国。“邦”是继“方”之后对国家的第二个通称。在甲骨卜辞中,有“邦”字的初文,但还不是国家的通称。至西周金文“邦”字频见,出现了诸如“邦君”(王畿中小国之君)、“周邦”(周人自称)、“万邦”(泛指诸侯)等称名。周代早期传世文献中“邦”亦多见。《诗经》中国家义多用“邦”,如“大邦”“邦族”“万邦”等等。《周礼》中“邦禁”“邦墓”“邦典”等也不一而足。《论语》中“国”字10见,“邦”字48见,其中除与“封”通用者1见,其余47见全是国家义,如“夫子至于是邦也”(《学而》)、“邦有道,危言危行”(《宪问》)等,用“邦”不用“国”。“邦”无疑是周代对国家的通称。“邦”的出现,绝非偶然。从语言看,“邦”“封”同为邦母东部,二字同源。《释名·释州国》:“邦,封也,封有功于是也。”《论语·季氏》:“而谋动干戈于邦内。”陆德明释文:“邦内,郑本作封内。”《尚书·康诰序》:“(成王)以殷余民封康叔。”孔颖达疏:“古字邦、封同。”因此,早期“封、邦”可谓一词,不过前者多作动词,后者多作名词。从史实看,西周大行分封制,分制王室亲属与功臣。诸侯受封,仪式隆重,由司空授以五色土,司徒授以氏,所谓“受氏,受疆土”。受封后,诸侯国君(即封君)遂立疆界,营建国城。诸封国国政自理,但又总属于周天子,有藩屏周王朝的义务,如纳贡、朝觐、出兵助天子征战。周王朝与诸封国构成统一的臣属等级:天子、诸侯、卿、大夫。于是,商代自然形成的地区性部落联盟，其性质与商王朝关系疏远之“方”不同，“方”已不合周代国家之实，唯有“邦”之称最能代表周代通过分封而人为建立的、有完整的政治机构、臣属于周王朝的城邦国家。“邦”的出现与使用，反映了奴隶制全盛期的国家特征。

“国”是对国家的第三个通称。今皆以为其初文“或”始见于甲骨文，故商代已是国家通称。其实，商代用“方”（见上），甲骨文中的“或”字，并非“或（国）”字。它主要用为“沚或”例，陈梦家于此早有辨释，谓其字乃沚方首领后裔的私名（详见《殷墟卜辞综述》第八章）。金文中，“或”亦频见，但大都是前冠方位词或数词。如《王孙诰编钟》：“闻于四或。”《宾卣》：“殷东或五侯。”诸“或”并非“国”，而是“域”。“或”“域”古今字，指方域。但其字正有向国家义过渡的趋向：一方的地域，常是商之方国、周之邦国，后世之国家。在反映春秋时语言的《论语》中，“国”字虽不及“邦”多（见上），但也用为国家义，如“为国以礼”（《先进》），“道千乘之国”（《学而》）等。及至战国，“国”终于替代“邦”，成为使用最广的国家通称。由“邦”而“国”，亦非偶然。春秋开始了中国奴隶社会的衰落期。春秋而下，由于铁器和牛耕的推广，耕作技术的改进，商品经济的日趋繁荣，奴隶制的经济基础——井田制逐渐瓦解，土地私有制得到发展。政治上，西周奴隶制的宗法、礼乐、分封等制日渐衰落；渐渐地，宰相制取代了世卿制，军功授爵取代了血统授爵制，郡县制取代了分封制。各诸侯国纷纷独立，周天子终于逐渐降为一个小诸侯的格局。反映到国家称名上，带有奴隶制分封特征的“邦”显然已名不副实，于是义近于“邦”之“或”渐广其用，字则加“囗”（“围”）而成“國（国)”，以别于“域”。由此可见，“国”之称名的出现与发展，反映了奴隶制衰落、封建制上升期的国家特征。

自战国而下，“国”成为国家的主要通称后，“邦”作国家通称仍然沿用，并由于庄重分封的来源，沿用的“邦”带有古雅、庄重的色彩。蔡邕《刘镇南碑》：“穷山幽谷，于是为邦。”曹植《王仲宣诔》："爵同齐鲁，邦祀绝亡。"柳宗元《衡州刺史东平吕君诔》："制用经邦，时维重起。"杜甫《入衡州》诗："凋敝惜邦本，哀矜存事常。"到了现代汉语，自然也承古而用。需要表现古雅、庄重的色彩，"邦交""友好邻邦"之类都表现古雅、庄重的色彩。特别是历史悠久的邻国如日本，必称"中日邦交"。

169. “中”的本义究竟是什么?

作为中国人，你对“中”的来历清楚吗?

不仅一般人不清楚，有些专家、一些词典也搞不清楚。翻翻词典，列的词义一大片，但谁是它的本义?有人说：是中间义。看!一竖穿过口的当中呀。有人说：一竖是箭，口是靶子，箭中靶心不就是“中”?还有的说是建鼓，上古战车中立鼓就是“中”的样子。但是无论说什么，必须能解释通文献与物事。举例说，古代侍中、中涓、中常侍、侍中等许多官名，其“中”是中间、箭靶或建鼓吗?要说它们指“宫中”，为什么一概把主要的“宫”省掉?又如“中都”指京都，这个“中”指什么?《史记·淮阴侯列传》所记韩信与陈豨的谋反预谋：“吾为公从中起，天下可图也。”注家都认为“从中起”，是指从京城策应，那么这个“中”好像指京城啰?但谁都是只解释大意，而不敢注明“中”是什么。

既然都不说清楚，这里就“窃取”一种本义说，姑妄言之。

古文字学家对“中”的本义研究最多，其中有一些看法认为，“中”本是测日仪兼测风仪。甲骨卜辞有许多“中”，有的像今天字形；有的直杆上有好几根飘带。“中”的甲骨文的一竖是直立的表竿，中间扁长块是受影、量影的圭，那些飘带则是测示风向、风力大小的。甲骨文中有许多“立中”，就是指竖立这种仪器而测天，“中”都作名词。这种“中”实际上就是后来称的圭表之“表”。人们可以根据它的日影测定一天和一年的时间变化。元代的大天文学家郭守敬就是用表竿测日，测得一回归年长度为365.2422日，与今通用的公历格里历相同，但比它早了三个世纪，成为世界天文史上的一个奇迹。至于据一天白天的日影变化而测白天的时间

变化，这就成了日晷，这里不多说了。

“中”的这个本义在早期文献也有它的投影。《论语·尧曰》记尧传舜时的嘱语：“天之历数在尔躬，允执厥中。”这个“中”是名词，解为“道”“正”等都不太顺达，其实正用其本义。二句意：天道的变化规律就在你的身上，认真地掌握你的测天之表吧！扬雄《太玄经·周》也有“测日，植中枢”的话。“枢”，枢轴，即“中”，“植中枢”犹如“立中”。由此，“中”的词义谱系也得明。测日仪既能测得日道、天道，于是可引申为掌握天道的人，即天子，皇帝。杜诗《北征》：“不闻夏殷衰，中自诛褒妲。”“褒妲”喻指贵妃，二句说唐玄宗亲自诛了杨玉环，故唐王朝没有像殷周那样衰亡。“中”，指唐玄宗。文首所举那些官名中的“中”，都是指皇帝，侍中、中常侍等，即侍奉皇帝。又引申为皇帝处的宫禁。“中涓”，指宫禁的清洁工。又引申指皇帝所居的京城，“中都”“吾为公从中起”，即其例。此外，古代注家还注“中”有身义，也可解释：测日表竿取中等身高八尺，故“中”有身义。至于词典中大量的中间义系，也源于圭表：测日者，都是每天取一天正午即古人称“日中”的日影，累计一年来所测中午的日影，算定季节和一年长度。日中正处方位正中、一天正中，故引申出中间义系。这么一来，文献中凡是见到的“中”，好像都可落位了。

170.“表”的本义

“表”的本义也是个难题。任何词义问题都要从本义查起，查本义首先查《说文》。很好，《说文》对“表”解释得特别周全。请看：

“表，上衣也。从衣毛。古者衣裘，故以毛为表。”（《说文·衣部》）

“从衣毛”，就是由“衣、毛”二字构成的会意字。篆文的“表”正写成“衣”字中嵌“毛”字。不过，最早的衣是裘衣，裘衣的毛都是外穿的，甲骨文的“裘（求）”字作，毛都在外面，最为逼真。问题是这个“表”，许书前说是“上衣”，后说“以毛为表”，即“表”是“毛”，前言不搭后语，把人搞糊涂了。清代研究《说文》的大家朱骏声以为末“表”是误字，就校改为“古以毛为裹”，另一位大家段玉裁索性把“从衣毛”起的十二个字全作为衍文一刀削砍掉。这样还不济事，他们又把“上衣”解为“外衣”。真是“当局者迷”。我们也作了一些调研，发现很多证据显示，这里的“上衣”原本应是“衣上”，是《说文》在后世流传中的误倒。这样，再倒回来成“衣上”，说解就全通了。请看：许书先说“表，衣上也，从衣毛”，谓“表”是由衣与毛两字会意构成；继之，虑人们不了解“衣上”，又从服饰民俗补充说明前面这个“衣上”之“衣”，指的是远古人穿的裘衣，后句说“上”，谓是毛都穿在外面，故把毛作为表。许慎后面“古者”九字的补充非常必要，也完全正确：远古祖先最早穿的就是兽皮，穿起来确实是毛穿在外面的。由此补充，我们更清楚，原来“衣上”之“衣”指裘衣，“上”指上面的毛。这样,《说文》所说“表”的本义就指皮衣上的毛。

这个本义对不对呢?对极了!因为既符合文字构意,又可疏理出“表”的词义谱系。它可分二系。一是从“衣上毛”都在外面引申出外义,称谓中的表哥、表叔等都属此系。二是从“衣上毛”都是兽皮上起标志作用的直立物而引申出细的直立物之称,华表、碑表、圭表、标杆……,这些都是大地上的一根根“毛”,因而都成为“表”。

171. “表(錶)”也是皮衣上的毛

手表、怀表、跑表……，为什么叫“表”？答曰：因为它们都是皮衣上的毛。

好像有点莫名其妙，但不是故弄玄虚，看下去会知个中奥妙。

“表”的本义不是“上衣”，而是“衣上”，即皮衣上的毛（见第170节《“表”的本义》）。圭表就是大地上的一根“毛”。它中等八尺身材（先秦古尺），以光的速度，丝毫不差地录下太阳的足迹，人们连续观测一年中每天正午的表影，可以分出一年的二十四节气，计算出越来越精确的一回归年的长度。圭表测影也可以观测太阳的周日视运动，即测定一天的时间变化。由此，创造了日晷。“晷”从日从咎，“咎”是差错，表示“日景有差”（《正字通》）。日晷有两种，一是赤道式，晷面刻度均匀，斜放以与赤道面一致，故宫太和殿前汉白玉座基上斜置的圆形石盘，盘心竖一根铁针者即是。一是地平式，平放地面，因不与赤道面平行，日出日没时日影移动快，中午慢，故晷面刻度不均匀，北京天文馆草坪上所陈矩形石板晷即此。晷的晷针比表竿要细、短、斜。

北京故宫太和殿前赤道式日晷

但日晷不能用于阴雨夜晚。如果用发条与齿轮的转动代替太阳的周日视运动，通过时针显示晷影即时间的变化，这样，细斜的晷针毫无必要了，它只留下一个基点，成为时针的轴心。这就是机械钟。

再进一步，有了随身、随手携带的微型钟。它虽然不是中华儿女创造，但我们给它一个中国名字：錶（表）。它从表、金会意，表是圭表，“錶”是金属制的圭表，现在简化为“表”，更精彩了！瞧：大地上一根神奇的“毛”，变成我手上戴的一根神奇的“毛”。

兽皮上的毛→八尺圭表→日晷短表→钟表。“表”，一个伟大神奇的名字！

172. 朝·晨·旦·夙

汉语中，“朝夕”“晨昏”“旦暮”“夙夜”常反义对举。朝、晨、旦、夙，浑说都是早晨；细说之，它们各自都有特定的时域。

最早是“夙”。其字《说文》作“㮚”，释：“早敬也，从丮、夕，持事虽夕不休，早敬者也。”：“象人执事于月下，侵月而起，故其谊（义）为早。”（胡小石《说文古文考》）这几成定论。“夙夜”是一对反义词，“夙兴夜寐”（《诗经·卫风·氓》），“夙夜在公”（《诗经·召南·采蘩》）表示勤勉操劳，睡得迟起得早，其“夜”是一天较迟的时间，必是深夜；“夙”当然是第二天最早的时间。

从时段说，一天最早的时间是鸡鸣时。鸡鸣有三，三鸣时东方已鱼肚白，故大致是鸡初鸣二鸣之时。其时，星光闪烁，夜幕沉沉，《诗经·鄘风·定之方中》：“星言夙驾，说于桑田。”（“说”同“税”，止）相当于今凌晨三、四点。由于“夙”最早，故引申为早。李密《陈情表》：“臣以险衅，夙遭闵凶。”

次早是晨。天文学上，把日出前和日没后天空发亮的现象称为晨昏蒙影，都以地平线下6°为界，当太阳在地平线下6°到地平线，称民用晨光，晨时蒙影。这时候，天空微明，只有最亮的恒星能看见，所谓“寥若晨星”。《尚书·太甲上》：“先王昧爽丕显，坐以待旦。”“昧”昏暗；“爽”，明，俗说“天蒙蒙亮”，在旦之前。《左传·宣公二年》：记刺客鉏麑“晨往”时，只见要刺的对象赵宣子“盛服将朝，尚早，坐而假寐”。上朝在日出之后，则“晨”必在日出前。可见，晨专指旦之前、夙之后一段时间，相当于天文上所指的民用晨光。扩大之，“晨”也作为早晨泛称，那么“旦、夙、朝”

都笼括在内了。

接着是旦。“旦”是指事字，上面是日，下面代表地平线，刚出地平线，俗称天亮。这是短暂的瞬间，昼与夜的分界线，故常有“待旦”“达旦”的说法。《晋书·刘琨传》：“吾枕戈待旦，志枭逆虏。”“枭（xiāo）”，悬首示众。方苞《狱中杂记》：“左右邻械系入老监，号呼达旦。”有成语“通宵达旦”。由于“旦”时间太短，故延长一点，叫“平旦”；再升高一些，叫“平明”，平明天大亮了。《汉书·灌夫传》：“魏其与其夫人益市牛酒，夜洒埽，帐具至旦。平明，令门下候司（伺）。”由于旦是昼日之始，故与“夜”对举，引申指白天。蔡琰《悲愤诗》之一：“旦则号泣行，夜则悲吟坐。”

旦后是朝。“朝”或作“鼂”“晁”。《尚书大传》二：“日之朝。”郑玄注：“平旦至食时为日之朝。”《诗经·鄘风·蝃蝀》：“朝隮于西，崇朝其雨。”毛传：“崇，终也。从旦至食时为终朝。”“朝”与“夕”反义相对，《尔雅·释山》：“山西为夕阳，山东为朝阳。”“夕”指晡时至日没地平线，那么“朝”指从日出地平线到食时，正两两相称，故食时又称朝食。古人食时相当今八、九点这段时间，太阳正在东方，尚未升到高空。总之，朝时见朝阳；朝食结束，“朝”也终止。“朝”的引申义最丰富，朝见、朝廷、朝代……大都是通过“朝见”这一纽带孳生的。

173．暮时诸名

夕、暮、黄昏都指傍晚，又都与夜有关。它们常常浑说通指，古今一个样。但需要注意到它们所指的不同时域。

夕在暮先。“夕”，有的词典释为“太阳落的时候”，不确。《诗经·大雅·公刘》：“度其夕阳。”毛传：“山西曰夕阳。”《广雅·释诂二下》：“夕，斜也。”王念孙疏证：“西、斜、夕，一声之转，故曰斜日西总谓之夕。”汉晋时士人饯别胜地夕阳亭，就在洛阳城西。李密《陈情表》：“但以刘日薄西山，气息奄奄，人命危浅，朝不虑夕。”正是对“西山曰夕阳”的生动描写。因此，“夕”是太阳西斜之时，即古代晡时至日入之间。“夕阳”犹西阳、斜阳，“夕照”指西斜的阳光。“夕”属于白昼的范畴。扩大之，用同暮，“朝夕”犹“朝暮”。用同夜。苏洵《六国论》：“今日割五域，明日割十城，然后得一夕安寝。”

夕后是暮。“暮”本作“莫”，示日在茻（即莽）中，即太阳掩落在草丛之中。科学地说，是日入到黄昏，即天文上说的昏时蒙影之时。这段时间太阳已下山，但天色未全黑，是“暮色苍茫”之时。杜甫《石壕吏》：“暮投石壕村，有吏夜捉人。”扩大之，可指上半夜，《木兰诗》：“旦辞爷娘去，暮宿黄河边。”指深夜，《诗经·齐风·东方未明》：“不能辰夜，不夙则莫。”意不能分清晨和深夜，不是起早，就是睡晚。

接着是黄昏。黄昏，指太阳落山后至人定的一段时间。《孔雀东南飞》：“奄奄黄昏后，寂寂人定初。”“奄奄”即“晻晻”，昏暗的样子，天色显然比苍茫的暮时更浓了，而且月亮已经出来。宋林逋《山园小梅》诗之一：“疏影横斜水清浅，暗香浮动月黄昏。”扩大之，黄昏也包括暮时，李商隐《乐游原》：“夕阳无限好，只是近黄昏。”将黄昏接在夕之后，可见这里的“黄昏”是从“夕”以后开始的。但是黄昏不能下伸，它只到人定以前。这是与“暮”“夕”等很大的不同。

“夜”，一般说是“从天黑到天亮的一段时间（跟‘日、昼’相对）”（《现代汉语词典》），这是很模糊的。确说是指人定以后到鸡鸣之前一段时间。如上所述，晡时到日入为“夕”，日入到黄昏前为暮。暮后是黄昏。黄昏后是人定，这时较静寂，人们准备就寝。接下是夜半，再下是鸡鸣。鸡鸣是属于翌日晨的最早开端。因此真正称为夜的时域就是人们上床睡眠的五六小时。故《说文》说：“夜，舍也，天下休舍也。”也是对“夜”的特征的极好概括。扩大之，与“昼”相对，即以见日为准，则应以太阳下地平线到太阳出地平线即由暮至旦为界。这样就把暮、黄昏、人定、鸡鸣、晨都包括在夜之中，夜的头、尾都是天亮，东方或西方红光一片。

174．土壤

古汉语中，“土、壤”也早已是复合词，《史记·李斯列传》：“是以太山不让土壤，故能成其大。”“土、壤”单用更多。它们有以下区别。

其一，声源不同。

“土”的声源是“吐”。《春秋元命苞》：“土之为言吐也。”《说文》：“土，地之吐生万物者也。”“土”之二，象地之上，地之中；其丨象物出形。具体说，二表示土的两个层次，下一是底土层，上一是表土层，上短下长，显示表土层与底土层量比的不同。丨显示植物植土、出土之形，其一部分已冒出土壤，另一部分在表土层下扎根。这个指示字反映了古人对土的自然植被特点的认识。《周易·离》：“百合草木丽乎土。”而“壤”，从土襄声，声兼义。襄声字有内中之意。“襄”是“解衣而耕”（《说文》），去外存内。《释名·释兵》：“钩镶，两头曰钩，中央曰镶。”“囊”，藏物的袋，使物纳于中。“壤”当指土的内质。《尚书·禹贡》：“厥土惟白壤……厥土惟黄壤。”这“土”指土壤、泥土，而“壤”即指土质。

其二，自然与人为的不同。

通过人为的用土、改土、养土条件，使土的物理性、化学性和生物学性，得到适合人们需要的改变，这经过改变的土就称为“壤”，以区别于未经改造的自然土。《释名·释地》：“壤，瀼也，肥濡意也。”《周礼·地官·大司徒》：“辨十有二壤之物”。郑玄注：“以万物自生焉，则言土，土犹吐也。以人所耕而树艺焉，则言壤。”《帝王世纪》曰：“帝尧之世，天下大和，百姓无事，有八九十老人击壤而歌。”这“壤”不应浑解为“土”，而应作“耕土”。他们“日出而作，日入而息，凿井而饮，耕田而食”。所击的当然是这

“耕田”之土。《吴越春秋·夫差内传》：“今吴乃济江淮，逾千里，而来我壤土，戮我众庶。”这段话有自夸自励之意。“壤土”与偏正结构的“众庶”（众多的百姓）并举，应作“肥土”。若解为一般的“土地”，则与“众庶”不可并列，失去整段情味。

现代的用法依然反映了这些不同的特点。例如，说“黄土高原”，不说“黄壤高原”，因为这是从自然土颜色而言。说“沃壤千里”比说“沃土千里”更准确、具体，因为这是指内质而言，宜用“壤”。“土山、土方、土堆”等，全从自然土着眼，故不可作“壤”。不过，现代多用复合词形式表达，用“土质”“耕土”“肥土”等都可以体现“壤”的特点，因而总的说，“土”的使用更广泛，“壤”则缩小。但特点并没有变。

归结起来，土：土壤、泥土的总称。壤：土壤、泥土的又称，特指土内质、已耕土。

175．土·地·田

这三个词都可指土地、田地，但用法各有不同点。

凡下列两种情形多用“土”。

一、生长植物。“土”指生长植物的自然土。“百谷草木丽乎土”（《周易·离》）。《左传·襄公九年》：“其民人不获享其土利。”柳宗元《捕蛇者说》：“退而甘食其土之有，以尽吾齿。”这些“土”都不可作“地”。作“地之有”，似指这地方上所有。二、本土，本处土地。《论语·里仁》：“君子怀德，小人怀土。”指乡土。他如“土著”，指世居一地的人。“土豪”，当地的豪强。“土产”“土货”“土物”等指某处土地所产物品。这些“土”都不可作“地、田”。

凡下列两种情形必用“地”。

一、与“天”相对比。成语“天翻地覆”“天长地久”。二、从地形、地域着眼，范围大于“土”。如“地理、地脉、地方”等，不胜枚举。柳宗元《捕蛇者说》：“殚其地之出，竭其庐之入。”这里“地”与“庐”相应，指整个土地上的出产。若作“土”，则不强调“整个”了。

“田”指已开垦、耕种的土地。

“田”的本义是田猎，引申为农田。这是已垦种的土地。可以是水田，也可以是旱田。《孟子·梁惠王上》：“百亩之田，勿夺其时。”陶潜《桃花源记》：“土地平旷，屋舍俨然，有良田美池桑竹之属。”

这三个词古今的特点都是如此。

176. 上古的“沟”

今天的“沟”指小河、小水洼、小水道……多需要加“小”以称，并且不论天然还是人工挖掘，都可以称。上古则是“沟”的世界，都是人工挖掘的成果，在农业、交通、军事等方面都大放光彩。

农业上，指上古的农田水利，即所谓“沟洫”，大大小小的田间水道。据《周礼》说这种田沟深广四尺。不同类型的沟有不同专名。“沟”之外，还有“洫”，是沟通一些陂池的水道。再小一些，有“畎”，或作“涓”，《周礼》说深广一尺，是最小的水沟。“浍（kuài）”，是比“畎”大一点的田间小沟。《释名 · 释水》：“浍，会也，小沟之所聚会也。”《荀子 · 解蔽》：“醉者越百步之沟，以为蹞（kuǐ）步之浍也。”以上都属于沟洫之制的各种田间水沟。

值得注意的是，各种田间水沟，虽然都是人工挖掘，但都不是农田灌溉的水渠，故没有作为水渠的各种配套设施。我国沟洫的源头可上溯到新石器后期仰韶文化时期，即传说中三皇五帝阶段。直至春秋战国之时，开沟洫目的是为了排水，而不是蓄水灌溉。至于灌溉，主要利用天然的陂塘池泽和泉水。

在军事、交通方面，则是大的水沟，它们是沟通大河的水道。它们的开挖，主要是为了军事的进攻或防卫，结果产生了交通之利。如邗（hán）沟，春秋时吴王夫差在邗（今江苏苏州东南）筑城，凿沟引江水北流，经射阳湖入淮，长 169 千米，是南北大运河最早的一段。深沟，是吴王夫差接着在河南商丘与山东定陶之间开凿的沟通济水、泗水的人工水道。邗沟、深沟都是吴王夫差为了与齐晋两国争霸中原运兵作战之便而开凿。最著名的鸿沟，战国时魏惠王迁都大梁（今开封）后为开辟通向东南的航道而凿，故道自今河南荥阳北引黄河水，流经中牟、开封等地，至淮阳东南入颍水，串联了济、濮、汴、睢、颍等河，形成了黄淮平原上的水道交通网。楚汉相争时，划鸿沟为界，东楚西汉。以后“鸿沟”成为分界的代称。

为什么上古这种大大小小的水道都称“沟”呢？“沟（溝）”，从水冓声，冓声字有交互义，“冓”是“交积材”（《说文》）；“遘”是二人相遇；“構（构）”是架木。故“沟”都是交叉而直的水道，其作用都在于沟通：农田水沟为沟通而排水；沟通若干河道为作战之便。因此，从“沟”之名也可见此物的特点。

177. 堤防·防

“堤（dī）防”，就是现在的“提防”，防备之义。《西游记》第四十回：“看前面又有大山峻岭，须要仔细堤防，恐一时又有邪物来侵我也。”防备之义最早都是由名词连用而变来的。

“堤（dī）防”就是堤，是土石构筑高出地面的防水工事。用以蓄水，又防泛滥。早就连用。《商君书·算地》：“薮泽堤防足以畜。”《群书治要》卷四五汉仲长统《昌言》：“开道涂焉，起提（堤）防焉，舍我涂而不由，踰提（堤）防而不行，是逆我政者也。”

“堤”，古也作“隄”。水堤早已有之。《左传·襄公二十六年》：“宋芮司徒生女子，赤而毛，弃诸堤下。”《韩非子·喻老》：“千丈之堤以蝼蚁之穴溃。”《后汉书·陈忠传》：“故堤溃蚁孔，气泄针芒。”《水经注·江水二》：“江陵城地东南倾，故缘以金堤。”柳宗元《田家》诗之三：“蓼花被堤岸，陂水寒更渌。”《宋史·张问传》：“赖小吴堤薄，水溢北出，故南堤无患。”可见无论大小长短厚薄，皆可称“堤”。它是堤坝的通称，一直用于现代。

“防”则难懂。本当也是水堤，但古代也早已不用；而且与“堤”有何不同？

按，“防”或作“坊”，也是上古就有。《周礼·地官·稻人》：“以防止水。”“防”从方声，“方”通“当”，“当”即挡、障之意。《后汉书·刘永传》：“杜茂攻佼强于西防。”此谓关塞、疆土之障防。也用于障水。《国语·周语下》：“不防川。”韦昭注：“防，障也。”《礼记·经解》：“夫礼，禁乱之所由生，犹坊止水之所自来也。”陆德明释文：“坊，音房，本又作防。”《周礼·地官·稻人》：“以猪（潴）畜水，以防止水。”郑玄注：“防，猪旁堤也。”此为浑言。孙诒让正义引江永曰："凡下地常忧潦，田间之水，欲其易出，外流之水，欲其不入，以猪（潴）畜（蓄）水，所以分减内水也；以防止水，所以堵截外水也。"《淮南子·修务》："修彭蠡之防。"彭蠡即江西鄱阳湖，此大湖泽本是低地，但一旦水满外溢，则必为灾，故必周以防。足见防是专指低陷地四周所筑之堤，有防挡内溢与外侵的两种作用，这种防堤规模可小可大：田间之防则小，湖泽之防则大。唯"防"之"防备、防止"的特点最为突出，故常引申为防止、防备、防御等抽象义，以至"喧宾夺主"，本义不用，只用众多的抽象义，使人难识其"庐山真面目"。

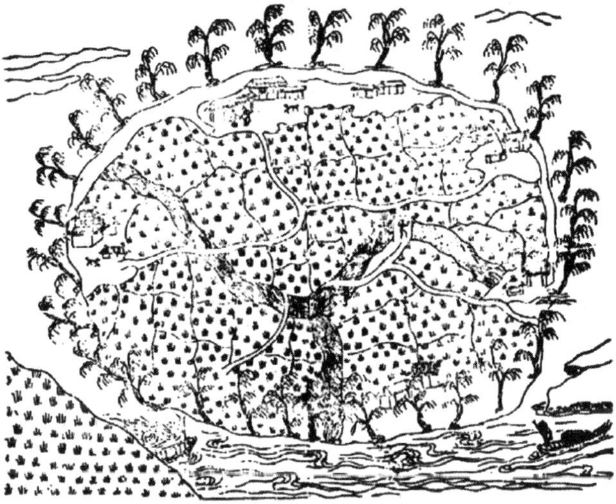

王祯《农书》中的围田，四周为防堤

178. 钱塘·塘

“塘”字见于地名，有名的是钱塘，这是今天杭州的一个古名。据《水经注·浙江水》所引《钱塘记》说，郡里议决筑塘防海水（宋代以前，钱塘江下游为海域）能送一斛土就酬钱一千。结果：“旬月之间来者云集，塘未成而不复取，于是载土石者皆弃而去，塘以之成，故改名钱塘焉。”原来筑塘土石是“骗”来的。别小看这个掌故，它可是历史上有关海塘的最早记载。

“塘”古也作“隚”，本作“唐”。唐声有大义。《说文·口部》：“唐，大言也。”故塘是土石构筑的大堤。“塘”有江塘、湖塘、海塘（但没有“河塘”）。北周庾信《哀江南赋》：“连茂苑于海陵，跨横塘于江浦。”《水经注·沔水二》：“江水又东迳穴湖塘，湖水沃其一县，并为良畴矣。”最能显示“塘”的特点的是海塘。由于汹涌海水的日夜冲击，海塘的兴筑比筑任何堤防都更为艰巨、复杂。海塘最早用版筑，极易冲毁。五代时吴越王钱镠在杭州海潮门外筑塘，改用“石囤木柜”法，制竹笼装进巨石下沉，再打木桩。到了宋代，用巨石垒砌，筑成梯形坡塘。到明代更增“叠砌法”“纵横交错法”，层层纵横叠砌，下阔上缩，内齐外陂，以抗击海涛冲击。古代形成的兴筑海塘的科学方法，至今犹袭用。

我国最著名、最长的海塘是从上海金山卫逶迤西南至杭州，再沿杭州湾经萧山东达宁波。笔者祖居上海浦东乡野，幼时常闻“一条海塘到杭州”俗语，几位瞽叟盲妪身背黄色香袋沿海塘步行到杭州进香之事。其塘之长与阔可见一斑。“塘”，是高而厚大的堤防，特指海塘。

塘，还指蓄水的坑，即池塘。有《古代汉语·常用词》以为“塘”的池塘义是唐代才见的后起义。这不符合事实。《广雅·释地》："塘，池也。"《国语·周语下》："陂塘污庳，以锺其美。"韦昭注："畜水曰陂，塘也。"此是大的坑，即陂塘。三国魏刘桢《赠徐干》诗："细柳夹道生，方塘含清源。"古代以为池是圆的，塘是方的。"塘"的池塘义，唐代以前较少。

179. 郑国渠

这不是郑国的渠，而是秦国的一条名渠。

“郑国”，是战国时韩国的一位水工，姓郑名国，气魄不小。后来果然事业有成，由他主持修凿的水渠就以他的名字命名。有趣的是，最初他是奉命去秦国做间谍，通过兴渠工程让秦国耗民劳财，以拖垮秦国。结果却大帮了敌国，使秦大大受益，给秦统一中国奠定了强大的经济基础。郑国渠不仅推动了秦国统一大业，而且揭开了我国农田水利史新的一页。其重要性不言而喻。

“渠”字先秦已见。《国语·晋语二》：“景霍以为城，而汾、河、涑（sù）、浍以为渠。”“景霍”，晋国山名。韦昭注：“渠，池也。”是护城河，不是水渠。作为人工农田水利工程的“渠”，文献始见于汉代的《史记》，而实名最早的正是秦国的“郑国渠”。《史记·河渠书》：“秦欲杀郑国。郑国曰：‘始臣为间，然渠成亦秦之利也。’秦以为然，卒使就渠。”明徐光启说：“考之古，有沟洫畎浍以治田水（按，即排水）……后世则引川水为渠，以资沃灌。按《史记》秦凿泾为渠，又关西有郑国、白公、六辅之渠。……俱名溉田千百余顷，利泽一方，永无旱暵（hàn）。”（《农政全书·水利·灌溉图谱》）名后于事，从“渠”之物来看，当战国已有，著名的是魏西门豹主持所凿长二十里的漳水渠（当时无渠名）。郑国渠所凿时期也是战国时。这是真正有整套设施的蓄水、灌溉工程，全长三百多里，历时十年竣工，灌溉面积二百八十万亩。今已勘测、发现了郑国渠的拦河大坝遗址，长二千三百多米，底宽一百多米，顶宽十至二十余米。这是迄今发现的最早、最大的拦河坝。又发现了大坝北面庞大的三角形蓄水库（据新华社西安1986年7月2日电讯）。对郑国渠的结构、规模必须做新的评估。

渠的特点从字的声义也可见。“渠”从巨声，巨声有弯曲义。《说文·工部》：“巨，规巨（矩）也。”《释名·释形体》：“距，矩也，言曲似矩也。”轮辋，即车轮外圈也称“渠”。可喻称罗圈腿为“渠股”（《山海经·海内经》）。护城河也是随城而弯曲，故也得称“渠”。为了灌溉农田，就有了环绕农田的弯曲水道，这完全不同于纵横交错的直道“沟”，于是赋以新名“渠”。故在农田水利史上，“郑国渠”其名与物都有开创意义，标志着我国农田水利从沟洫排水而进入渠系灌溉的时代。

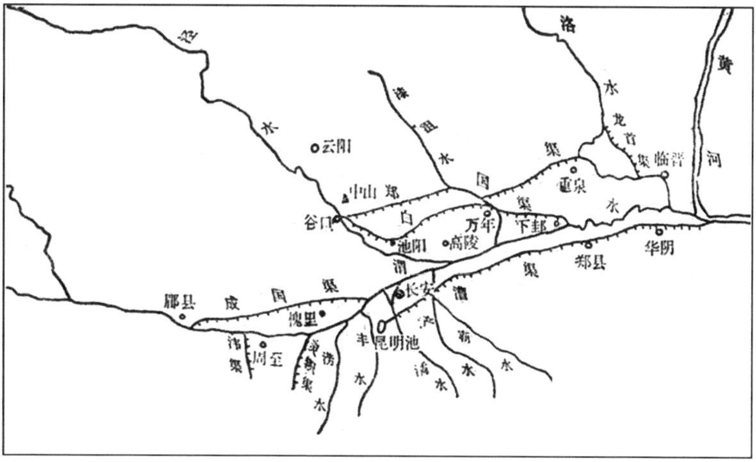

汉武帝时关中水利工程分布图

180. 禾·稼

“禾”，甲骨文、金文，上部象穗，结穗的谷子因重而下垂，下为叶子和秸秆。这是大田中成熟待刈的谷类作物的象形，故其本义就是结穗的谷株。《诗经·魏风·伐檀》：“不稼不穑，胡取禾三百廛兮？”我们知道，未秀的谷株叫“苗”，已秀的称“禾”，其穗粒为谷，谷中是米。故“禾”从一端引申，可指苗。李绅《悯农二首》之二：“锄禾日当午，汗滴禾下土。”聂夷中《田家》诗：“六月禾未秀，官家已修仓。”这“禾”即是苗。从另一端引申，可指穗实。大约魏晋以前的穗实指粟（小米），古以粟为嘉谷。《诗经·豳风·七月》：“黍稷重穋，禾麻菽麦。”下句四物并举，“禾”即指粟。如汉崔寔《四民月令·三月》：“时雨降，可种秔稻及稙（植）禾、苴麻、胡豆。”禾从中古起则转指稻，宋代民谣：“赤日炎炎似火烧，野田禾稻半枯焦。”“禾”指已秀穗的稻株。

现在，“禾”通常指禾苗，不专指已秀的植株；又特指水稻的植株。

“稼”本为动词，上引《诗经·魏风·伐檀》“不稼不穑”句，毛传：“种之曰稼，敛之曰穑。”稼的对象必是禾苗、谷禾。《周礼·地官·司稼》郑玄注：“种谷曰稼，如嫁女以有所生。”段玉裁说：“稼之言嫁也。”可见“稼”是形声兼会意字：将种子自家中“嫁”出，使之在大田安“家”扎根，会其意为种植谷物。引申之，可指在野秀实的谷株，故与“禾”可同义连用。《诗经·豳风·七月》：“九月筑场圃，十月纳禾稼。”朱熹注：“禾者，谷连稿秸之总名，禾之秀实而在野者曰稼。”就是说，“禾”是大名，既可指在野的植株，又可指割取纳场者；而“稼”是小名，只指在野的植株。

再引申，可指各种在野的农作物。唐王维《宿郑州》诗："主人东皋上，时稼绕茅屋。"可绕屋的植株，绝不会是谷类作物。宋沈括《梦溪笔谈·药议》："一亩之稼，则类溉者先牙（芽）；一丘之禾，则后种者晚实。"此"禾"指谷类农作物，"稼"则是泛指农作物。今有"庄稼"一词，即承此义而来。

要之，稼：1. 庄稼，在野的农作物总称。2. 在野的谷类作物。3. 种植谷物。

181. 雌雄

“雌、雄”是形声字，声兼义。“雌”的声源是此。此声之字有细小、柔小义：“呰（zǐ）”，语余声；“骴（cī）”，鸟兽残骨；“柴”，小木散材；“赀（zī）”，小罚以自赎；“疵”，小病，等等。雌性动物比起雄性动物，当然较为柔小，故称“雌”。“雌”，从隹，本义是鸟母。“雄”的声源是厷。厷声之字有壮大义。《尔雅·释诂上》：“宏，大也。”“宏”，深大之屋；“弦”，弓大声。雄性动物比起雌性动物，当然较为壮大，故称“雄”，亦从隹，本义是鸟父。《后汉书·赵温传》：“温字子录，初为京兆丞，叹曰：‘大丈夫当雄飞，安能雌伏！’遂弃官去。”“雄飞”，雄鸟一样飞；“雌伏”，雌鸟一样伏（孵小鸟）。《诗经·邶风·匏有苦叶》毛传：“飞曰雌雄，走曰牝牡。”三国魏曹植《鹖赋》：“若有翻雄骇逝，孤雌惊翔。”“雌、雄”都是指飞禽。

“雌雄”虽然指飞鸟，但即便在上古也可兼指走兽。《诗经·小雅·无羊》：“尔牧来思，以薪以蒸，以雌以雄。”此“雌、雄”指牛羊。《诗经·齐风·南山》：“南山崔崔，雄狐绥绥。”乐府民歌《木兰诗》：“雄兔脚扑朔，雌兔眼迷离。”用于人。《木兰诗》：“双兔傍地走，安能辨我是雄雌？”李白《双燕离》诗：“憔悴一身在，孀雌忆故雄。”还可用于植物。如雌雄同株（雌花雄花同生一株）的玉米，雌雄异株的大麻、银杏。凡雄株不结子而株壮叶茂，雌株结子而株叶矮小。“雌雄”更可用于无生物。风，强劲之风称“雄风”，轻下之风称“雌风”。剑戟、虹霓等都可分雌雄。其所以如此，是得名缘由决定的。“牝牡”着眼于生殖器之形，故只能指哺乳动物，即走兽；“雌雄”分别以柔小、壮大为其义源，当然适用范围广。

“雌雄”都有引申的抽象义。“雌”有柔弱义。《淮南子·原道》：“是故圣人守清道而抱雌节。”“雌节”，柔节。陆游《老学庵笔记》七：“韩魏公（韩琦）声雌，文潞公（文彦博）步碎。”“声雌”，指声柔细。“雄”更多，仅《现代汉语词典》所列就有五义，基本都是强有力之意，所列复合词，多为属抽象义的。正因为“雌雄”有两个相反的抽象义，故二字连用可喻胜负、高下。《史记·项羽本纪》：“愿与汉王挑战决雌雄。”今犹有“决一雌雄”的常语。

182. 牝鸡司晨·牝·牡

“牝（pìn）鸡司晨”，过去常用来贬称女性掌权：母鸡不会报晓，女人当政必然短命。它最早出于《尚书·牧誓》：“牝鸡无晨，牝鸡之晨，惟家之索。今商王受（纣），惟妇言是用。”“索”，尽。这是说牝鸡无晨鸣之理，如果晨鸣，一定家业殆尽，现在商纣王，只听女人的话，当有恶果。后有“牝鸡司晨”之语。《新唐书·后妃传上·文德长孙皇后》：“与帝言或及天下事。辞曰：‘牝鸡司晨，家之穷也，可乎？’”

“牝鸡司晨”好像很好懂：“牝”可指雌性动物，故语指母鸡报晓。但仔细一想不然：为什么不径说“雌鸡司晨”呢？而且也从无牡鸡司晨的说法。再说，用普通的雌鸡喻掌权的女“强人”，总不太契合。将“牝鸡”等同于“雌鸡”，恐怕未全得此语之奥妙。

“牝”字得义于“匕”。从甲骨文看，“匕”是匙，俗称调羹的象形，其形凹而尖圆（）。雌性哺乳动物的外生殖器很像这种调羹之形，加“牛”，不专指牛。甲骨卜辞中，从匕之字有从牛马羊犬豕五形，则“牛”示为畜类，犹“牢、逐”不限于牛、豕一样。“牡”字得义于“土”（非土地字），甲骨文中同“且、士”之形。郭沫若说：“据余所见，土且士实因为牡器之象形。”（《释祖妣》）即是凸而上举的雄性生殖器象形。从牛，也像“牝”一样示为畜类。《说文》释“牝”为“畜母”，“牡”为“畜父”，非常确切。《诗经·邶风·匏有苦叶》毛传：“飞曰雌雄，走曰牝牡。”因此，“牝牡”只指走兽。扩大用于其他哺乳动物包括人，这是与“雌雄”最大的不同。《诗经·小雅·信南山》：“祭以清酒，从以骍（xīng）牡”，“骍牡”，赤色牡牲。《淮南子·道应》：“（秦穆公）使之求马，三月而反……穆公曰：‘何马也？’对曰：‘牡而黄。’使人往取之，牝而骊。”也用于人。《老子》第五十五章：“未知牝牡之合而全（或作‘朘’）作，精之至也。”“全（朘）”，指男性生殖器。意：（婴儿）还不知道男女交合，但小生殖器却自动勃起，这是精气充足的缘故。之所以可指兽和人而不可指飞禽，显然由于“牝牡”二字本从哺乳动物的生殖器形着眼，而飞禽的生殖器形与哺乳动物不同，当然不适用。因而没有称以“牝”或“牡”的鸡、鸭、雀、雁之类了。“牝牡”也可以用于物，同样是从类于生殖器的凹凸之形着眼。如指门闩。《礼记·月令》：“修键闭”，郑玄注：“键，牡；闭，牝也。”孔颖达疏：“凡鏁（suǒ）器，入者谓之牡。”插入闭洞的门闩为“牡”，而被插的闭物（有孔短木或环）叫“牝”。它们不可称“雌雄”。

明于“牝牡”之本义与语用，就可知“牝鸡”不是简单的雌鸡，而是有兽性、会胡乱啼叫的母鸡，这当然是不伦不类的母鸡。这一妙语的妙处在于：用非兽非禽的母鸡，冒充雄鸡报晓，喻指女人当权，结果必不伦不类、不合规范、不会久长。“牝鸡”一词用了一种修辞手法：错用。“鸡”前本当用“雌”，今特意错用了只能用于兽与人的“牝”，从而使喻物鸡与喻体女人双方有了两个比喻点：牝性鸡—女性；兽性动物司晨—女性掌权。

这样看来，此语的“牝鸡”或可不译，或可释为：兽性的母鸡，或不伦不类的母鸡。

183. 白蚁及其异名

蚁，本作“螘”，或作“蛾”。蚁的种类很多，白蚁是对森林、建筑物、河堤等危害最大的一种。

古无“白蚁”之名，但古人早就对其识知并采取了种种防范措施。柱无础则易生白蚁。因此，柱下加础，即柱下垫石墩，是古人防白蚁的重要措施。《墨子·备城门》：“柱下傅舄。”“舄”是础之称，谓柱下加础。稍迟于半坡遗址的陕县庙底沟遗址，已发现在房屋四个柱洞下用扁平的砾石作础。河南安阳商代遗址，很多宫室基址上残留着直线等距的石柱础。这个设施的奥秘到宋罗愿《尔雅翼·释虫》才被揭示出来：“螱，飞蚁，蚁之有翅者，盖柱中白螘（即白蚁）之所化也。白蚁，状如蚁卵，凡斩木不以时。木未及燥而作室，或柱础去地不高，则是物生其中，以泥为房，诘曲而上。往往变化生羽。遇天晏湿，群队而出，飞亦不能高，寻则脱翼，藉藉在地而死矣。”至元代戴侗《六书故》，“蚁”字注释中已能分出白蚁、玄蚁、虎蚁、蛆蚁、臭蚁等。

虽然上引宋代的文献中有了“白蚁”之称，但宋以后的一般文献中，白蚁还是多称“蚁”。明徐光启《农政全书·农事·论杂虫》：“春暮暴暖，屋木中出飞蚁，主风雨。”明潘季训《河防一览·给事中尹瑾条陈善后事宜疏》：“江河一决，澎湃难支。始而蚁穴，继而滥觞，终必至于滔天而莫可收拾。崔镇黄浦之覆辙可鉴也：崔镇黄浦当初决之时，特数十人捧土之力耳。”这里对白蚁危害河堤的情况的记载比其他史载更为具体。

白蚁还称“蝼”，或“蝼蚁”。《韩非子·喻老》：“千丈之堤，以蝼蚁之穴溃；百天之室，以突隙之烟焚。”“突”，烟囱。《淮南子·人间》也有类似的话。而《吕氏春秋·慎小》说：“巨防容蝼，而漂色杀人，突泄一熛，而焚宫烧积。”“防”，河堤，“突”，灶的烟囱。“熛”，飞扬的火星。“蝼”，一般指蝼蛄，但自秦汉以来，记河堤因蚁而溃决上千百次，却无一蝼蛄为害之例。这“蝼”即指蚁，指蚁毁坏河堤，以至溃决后冲毁整个城市并淹死很多人。

184.“土”是原始陶器

陶器用土制成，“土”也为陶器之称——指原始陶器。

《墨子·节用中》：“啜于土形。”“形”通“刑”，即“铏”。《韩非子·喻志》：“以为象箸，必不加于土铏。”这铏是远古的盛羹陶器，当然不会配象牙筷。常用来表现尧舜时的生活。《史记·太史公自序》：“墨者亦尚尧舜道……食土簋，啜土刑，粝粱之食。”张守节正义：“土，谓烧土为之，即瓦器也。”

土，是生长万物的泥土，也是陶器的原料。恩格斯《家庭、私有制和国家的起源》中有一段著名的论述：“在许多地方，也许是在一切地方，陶器的制造都是由于在编制的或木制的容器上涂上黏土使之能够耐火而产生的。在这样做时，人们不久便发现，成型的黏土不要内部的容器，也可以用于这个目的。”据现有资料，我国陶器至少八千年前就已出现。距今七千年的浙江余姚河姆渡遗址出土一只陶塑小猪，其腹部明显下垂，是家猪的体态。距今六千七百年前的西安半坡遗址，曾出土两个陶埙，是我国迄今发现的最早乐器。陶器成了当时文明的标志。我国北方史前文化就分为“彩陶文化”（如仰韶文化）、“黑陶文化”（如龙山文化）两大系统。传说中的尧舜“土形”的时代，相当于新石器时代后期。因此，文献记载与文化遗址出土实物完全吻合。

原始陶器必然粗陋，故从此义又引申出粗陋的陶器。《孔子家语·致思》：“盛土之器，以进孔子。”《吕氏春秋·贵生》：“道之真，以持生；其绪余，以为国家；其土苴，以治天下。”高诱注：“土，瓦砾也。苴，草蒯也。”《史记·晋世家》：“野人盛土器中进之。”杜甫《闻斛斯六宫未归》诗：“荆扉深蔓草，土锉冷疎烟。”“锉”，古蜀方言称釜锅。上述诸“土”都是陶器之名，即已烧化凝结的泥土。

一个“土”字，既表出陶器的原料，又见出烧制的粗陋（今犹以“土”形容粗陋，如“土里土气”），用来称远古时的陶器，再恰当不过了；以后又以称粗陋的陶器，也是合情合理的。

很遗憾，今大型词典“土”字都没有列出有关陶器的这二义。当补。

185. 瓦 · 弄瓦 · 楯瓦

古代对陶器的总名不是“陶”，而是“瓦”。

“瓦”今主要用为屋瓦，其次泛称陶器，如说“瓦盆、瓦器”。古代则相反，主要作陶器总名，其次称屋瓦。

“瓦”字，篆文象左右曲物相参差覆合，这并不是屋瓦的象形，而是已烧土器的象形，即象窑中瓦物卷曲相垒之形。《说文》：“瓦，土器已烧之总名，象形。”段玉裁注：“土凡未烧之素，皆谓之坯，已烧皆谓之瓦。”它不见于甲金文，可见是西周以后才有的称名。初期，同时还作几种陶质器物的专称。《诗经 · 小雅 · 斯干》：“载弄之瓦。”此指纺缚即纺轮。后代以“弄瓦”象征女孩可纺织之事。《左传 · 昭公二十六年》：“齐子渊捷从（纵）泄声子，射之，中楯瓦。”此指干盾背上隆起的部分。《周礼 · 考工记 · 匠人》：“葺屋参分，瓦屋四分。”《世本》一：“桀作瓦屋。”瓦屋，屋瓦铺盖的屋顶。但夏时不可能有屋瓦。

作陶器总名，到战国文献中多起来，并多作名词修饰语，表示陶质的。这时候，它早先所指称的几个专名义除了屋瓦外，其他都消失了。《庄子 · 达生》：“以瓦注者巧。”指用瓦器作赌注。《礼记 · 儒行》：“毁方而瓦合。”孔颖达疏：“瓦合，谓瓦器破而相合也。”“方”指物的方正有圭角锋芒。又《檀弓上》：“有虞氏瓦棺。”《楚辞 · 卜居》：“黄钟毁弃，瓦釜雷鸣。”等等。秦之后，一如上古。《说苑 · 反质》：“鲁有俭者，瓦鬲煮食。”《论衡 · 对作》：“朱紫杂厕，瓦玉集糅。”“瓦玉”反义对比，喻善恶共处。《孔子家语 · 致思》：“瓦甂，陋器也；煮食，薄膳也。”“甂”，可盛五斗的盛酒器。唐李商隐《行次西为》诗：“浊酒盈瓦缶，烂谷堆荆囷。”

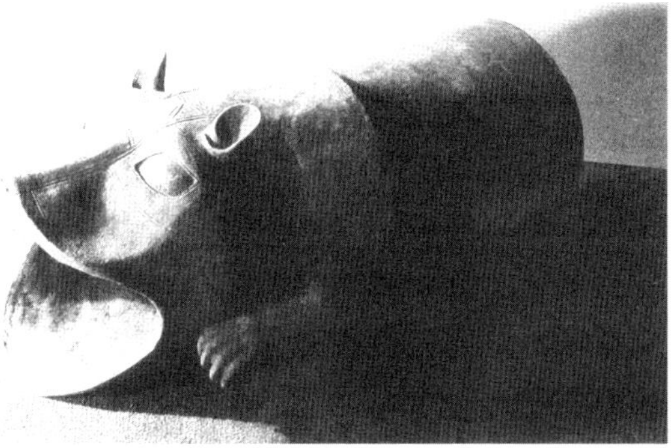

虎头形下水道，战国中晚期

宋范成大《梅根夹》诗：“日明渔浦网，风侧瓦窑烟。”“瓦窑”，不限于烧制屋瓦。明徐光启《农政全书》称陶制器物都作“瓦×”，如称塘堰排水陶涵管为“瓦窦”，列专章《瓦窦图说》。更可注意的，一些注家都是以“瓦”训解“陶”，而无相反者。《礼记·郊特牲》：“器用陶匏。”孔颖达疏：“陶，谓瓦器。”《吕氏春秋·仲冬纪》：“陶器必良。”高诱注：“陶器，瓦器也。”

由上可见，古代无论食器、用器，粗制精制，上古近古，凡陶器一般都称“瓦”；注家以“瓦”释“陶”，故它确是陶器的总名，相当于今称“陶”。用作屋瓦，实也可包括在总“瓦”之中，无非表示用于盖屋之瓦器、瓦物而已。

186. 陶·匋·窑

大型语文词典中的“陶”字，都将首义释为“陶器”，但举证都是动词义“烧造陶器”。事实上，“陶”本就不是陶器之称，故无证可举。问题是：“陶”为什么作动词义？其初义究竟是什么？

“陶”字从阜匋声。《说文·勹部》：“匋，瓦器灶也。”字从缶、勹，会意兼形声。“勹”即“包”，裹；缶代称瓦器，把瓦器包裹在里面待烧，故是“瓦器灶”，就是窑。而“窑”是从穴、缶，缶亦声。盖原始的窑灶与一般的食灶不同，它是利用现成的山洞，或挖洞穴用石头垒砌，内置土坯，故“匋、窑”二字异曲同工，实为一词异体。

“陶”字，从阜，表示山丘。故《说文》释：“陶，再成丘也。”《尔雅·释丘》同。《释名·释丘》：“再成曰陶丘，于高山上一重作之，如陶灶然也。”“陶灶”即“匋灶”。意：“陶”是窑一样重叠的山丘。则“陶”是这种山丘的专字。但文献不见此义，而又无“窑”字，瓦窑常用“陶”，使“陶”也有了瓦窑义。“匋、陶”在这一义上成了古今字。上举《释名》“如陶灶然”即用作此义。又《诗经·大雅·绵》：“陶复陶穴，未有家室。”郑玄笺：“复者，复于土上，凿地曰穴，皆如陶然。”朱熹集传：“陶，窑灶也。”经文与注语中“陶”都是

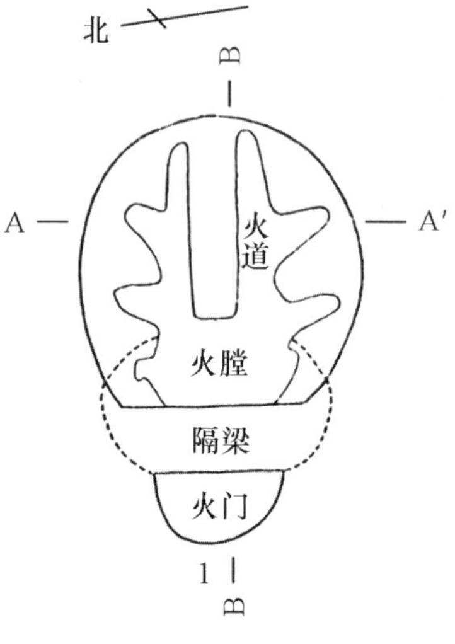

仰韶文化陶窑剖面图

“匋”义，即窑义，而重丘又罕见。故清朱琰在著名的《陶说》中早说过：“陶字从阜、从匋，即窑字。”今一些词典都说：陶可通“窑”，实是失源之论。当云：陶 ①重叠山丘。②烧陶器灶。后起字作“窑”。由此也可探明“陶”的音读。今词典都列“陶”有二音：一是余昭切，平声宵韵，喻母，今读 yáo；一是徒刀切，平声豪韵，定母，今读 táo。后者是中古音的异读，早期的“陶”，都读前音。皋陶、陶唐的“陶”，都是此音。《荀子·荣辱》：“陶诞突盗。”王先谦集解引郝懿行曰：“陶，古读如谣。”这并不奇怪：“陶”无论作陶丘、窑丘，都“读如谣”，而 táo 之音是后世变读；即使这一变读，按上古音也与“谣”音同：定母、喻母（喻四等）上古为同声母。故上古“陶”只一音耳！

据上，“陶”的初义可定为窑灶（因重叠山丘义，罕用），而窑灶用以烧陶，故由名词义引申为动词义，烧制陶器。它使用在两个方面。其一，直接作动词谓语。《孟子·告子》：“万室之国，一人陶。”《公孙丑上》：“（舜）自耕稼陶渔，以至为帝。”《墨子·尚贤下》《吕氏春秋·慎人》《史记·五帝本纪》都述舜“陶于河滨”。《汉书·董仲舒传》：“或夭或寿，或仁或鄙，陶冶而成之。”颜师古注：“陶以喻造瓦，冶以喻铸金也。”其二，作名词修饰语，也取动词义，与“瓦”不同。唐玄应《一切经音义》十四：“陶师，《仓颉篇》：‘陶，作瓦家也。’”《左传·襄公二十五年》：“昔虞阏父为周陶正。”“陶正”不是掌管陶器，而是掌管冶陶。《淮南子·精神》：“譬犹陶人之埏埴也。”“埴”，黏土。高诱注：“陶人，作瓦器之官也。”《史记·鲁仲连邹阳列传》：“是以圣王制世御俗，独化于陶钧之上。”“钧”，制陶器皿的转轮。司马贞索隐：“陶，冶。”“陶钧”，不是瓦钧，而指制造瓦器用的钧。《新唐书·杨于陵传》：“吏部尚书杨于陵出为岭南节度使……教民陶瓦易薄屋，以绝火患。”宋王禹偁《黄冈竹楼记》：“刳去其节，用代陶瓦。”“陶瓦”，所陶之瓦，即烧制瓦。他如“陶人”，指制陶器的工匠，“陶灶”，烧制陶器的窑灶。清代朱琰《陶说》一书，不是说陶器，而是述说制造陶器。今用于一些偏正结构中的“陶”，易误为名词义，应当注意。

187. 说“瓷”

古代“瓷”是“陶器”中的一部分，“陶、瓷”也不并列连用。《集韵·平脂》：“瓷，陶器之緻坚者。”明宋应星《天工开物·陶埏》对“瓷”总结为：“陶成雅器，有素肌玉骨之象焉。”意是烤制陶中所成有素肌玉骨的高雅之器。视二者为相同的生产过程，这大体不错。科学些说，用一般的含少量高岭土的黏土作胎，烧成温度不超过一千度、气孔率较大，胎质粗松，器表无釉或施低温釉，有吸水性，敲击声不脆，这就是陶。用含高岭土、长石、石英等成分的特种黏土（即瓷土）作胎，表面施高温玻璃质釉，烧成温度超过一千二百度，胎质坚硬，无吸水性，敲击声脆，这就是瓷。瓷是从陶发展来的。

瓷是我国人民的伟大创造，英文 China 一词有一个含义便是瓷器。“瓷”字或作“磁”“甆”。从汉代起，文献时有所见。《文选·潘岳〈笙赋〉》：“倾缥瓷以酌酃。”李善注引邹阳《酒赋》：“醪醴既成，绿瓷既启。”缥瓷、绿瓷，都指青瓷。唐柳宗元《代人进瓷器状》：“瓷器若干事，右件瓷器等，并艺精埏埴，制合规模。”杜甫《又于韦处乞大邑瓷碗》诗：“大邑烧瓷轻且坚，扣如哀玉锦城传，君家白碗胜霜雪，急送茅斋也可怜。”盛赞大邑白瓷质之轻坚，声“如哀玉”，色

明代景德镇瓷窑模型

“胜霜雪”，人们爱之而“锦城传”。

“瓷”字虽然在汉魏的文献始见，但瓷的形成却经历了相当长的过程，总的说，我国的瓷是经历了三个重大突破而渐渐形成的。首先，早在五、六千年前，古人已懂得利用、淘洗、精炼瓷土。据实物分析，原始社会陶器含氧化铁在6%以上，商代降至3%，周代已降到2%（若降到1%以下，便是瓷）。其次，周代已发明了玻璃质釉（青色釉），商周时一些硬陶烧成温度已达到1200度，故当时已有原始瓷器。以后逐渐提高成为真正的瓷器。今所见最早的瓷器是浙江上虞水仙坛窑址出土的东汉越窑青瓷。中国国家博物馆展出的一件东汉高足瓷碗，胎坚质细，釉薄均匀，色淡质白。可以说，到东汉已形成了真正的瓷——青瓷。以后，又有白瓷、彩瓷等。

188. 贝·币

贝、币都属于财物，并都曾作为货币出现。

从贝之字都与财物有关。“贝”自当指财物。“币”是货币，如硬币、银币、纸币、币值……。古代也早有。《史记·吴王濞列传》：“乱天下币。”裴骃集解：“币，钱也。”《汉书·食货志下》：“量资币。”颜师古注：“凡言币者，皆所以通有无，易贵贱也。”

然而，在更早的时期，它们的功用正好相反：“贝”代表货币，“币”指称财物。这是各自的本来面目。

“贝”，是个海贝的象形字，有甲壳的软体动物总称，我国最早的货币。《盐铁论·错币》说：“幣（币）与世易，夏后以玄贝，周人以紫石，后世或金钱刀布。”桓宽这里指出最早使用贝作货币是在夏代。贝之所以作货币，一、可作装饰品，有使用价值；二、不必分割，是天然的计算单位；三、坚固耐久；四、轻小，便于流通。属于夏商之间的河南偃师二里头遗址就发现了天然贝、骨贝、石贝。河南陕县七里铺、郑州上街遗址也发现了骨贝。到了殷商中晚期，贝更为广泛使用。属于商代中期的二里岗上层的白家庄墓出土贝有460枚。安阳大司空村发掘的165座殷墓中有83座墓出土贝，著名的妇好（武丁配偶）墓出土海贝7000枚。在殷墟甲骨卜辞与商代青铜彝器铭文中常有“锡（赐）贝”“商（赏）贝”的词语。贝，大者寸余，小者不足寸，价值不等，单位以朋计，十贝为朋。文献记载也多有反映。《尚书·盘庚中》：“兹予有乱政，同位具乃贝玉。”孔颖达疏：“贝者，水虫，古人取其甲以为货，如今之用钱然。”《说文》也说：“贝，古者货贝而宝龟，周而有泉，至秦废贝行钱。”

与此同时，“币”不是货币。《说文·巾部》：“币，帛也。”按，“币（幣）”从巾敝声，敝声有覆盖义，覆盖于人之巾，故“币”本义是赠人的纺织品，即赠人的礼物。

币常与玉一起，作为给神的礼物。《周礼·天官·太宰》："及祀之日，赞玉币爵之事。"郑玄注："玉币，所以礼神，玉与币，各如其方之色。"用于馈赠宾客。《左传·昭公二十六年》："以道之不通，先入币财。"《成公二年》："使介反币。"杜预注："币，聘物。"扩大之，车马、玉器、钱财等聘馈享祀的礼物都可称"币"。《管子·国蓄》："以珠玉为上币，黄金为中币，刀布为下币。""刀布"是钱。这里的钱还是作为聘享之财，而不是交易的货币。再扩大之，则泛指一切财物。《战国策·秦策》："王其为约车并币。"高诱注："币，货。"此用于活人。《周礼·天官·宰夫》："凡邦之吊事，掌其戒令，与其币器财用，凡所共（供）者。"郑玄注："币，所用赙也；器，所致明器也。"明器是所赠随葬器物，赙是赠丧家的钱财。此用于死者。既然币成为人们交往中使用、随身携带财物的总称，实际上已成了包含一定代价的商品。因而到了汉代，"币"自然滋生了货币义（见上引）。

当"币"有了货币义时，贝已失去了古老而神圣的货币流通的使命。

189. 百货·通货

大街小巷,南货店、杂货店、皮货店、百货公司……陈列出售的商品，为什么称“货”？“货”还可指非货，如“通货”，人民币，明明是币，为什么也可称“货”？甚至詈骂女子称“贱货”，与百货、通货有什么关系？

这要从源头说起。

“货”也是财。《说文·贝部》：“货，财也。”是什么财呢？《尚书·洪范》：“八政：一曰食，二曰货……”孔颖达疏：“货者，金玉布帛之总名。”指物资。《荀子·富国》：“等赋府库者，货之流也。”杨倞注：“钱布龟贝曰货也。”《汉书·叙传下》：“货自龟贝，至此五铢。”则龟贝等都指钱。而柳宗元《魏古尉逸事状》：“今邻人恶子弟，以货窜名军籍中。”此“货”就兼二者言，当释为“钱物”，指贿赂的钱物。因为指物资，就有“货财、货殖”诸语。《管子·权修》：“高贾在朝，则货财上流。”《论语·先进》：“赐不受命而货殖焉。”“赐”，端木赐，即子贡。“殖”，生（财）。“货殖”，用经营货物来获利。《史记》有《货殖列传》，就是讲各地出产、商贸情况的。因为指货币，就有“货币”“货布”“货帛”等词。“货币”见于《管子·山至数》。“货布”“货帛”是王莽时货币名，见《汉书·食货志下》。由上可知，古人早就认识到“货”是指财物和货币。

但是，这样就与作为总称的“财”岂非一样了？并且作财物的词好几个，为什么只有“货”能用以称货币？可见古人对“货”的本质特点尚未认识。

直到中古时期，古人认识就更上一层楼。《广韵》引《化清经》曰：“货者，化也，变化反易之物，故字有化也。”

这个识断是历史性飞跃。“货”字从贝、化，化亦声，指可以流通的财物。“货”是流通的财物总称，这与“财”就有了区别。所谓流通的财物，就是商品，而“随着劳动产品转化为商品，商品就在同一程度上转化为货币”（《资本论》第一卷），则货币是游离出来专用作等价物的特殊商品，故唯有“货”才可指称货币。

今日“货”都承古而用。“百货”“南货”“皮货”等都是出售的商品，故都称“货”。他如“发货”“送货”“货运”等，凡“货”都涉商品，概莫能外。它们不可易作“财”。反之，“恭喜发财”“生财有道”“人财两空”等语，“财”若改为“货”，别人一定视作商业用语。詈语“贱货”就是特意“错用”，将某女子比作低贱的商品，可供很多人“享用”，污蔑对方的人格尊严。

古代的“货”还可作动词，也体现了本义的特点。一、收买。指用钱物买通以达到某种目的。《左传·僖公三十年》：“晋侯使医衍酖卫侯，宁俞货医，使薄其酖，不死。”“货医”，买通医生。《孟子·公孙丑下》：“无处而馈之，是货之也，焉有君子而可以货取乎？”“货之”，收买他。“货取”，通过收买争取。二、售出。《晋书·王戎传》：“家有好李，常出货之，恐人得种，恒钻其核。”二义一源出，都是由商品的本义转来。但由于古今语用方式的差异，其动词义今未继用。

190. 说“资”

“资”也指财物，也有与其他财物词不同的特点。

“资”从贝次声。“次”本是行军帐篷的象形，故有驻扎义。《左传·庄公三年》：“凡师一宿为舍，再宿为信，过信为次。”次声有聚积义，“茨”，茅草聚屋；“垐”，用土聚增大道（据《说文》）；“资”指聚财物。凡聚积都有一定目的，故“资”者，指为一定目的而聚积之财物，即是本钱。它不限于货币，举凡粮食、货物、土地、人众，无一不可为“本钱”。《战国策·楚策一》：“地方五千里，带甲百万，五千乘，骑万匹，粟支十年，此霸王之资也。”

“资”有许多动词义，也与“货”等财物字不同。资财是积聚而来的，故有积聚义。《史记·魏公子列传》：“嬴闻如姬父为人所杀，如姬资之三年，自王以下欲求投其父仇，莫能得。”资常通过卖物获取，就是卖售义。《庄子·逍遥游》：“宋人资章甫而适诸越，越人断发文身，无所用之。”指制章甫冠作获利的凭借。简说之，“资”是出售意。如果让别人有资，便是供给、帮助义。《史记·李斯列传》：“今乃弃黔首以资敌国。”

诸动词义只有这一义用于今。如说“承××单位资助”，“可资借鉴”，“以资参考”，这些所资者，多是钱财；资助的结果是使受资者有了或多了用于一定目的的“本钱”。这一切，都反映出“资”的本义的特点。“资助”一词，最为明显。为了办某件事的需要，如举办一轮球赛，筹建一项公用事业，因为可使受资者增加了“本钱”，故使用“资助”。而对受灾地区的物质帮助，只能称“救助”，不能说“资助”，因为他们需要的不是“本钱”。

总之，“资”是为一定目的而积聚的本钱，所指不限于钱财。它体现到“资”的名词义、动词义，古今相同。知乎此，就纲举目张，“资”的许多引申义都可豁然贯通了。

191. 说“壕”

打仗时掩体的沟称“战壕”。为什么不叫“战沟”？“壕”是什么？

“壕”或作“濠”。豪声兼义。豪与“道”同声源。“豪”“道”二字属宵幽部，秦汉可相通。《释名·释道》：“城下道曰隊。隊，翱也，言都邑之内人所翱翔祖驾之处也。”“隊”是“壕”的俗字。其本义是城下绕墙之道。《文选·左思〈魏都赋〉》：“豪徼互经。”刘良注：“豪徼，道也。”王先谦说：“豪当为城下道，如《释名》所说也。”汉魏晋之时，仕宦者都邑饯送多在城门。盖古人行必祖祭于道，故在城门外护城河以内的沿墙道上，道祭帐饮饯而别。汉代疏广及兄子疏受致仕，群众送于东都门。由于墙边道临护城河，故引申指护城河。南朝梁江淹《杂体诗》之十五：“饮马出城濠，北望沙漠路。”杜甫《新安吏》：“掘壕不到水，牧马役亦轻。”许浑《登故洛阳城》诗：“雁迷寒雨下空壕。”这同于上古的城之“池”。可以说，作为护城河，上古用“池”，南北朝起，多用“壕”，而且“壕”比“池”有更强的军事防御性质。故“壕”从护城河义进一步引申为战壕义，即不必在城旁，凡作战需要，在任何地方挖掘的短沟，甚至具有壕的作用的他物，都可以称“壕”。这要到中古之时。刘禹锡《浙西李大夫述梦四十韵》：“山是千重障，江为四面濠。”《金史·宋浩传》：“时憼北边不宁，议筑壕垒以备守戍。”孔尚任《桃花扇·余韵》：“残军留废垒，瘦马卧空壕。”王国维《金界壕考》说：“界壕有掘地为沟堑，以限戎马之足。”

战壕与护城河是不同的。一、干燥无水。二、作无水而隐蔽的通道。这也是“壕”的初义当为城下道的一个证明。故战壕、壕沟之“壕”，来源甚古。

192. 壁垒

这个词很常用。毛泽东《西江月 · 井冈山》：“早已森严壁垒，更加众志成城。”有口皆碑。“这两大学派是那样的壁垒分明”，这类话也常见。什么是“壁”，什么是“垒”呢?

“垒”，繁体作“壘”，现简化作“垒”，倒得古意。《说文》：“厽，累坺土为墙壁。”故“垒”是会意兼形声，指累土为墙壁，专指军营四周的围墙。《左传 · 文公十二年》：“请深垒固军以待之。”《礼记 · 曲礼上》：“四郊多垒，此卿大夫之辱也。”郑玄注：“垒，军壁也。数见侵伐，故多垒。”《史记 · 淮阴侯列传》：“足下深沟高垒，坚营勿与战。”军垒有两种。一种是打仗时立营垒，临时择地构筑。一种是筑在边境，比较固定用作驻军以戍卫，如《礼记 · 曲礼上》例。这近于“堡”，是少数。

壁的本义是宫室的墙壁，用于军事防御建筑之称，必指达到一定高度、规格，较峭直而使对方难上，像墙壁一样的营垒。壁有门可以出入。《史记 · 高祖本纪》：“（汉王）自称使者，晨驰入张耳、韩信壁，而夺之军。”壁可以上登瞭望。《项羽本纪》：“诸侯军救巨鹿下者十余壁，莫敢纵兵。及楚击秦，诸将皆从壁上观。楚战士无不一以当十，楚军呼声动地，诸侯军无不人人惴恐。”后有成语“作壁上观”。壁最利于坚守。《黥布列传》：“汉王……深沟壁垒，分卒守徼乘塞。”这是四个动宾词组，“徼、塞”指险塞，“沟、垒”指营垒、堑壕，都作宾语。与“深沟”一样，“壁垒”也是使动用法，使垒壁，即使垒筑成壁那样，以坚守而不轻易出击。

在中古以前，“壁”是营垒的正称。中古起，二者不大区别，并且多用“垒”了。

无论“壁”还是“垒”，都是车战衰、骑兵盛后的产物。春秋时，盛行车战，用战车围成一团，称为“军”（动词），这就是当时的营垒。战国秦汉之际，车战衰落，骑兵勃起，至汉代而盛，“壁、垒”之名，也首先多见于汉代文献。因此“壁垒”之称，是我国军事史上从车战发展到骑战（包括步卒）的一种标志。

要之，垒：军营的围墙或工事。壁：高而坚的营垒（中古前）。

193. 旗鼓相当

“旗鼓相当”，原作“鼓旗相当”。出于《后汉书·隗嚣传》：“如今子阳到汉中、三辅，愿因将军兵马，鼓旗相当。”“子阳”，公孙述，当时割据一方、不服从光武帝的军阀。这是光武帝刘秀给隗嚣信中的话。意是：如果公孙述到汉中、长安一带，我希望能凭借将军您的兵力与他抗衡。“旗鼓”，实指战旗和战鼓；“当”，抵挡；“相”，偏指对方。现在“旗鼓”多喻指兵力、势力，不限于军队；“相”互指，指互相对等；于是变成为喻指双方势均力敌，不相上下。

那么，为什么要用旗与鼓这二物来“相当”呢？

先秦的旗，通常由干、縿（shān）、旒（liú）、旆（pèi）四部分组成。旗竿叫“干”，其端作中形的叉形器。有銎插入干，叉形器上有四个小环，象四旄。旄是牦牛尾，后也用鸟羽。竿首下垂直于干而横出的叫“弧”，弧与干一起撑开的旗面，叫“縿”，呈长方形。縿上附缀有飘带叫“旒”，又作“斿”。旒也可直系干上，也可用星数表示。四川成都百花潭出土水陆攻战壶旗画四星。山彪镇出土水陆攻战铜鉴旗画五星，分别表示四旒或五旒。旒上体现旗的等级差别。天子有十二旒，以下诸侯及百官各有等差。在旒上接縿而飘扬的长帛叫“旆”，又叫“大旆”，旆可灵活置收。旗縿佩旆，就是开战之象。作为专名的“旗”，是指战旗。这是将帅的标志物，战争中用于发令指挥。《释名·释兵》说：“九旗之名……熊虎为旗……将军所建，象其猛如熊虎，与众期其下也。”即在縿面画熊虎图案；当然，縿上要佩旆。《左传·昭公十三年》记晋以兵车会诸侯：“八月辛未，治兵，建而不旆。壬申，复旆之。”“不旆”，即收置旆，示不战；“旆之”，示欲战。杜预注：“军将战则旆，故曳旆以恐之。”至于战旗的旒数，要指主掌者爵称的不同而定。根据传世的战国铜器的图像，旗是斜插在车厢的后部，这为减少风的阻力，不影响车厢乘员进行战斗。后世作战，仍用战旗发号令，旗上也标示将领的姓氏、身份，标志何种军队。

鼓是进攻的信号，常说“击鼓进军”，与“鸣金收兵”相对。从《曹刿论战》中的“一鼓作气，再而衰，三而竭”的话，可以体会古人击鼓对激励、增强士气的作用。车战中，指挥的鼓置在主帅车上。交战开始后，主将要始终保持鼓声不停，其余的战车、士兵听着鼓声，就有了主心骨。《左传·哀公二年》记晋郑铁之战后，赵简子与同伴摆功，赵自夸“吾伏弢呕血，鼓音不衰，今日我上也”。齐晋鞌之战开始后，齐军攻势凌厉，晋军主帅郤克与御者解张都受重伤，郤克击鼓不力，车右解张就左手并握两手的六根缰绳御马，右手引槌猛击鼓，结果一下大振士气，转败为胜（《成公二年》）。鼓，甲金文中已见，都作以手持槌击鼓的形象，其本义当是动词，转而为名词。鼓本是乐器，圆柱形，中空，两面蒙皮，击之嘭嘭、冬冬。从甲金文“鼓”字形象和战国楚墓的出土实物看，鼓是横悬

建鼓 山东沂南北寨出土

的，即鼓面不在上下，而在左右，鼓装直柄，有的柄穿过鼓身，如成都百花潭战国铜壶上画像。鼓在柄上，柄装在地上或战车中。击鼓者执槌横击。随县擂鼓墩一号墓出土了完整的髹漆木鼓，鼓身横置，下面柄部完好，可以看出人是在旁边立执横击的。《河南汉代画像砖》第二三〇幅《鼓舞》、山东沂南汉代画像砖《戏车》《伐鼓》，都是悬鼓柄上、人立执槌横击的形象。古代早期凡是槌击的鼓都是横悬而置的。唯都是直立，故鼓又称“建鼓”。《淮南子·兵略》：“建鼓不出库，诸侯莫不慴悽沮胆其处。”

旗与鼓都有发令、指挥作用，缺一不可。《左传·成公二年》：“师之耳目，在吾旗鼓，进退从之。”《史记·淮阴侯列传》：“平旦，信建大将之旗鼓，鼓行出井陉口。”“旗鼓相当”一语（还有“重整旗鼓”等）正是基于二物在作战中独特、显著的作用而产生的。

194. 烽·烽火·烽烟

“烽、烽火、烽烟”，这里的三个“烽”什么意思？是同义还是异义？

三个“烽”都指烽火台。

说到烽火台，可能会以为是一个简单的供放火的高台。其实，“一烽六人”（杜佑《通典·兵五》），等于是一个边防哨所。“烽燧”之制是我国古代一项非常重要的军事警备与通讯制度，西周已具。周幽王就是因失信于诸侯，最后烽火台报警不灵，各路诸侯不来救助而身死朝灭。发展到汉代，其制已周。其中心是个高台起屋的烽火台，台四周有附属建筑，供烽卒食宿和堆置各种器材、燃草。一台设三个烽火架，分别设在台顶、台屋挑出的栈木和地面上。烽火架像个桔槔：在直立竿上缚置横木，其一端挂着篝笼，中实薪草，另一端系绳索，以撬举横木使篝笼上下。这篝笼就是烽火台的核心，它就是“烽”，篝笼上举放烟以报警，故所谓“举烽”犹下令放烟。烟施于白昼。《墨子·号令》说：“昼则举烽，夜则举火。”《唐兵部烽式》也称“白日放烟”。“烽”的本义就是烟，汉简多作“逢”“蓬”。“蓬”，蓬蒿，风卷而飞。“烽”显然是从火从蓬的会意字，指火烧蓬草——这自然指上腾的烟了。而由于篝笼放烟，故“烽”当可指篝笼，指烟，又可扩指整个烽火架，最后扩指整个烽火台。烽火台，就是白日放烟、黑夜放火的哨台。

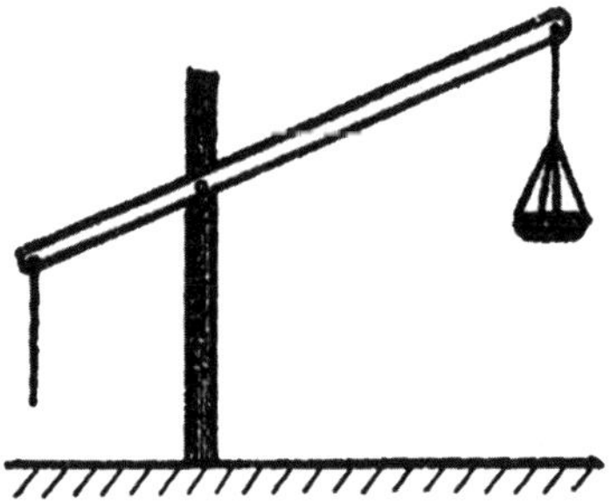

烽火台用的桔槔

知于“烽”，则“烽火”“烽烟”迎刃而解。

“烽烟”，烽火台报警的烟。南朝陈徐陵《为贞阳侯重与王太尉书》：“广陵、京口，烽烟相望。”亦喻指战争。唐姚合《送李廓侍御赴西川行营》诗：“自今嶲州路，无复有烽烟。”

“烽火”，边防哨所报警的烟火。《史记·周本纪》：“有寇至，则举烽火。”喻指战争。杜甫《春望》诗：“烽火连三月，家书抵万金。”

195. 箭头诸名

箭头，古代有几个专称。最常用是“镞（zú）”。“镞”从金族声，声兼义。族有丛聚义。箭上端金属之所聚，即是箭头。《庄子·天下》：“镞矢之疾而有不行不止之时。”贾谊《过秦论》：“秦无亡矢遗镞之费，而天下诸侯已困矣。”镞是金属箭头的正称。

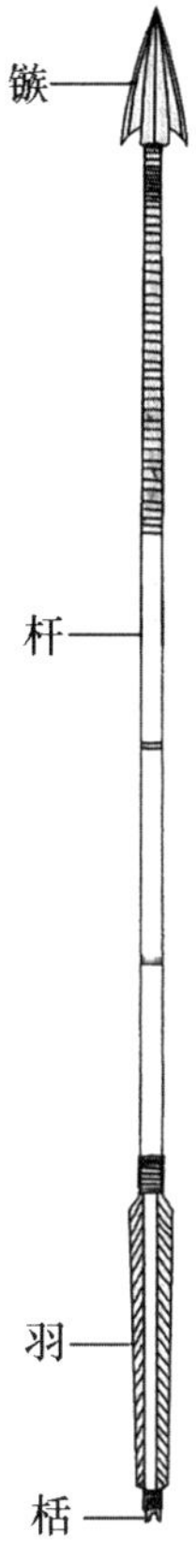

箭镞

汉代起，有了“镝（dí）”，又作“鍉”。贾谊《过秦论》：“收天下之兵，聚之咸阳，销锋鍉，铸以为金人十二。”《史记·秦楚之际月表》作“销锋镝”。宋韩琦《答孙植太博后园宴射》诗：“须臾一镝入鹄心，画鼓连轰尽声喝。”镝与镞不同，金属箭头，先用铜后用铁。商代有了青铜箭头，到战国晚期，易县燕下都44号墓中出土有铁铤铜镞（“铤”，茎杆），表明铁已用于箭。汉代冶铁进一步发展，铁箭头多起来。这时出现了“镝”这一新名。《通俗文》曰：“铁镞曰镝。”《淮南子·氾论》：“欲以朴重之法，治既弊之民，是犹无镝衔橛策錣而御馯马也。”高诱注：“镝衔，口中央铁，大如鸡子中黄，所制马口也。”“錣（zhuì）”，策头铁刺。馯马，突马。这镝衔正是箭头的形制。同时，可以注意，镝可制成响箭，称“鸣镝”。《史记·匈奴列传》：“冒顿乃作为鸣镝，习勒其骑射，令曰：‘鸣镝所射而不悉射者，斩之！行猎鸟兽，有不射鸣镝所射者，辄斩之！’”裴骃集解：“矢镝飞则鸣。”张协《七命》：“彀金机，弛鸣镝。”文献中只称“鸣镝”，无称

“鸣镞”者。综上可知：“镝”是铁质箭头的专称，轻疾坚利，杀伤力强；其箭头或有孔，飞则有啸声。

“鍭（hóu）”，也是铁箭头。《周礼·考工记》：“鍭，矢参分。”郑玄注：“参订之而平者，前有铁重也。”即箭杆三等分，因铁箭头重，重心在前三分之一处。在《周礼·司弓矢》的注语中，郑玄又说明，“鍭”从金候声（“侯”通“候”），声有义，指等候射杀来近之敌或禽兽。可见它是一种用于近射护卫和田猎的铁箭头，速度并不快，但比较准确。班固《西都赋》：“尔乃期门佽飞，列刃钻鍭。……矢不单杀，中必迭双。”“期门”，武帝置，掌执兵出入护卫。“佽飞”，少府属下武官左弋，掌弋射，“钻”通“攒”，聚。正因“鍭”是用于近射和田猎的箭头，故用于“期门、佽飞”。

196. 天堑

“一桥飞架南北，天堑变通途。”这是毛泽东同志赞颂武汉长江大桥的名句，“天堑（qiàn）”指长江。这是古语。《南史·孔范传》：“长江天堑，古来限隔，虏军岂能飞度（渡）？”

“天堑”是什么意思？为什么可称长江？

“堑”，不是“池”“沟”那样普通的沟。“堑”又作“壍”，本是动词，深掘义。《左传·昭公十七年》：“环而堑之，及泉。”楚人为守护夺得的吴军一艘大战船余皇，竟环船在岸上挖沟，云“及泉”可见其深。沈玉成《左传译文》译：“环绕这条船挖深沟，一直见到泉水。”也指对高地削斫。《史记·匈奴列传》：“因边山险壍溪谷可缮者治之，起临洮至辽东万余里。”《秦本纪》：“壍洛，城重泉。”指削掘洛河岸边山崖，以筑长城。作名词，便指深险的坑、沟，多用于军事上的防御工事。《史记·高祖本纪》：“郎中郑忠乃说止汉王，使高垒深堑，勿与战。”《淮阴侯列传》记广武君李左车说陈余：“足下深沟高垒，坚营勿与战。”二者情同，“堑”正是沟。又指军营壁垒外的护沟。壁垒是围障，挖土起垒必兼成沟。“深堑”，深挖沟，挖深沟。《新唐书·裴行俭传》：“大军次单于北，暮，已立营，堑壕既周。”“堑壕”同义连用，指环营作防御工事的深沟。《三国志·吴书·孙坚传注》引《英雄记》：“于是吏士饥渴，人马甚疲，且夜至，又无堑垒释甲休息。”“堑垒”，就是深沟高垒的防御工事。“堑”也可称护城河，但比“池、沟”二字更显示出明确的军事防御性质。曹植《与司马仲达书》：“故其俗盖以洲渚为营壁，江淮为城壍而已。”陆游《观长安城图》诗：“横戈上马嗟心在，穿堑环城笑虏孱。”

“长江天堑”，其“堑”正指军事上防御的深险之沟。一般的

“堑”都是人工所挖，而长江是天然的，故称“天堑”。由于“堑”常有深险的特点，故也常称“长江天险”。但没有人作“天壕”“天沟”“天池”，因为这些词都不能显示出深险的沟的特点。

今一些专书、辞书没有揭示出“堑”的上述特点，或作为一般隔断交通的水沟，或把护城河列为“堑”的首义或一义，释义尚不到位。

197．名列前茅

人们常常用“名列前茅”说明名次列在前面。什么叫“前茅”？有的词典解释：“春秋时代楚国行军，有人拿着茅当旗子走在队伍的前面。”但茅是什么，还没说清楚。有些成语词典则明确说“茅”是茅草，但用茅草作旗子，这也难懂。

词典所释“楚国行军”云云，见于《左传·宣公十二年》：“前茅虑无，中权、后劲。”春秋时，楚国侵郑，晋国援郑，但还没有渡过黄河，已获悉郑已降楚，楚军已撤，晋方就商量对策，一种主攻，一种主退。士会主退，分析了晋楚形势，其中有这两句。大意是：前军在考虑不虞之事，中军斟酌谋划，后军用精兵压阵。前军是军行的前导，负责探道，及时用标帜信号传告后军。《礼记·曲礼》：“前有水，则载青旌；前有尘埃，则载鸣鸢；前有车骑，则载飞鸿；前有士师，则载虎皮；前有挚（鸷）兽，则载貔貅。”所谓“载”，是把标志物（旌等）放在旌旗头上，举旗以警于后。也有别的方法。《通典》所引《李卫公兵法》说，行军时，使候骑先行，拿着五色旆旗，遇到沟坑举黄色，遇野火举赤色，等，后面则击五声鼓相应。但从未听说用茅草作标志信号的。故清代王引之早就说过：“茅为草名，旌则旗章之属。二者绝不相涉，何得称茅以旌乎？茅当该为旄。”（《经义述闻》卷二四）王说是。

上古音“茅”是幽部，“旄”是宵部，宵幽邻韵相通；又都是明母，故毛声、矛声常可通假。《诗经·小雅·角弓》：“如蛮如髦。”《尚书·牧誓》中“髦”作“髳”。《尔雅·释丘》：“前高旄丘。”《文选·班固·答宾戚》李善注引应劭作“堥丘”。《说文》：“楙：冬桃也，读若髦。”《公羊传·宣公十二年》：“左执茅旌。”《新序·杂事》作“旄旌”。因此，《左传》“前茅”之“茅”可认为是“旄”的假借。

“旄”是牦牛尾，字也作“牦”“犛”。《周礼·春官·旄人》郑玄注：“旄，旄牛尾，舞者所持以指麾。”可见本是用来整齐舞蹈动作、队列的。后用于军事的指挥。《尚书·牧誓》：“王左执黄钺，右秉白旄以麾。”为了扩大指挥面，行之更远，就把旄缚在竹竿头上；再进一步，就置于军旗的端首，旄也就成了竿顶饰旄牛尾的旗。《诗经·鄘风·干旄》：“孑孑干旄，在浚之郊。”“干”即“竿”。《左传》的“前茅”即“前旄”，前面的饰有旄牛尾的旄旗，这是起指挥和传递标志作用的军旗。句中，用旄旗代称军队，即指前锋、前部。说成“有人拿着茅当旗子”，就不符事实：这是代指整个前部，不是说一个持“茅”；不是以茅当旗，而是擎持着旄旗。

茅草的功用很大，又有浓重礼尊意，但“名列前茅”倒不能算在它的功劳簿上。

198. 城·障·坞

“城”，城墙；城邑。但“城”古代还指兵城、营垒。

这种城始于战国的长城沿线。如燕长城沿线的岱尹城，200 米 × 200 米。西北设城门。达乌昭盟秦长城 12 号城址 90 米 ×90 米，南墙开门，墙宽 8 米。汉代的“城”不限于长城沿线，而大量出现在边塞的河西四郡（酒泉、武威、张掖、敦煌），一般在 130 米 ×130 米以上，主要是版筑，石板垒砌成墼作——用未烧过的土坯垒砌，层间夹芦苇、胡杨、红柳枝。城内居都尉，是都尉府。汉代边郡的军事系统从上而下是：太守—都尉—候—候长—隧长。如有名的破城子城为居延都尉府，受降城为受降都尉府。《汉书·酷吏传·田广明》：“岁余，以祁连将军将兵击匈奴，出塞至受降城。受降都尉前死，丧柩在堂。”《李陵传》：“李绪本汉塞外都尉，居奚侯城。匈奴攻之，绪降，而单于客遇绪，常坐陵上。”奚侯城亦塞外一城。总之，“城”是一级围墙圈，是每边边长在 100 米以上的正方形围墙，用于屯兵，等于一个大军营，汉代作都尉府。

小城称“障”。“障”或作“鄣”。本义是挡水的土垣，故引申可作围墙。用为兵城，起自汉。《汉书·李陵传》：“以九月发，出遮虏鄣。”颜师古注：“鄣者，塞上险要之处，往往修筑，别置候望之人，所以自鄣蔽而伺敌也。遮虏，鄣名也。”《文选·班彪〈北征赋〉》：“登障隧而遥望兮，聊须臾以婆娑。”李善注引《仓颉篇》曰：“障，小城也。”它是二级围墙圈，一般是 100 米 ×100 米以内的方形围墙。古长城沿线附设的障比城要多。据调查者称，在宁夏境内一段 15 千米的古长城，就发现了七八处障城。汉“障”也多见于河西四郡。据陈梦家《汉简缀述》所考，小者15 米 ×15 米，大者 86 米 ×86 米。障是都尉下辖的候的治所，故障又称“候城”。就居延汉简所见，张掖郡所属居延肩水两都尉下，辖十个“候”，即有十个候障，如殄北、居延、甲渠广址……都是障名。

“坞”，《说文》作“隝”，释为“小障”。《后汉书·马援传》：“援奏为置长吏，缮城郭，起坞候。”李贤注引《字林》曰：“坞，小障也，一曰小城。”“坞”实是小障的外围薄墙。劳榦曾说：“城是比较厚的墙壁，坞却是一个比较薄的墙壁。在汉代的边塞上，我们已经发现的，凡障或烽台的外面，大都又围了一层较薄的坞。”可以说，坞是加强防御的三级围墙。

“城”是这种兵城的总名，故它常与各词连用。《汉书·匈奴传上》：“筑城障列亭至庐朐。”《后汉书·朱龟传》：“百姓不复屯其城郭。”他如“城垒”。《南齐书·高帝纪》：“治新亭城垒未毕，贼前军已至地。”另如“城栅”。《陈书·高祖纪》：“立城栅以拒官军。”等等。这些都是近义连用，“城”取兵城义，而不是指一般的居城。为有别于一般的居城，可译为“坞墙”“障墙”“营垒”“营栅”之类。

199. 谈“堡”

《现代汉语词典》：“堡：堡垒。”“堡垒，在要地作防守的坚固建筑物。”这是 bǎo 的义系。还有 bǔ 义系。“堡：堡子（多用于地名）。”“堡子：〈方〉围有土墙的城镇或乡村。”前一义系是现代义，后一义系今虽是方言义，却是“堡”的本义。

“堡”字从土、保，保亦声，筑土以自保自守。“堡”本作“保”。《礼记·檀弓下》：“战于郎。公叔禺人遇负杖入保者息。”郑玄注：“保，县邑小城。”《左传·襄公八年》：“女（汝）何故称兵于蔡，焚我郊保，冯陵我城郭?”可见“堡”是在城郭（邑）郊外构筑用于防御的小土城。它可小，也可大。《晋书·苻登载记》：“屯骑校尉胡空各聚众五千，据险筑堡以自固。”可聚众五千，这当是个不小的军营。不过总小于正规的一级围墙圈“城”，近于“障”的格局。《新唐书·裴识传》：“以识帅邠宁……识至，治堡障，整戎器，开屯田。”“堡、障”同义连用。

堡在唐代以后历代都有见，其规模、设置点甚至兵源都有发展。《金史·世家本纪上》：“（大定）五年正月，诏泰州、临潢接境设边堡七十，驻兵万三千。”按，今调查得六十四座，其堡往往设在山口、江边或交通要冲，即近水源、便于监视敌情、利于御敌屯兵的地段。这些堡呈正方形，四周土墙围环。大的堡长宽在 170～180 米间，小的堡在 30～40 米之间，墙外是壕。（参庞志国《金东北路、临潢路吉林省段界壕边堡调查》）这些堡中都屯聚着“官军”。也有些堡，屯聚地方武装，即作为宗族豪强、封建地主所建立的庄园组织。《宋史·赵滋传》：“建言：‘代州、宁化军有地万顷，皆肥美，可募人田作，教战射，为堡砦，似为利。’”“堡砦”是土城兼设木栅栏的防御建筑。这种堡就不一定是长宽相等的正方形。

古代的堡，有一些发展成为后代的小城镇，陕西、山西、河北、甘肃等省许多地名称“堡”者，即是古“堡”义的遗存。如陕西的吴堡、瓦窑堡，河北的柴沟堡，它们多在长城附近，原先都是军事防御的障堡。《现代汉语词典》列作方言义，这说明这一义还活在今天的某些地域。

200. 谈“城堡”

这里再进而谈“城堡”。是中国古代的城堡，不是欧洲中世纪的城堡。

“城”起于战国，盛于汉，是汉代边防候望系统的都尉所在地(参第198节《城·障·坞》)，作军事专用名词，到中古已少用。“堡”，从先秦到中古一直遍用于文献，是军事普通名词，也可指封建豪强的庄园。但是，它们性质相同，都是兵城，屯兵防御的土围墙。于是“城堡”得以同义连用。《后汉书·陶谦传》：“是五县城堡，无复行迹。”《北史·广川公测传》：“每岁河冰合后，突厥即来寇掠，常预遣居人入城堡以避之。”苏辙《送李诚之知瀛州》诗：“春风吹旌旆，先声遍城堡。”《元史·文宗纪》：“修城堡，布兵拒守。”

很清楚，“城、堡”是个并列结构。“城堡”的“堡”与今天密封、有顶盖的地堡、暗堡、碉堡等坚固的小型防守建筑物有本质的不同，因此，不能将“城堡”释作“堡垒式的小城”。“城堡”，当是泛称四筑土墙的兵营、兵寨。

201.“病”本不是病

词义有时代性，而词义的表现有多样性。这不仅指古代与现代的不同，还当有上古与后世的不同；甚至同样是上古，还可能有战国前与战国后的不同。“病”就是战国前后词义不同的典型一例。

一般都以为“病”的本义就是疾病，或者是重病，这些都不对。在战国以前相当长时期，只有“疾”作疾病的常称。甲骨文中，“疾”可作动词，如“疾齿”“疾目”等，也作名词，如“降疾”“既疾”等。在上古早期文献中，也是唯有“疾”作疾病的通称。“病”呢？甲骨金文中无其字，当是西周以后产生的。它使用极广，词义甚富，看上去很像疾病义，其实不是。

如有忧虑义。《左传·襄公三年》：“楚人以是咎子重，子重病之。遂遇心疾而卒。”杜预注：“忧恚故成心疾。”受咎忧郁，尚未至疾病，故是忧虑义。

痛苦义。《尚书·吕刑》：“罚惩非死，人极于病。”极，至；病，痛苦。句意：刑罚用来惩过，不是为杀人，而要使恶人受到痛苦。

困苦义。《国语·吴语》：“王曰：‘越国之中，疾者吾问之，死者吾葬之，老其老，慈其幼，长其孤，问其病，求以报吴，愿以此战。’”前面既有“疾者吾问之”，后“问其病”，当然不指疾病，而指民生疾苦。

困难义。《论语·宪问》：“修己以安百姓，尧舜其犹病诸！”何晏集解：“病犹难也。”句意：尧舜大概也难于做到它。

饥困义。《论语·卫灵公》记孔子与其弟子一次险遇：“在陈绝粮，从者病，莫能兴。”何晏集解：“病，饥困也。……弟子皆饿困，莫能起者也。”

危重义。《左传·襄公十九年》："荀偃……生疡于头。济河，及着雍，病，目出。"前言"生疡于头"，已表生病，则后作动词之"病"自然不指生病，而是指头疡已更严重近于病危，以至眼睛也突出的地步。沈玉成《左传译文》译："病危，眼珠都鼓了出来。"

其他如困扰义、羸瘦义、困难义、怨恨义、失败义、侵害义、疲惫义、耻辱义等有15义以上，《汉语大词典》基本已列，是个"大家族"，但就没有一个真正的疾病义（许多词典都将危重义误作疾病）。我们再对《左传》《国语》《论语》等八种上古早期文献搜集、调查所有的"病"，并逐个解释，结果震惊：近百个"病"，结果都不出《汉语大词典》所列十五义，而疾病义是零！基于如此情况，根据"病"的所有用义和古人多以"困"作为"病"的释语，可以确定"病"的本义就是困苦义，形容词。

但有趣的是，战国以后风云突变，在先秦诸子和其他战国文献中，疾病义频频使用，并很快超过了"疾"，成为疾病的第一通称。略举数例：

> 《庄子·大宗师》："俄而子舆有病，子祀往问之。"《达生》："毅养其外而病攻其内。"
>
> 《吕氏春秋·长攻》："赵简子病，召太子而告之，曰：'我死已葬……'"《贵公》："管仲有病，桓公往问之，曰：'仲父之病矣，渍甚，……'"
>
> 《韩非子·外储说左上》："军人有病疽者。"《外储说右下》："秦襄王病，百姓为之祷。病愈，杀牛塞祷。"
>
> 《孟子·公孙丑下》："昔者有王命，有采薪之忧，不能造朝。今病小愈，趋造于朝。"

这些例句不难懂，"病"的用法与今日完全一样。如果对比前面战国前用为其他意思的例句，可以发现前后用法的不同：前者不作名词；后者作名词，即使活用作动词，明显是由名词疾病义转来。由此可以稳当作断：从战国起，"病"有了疾病义，这个今义很可能是从危重义引申出来的。这揭开了“病”词新的一页：原先的其他意义少用，而疾病义独占鳌头，以至后人误以为它就是“病”的本义。

因此接触“病”的文句时当注意是战国前还是战国后。具体说，当见到《左传》《论语》《国语》等早期文献，它们的“病”都不是疾病；而诸子文献疾病义比比皆是。在一些中学语文教材和练习中，《论语》选得较多，其中不乏“病”句。如《雍也》篇记孔子回答子贡关于“博施于民而能济众”是否为“仁”的问题时，表示这已是超过“仁”而达到“圣”的要求，因为此要求“尧舜其犹病诸”，这个“病”，使很多老师头痛，有的说尧舜也以此为心病，有的说尧舜还以此为难病，总归放不下那个“病”。其实它与疾病无关，“病”本是困苦义，这里引申为困难义，谓尧舜还以此为困难，即尧舜还把它看成困难之事。

202. 此“疾病”非疾病

今天的“疾病”，是两个同义词素构成的并列式复合词，人人都懂。但看到《论语》中的“疾病”，就不那么好懂了。

《论语》有两处“疾病”，一是《述而》：“子疾病。子路请祷。”一是《子罕》：“子疾病，子路使门人为臣。病间，曰：‘久矣哉！由之行诈也。’”

孔子两次“疾病”，都是子路又是祈祷，又是组织治丧处（“为臣”），忙得不亦悲乎，但老师还是批评子路“行诈”。老师惹得子路如此紧张的两次“疾病”究竟怎么理解？按情理应是病危，但若按今天的复词义，是疾病的泛称，则作动词而指孔子生了疾病，当然是一般的病情，有的词典就用这句作书证，列“病”的疾病义。这样，子路太小题大做而不合常情。其实，这里“疾病”非今之复合词，春秋时，“病”尚无疾病义，也无复合词“疾病”。“病”的本义是困苦义，形容词，引申有危重义，这里正用此义，“子疾病”的读法不是“子‖疾病”，而是“子疾‖病”，前是主语，意：孔子的病危重了。这样就合情理了：因老师病危，子路才祈祷、组织治丧处。后“病间”之“病”也是危重义，主语“疾”承上省，即谓孔子的病危之情缓解。

这种“疾病”不是一个复合词，只是主谓结构的短语而已。它并非《论语》一书独有，在《左传》等其他早期文献中都有，《左传》特别多，竟有11例。如：

《宣公十五年》：“初，魏武子有嬖妾，无子。武子疾，命颗曰：‘必嫁是。’疾病，则曰：‘必以为殉。’及卒，颗嫁之。曰：‘疾病则乱，吾从其治也。’及辅氏之役，颗见老人结草以亢杜回。”“亢”，御。“治”，神志清时。这是所嫁妇人之父结草报恩的故事。

“疾”，生病，尚在“治”时；“疾病”，入乱时。杨伯峻注：“古人谓病危为疾病。”此“疾病”也是主谓结构，“病”为危，即危重义。

《成公十年》：“晋侯有疾，五月立太子州满以为君。……公疾病，求医于秦。秦伯使医缓为之。……医至，曰：‘疾不可为也。在肓之上、膏之下……不可为也。’”这是成语“病入膏肓”的出典。“为”，治。从文意看，其“有疾”时未求医，待“疾病”时求医为时已晚。杨伯峻注：“疾病连言，病重也。”“病”也是危重义。

《桓公五年》：“公疾病而乱作，国人分散。”孔颖达疏引郑玄《论语》注：“病谓疾益困也。”“疾之益困”，重在“益困”，也是表危重之意。据此，当读作“公疾‖病而乱作”。

例不烦举。《左传》全部的“疾病”都同上举，而上举例都同于《论语》的“子疾病”式，即它们都是主谓结构的短语，不是一个并列式复合词。

与“病”的情况一样，“疾病”从春秋到战国也是古今“两重天”。看《孟子》，“疾病”有三例。《梁惠王下》：“百姓……举欣欣然有喜色而相告曰：‘吾王庶几无疾病与，何以能鼓乐也？’……‘吾王庶几无疾病与，何以能田猎也？’”《滕文公上》：“乡田同井，出入相友，守望相助，疾病相扶持，则百姓亲睦。”这三个“疾病”与《论语》的“子疾病”完全不同，而与今义今用无异，即已是一个同义连用的并列式复合词。不仅是《孟子》，在常见的战国文献中，《论语》的那种“疾病”已乏见，同于今用的复合词“疾病”则出现甚多。“病”有了疾病义，原先的“疾病”消失了，同义连用的“疾病”出现了。

战国，是划分两种“疾病”的一条“麦克马洪线”。

203. 口吃·謇

“口吃”，是“说话时字音重复或词句中断，是一种习惯性的语言缺陷。通称结巴”（《现代汉语词典》）。这个解释是不错的。

那么，“口吃”之“吃”是什么意思？

“吃”，今天的常用义是饮食，即将食物放到嘴里经过咀嚼咽下去。但这本是“喫”的词义。古代文献多作“喫”，音欺讫切。《世说新语·任诞》：“答曰：‘友（罗友）闻白羊肉美，一生未曾得喫，故冒求前耳，无事可咨。’”京本通俗小说《冯玉梅团圆》：“妇人口渴，徐信引到一个茶肆喫茶。”而“吃”，本作“吃”。《说文·口部》：“吃，言蹇难也，从口气声。”音居乙切。这是今“口吃”义的“吃”的正字。《方言》第十：“讓，极，吃也，楚语也。”《声类》：“吃，重言也。”《管子·枢言》：“吾畏言不欲为言，故行年六十而老吃也。”《史记·张丞相列传》：“昌（周昌）为人吃，又盛怒，曰：‘臣口不能言，然臣期……期……知其不可。’”“期期”是口吃者实际吃况的实录，无义。也作“口吃”。《史记·老庄申韩列传》：“非（韩非）为人口吃，不能道说而善著书。”《史记》的“昌为人吃”一语，《汉书·周昌传》作“为人口吃”，颜师古注：“吃，言之难也。”又作“吃吃”。清蒲松龄《聊斋志异·瞳人语》：“士人忸怩，吃吃而言曰：‘此长男妇也。’”而“吃”通用为现今“饮食”义，汉代已见。贾谊《新书·耳痹》：“越王之穷，至乎吃山草。”但作饮食义主要用“喫”，口吃义则主要用“吃”，偶用“喫”。

顺便指出，有一种说法，认为“口吃”之“吃”是“急”的通假。这是不对的。固然，口吃者讲话语急，“吃口令”也作“急口令”，如《诗话总龟》七引的《王直方诗话》举“龟驹王鸿洪”等四句诗而说：“为龟父、驹父、王父、鸿父也。时人以为急口令。”

元李治《敬斋古今黈·史类》云："至炎宋过江后，以避讳改当为干当，则几乎吃口令矣。"但这些是后代因二字音义相近而并用。至于早期文献中，"吃、急"并不通假。因此，只能把"吃"看作口吃的本字。

古代口吃又作"謇（jiǎn）""蹇"。"謇"与"蹇"音义相同，是两个并举的分别字：足之难行为"蹇"，口之难言是"謇"，两字多可互通。《玉篇·言部》："謇，吃也。"玄应《一切经音义》一："言不通利，谓之謇吃。"《离骚》："謇吾法夫前修兮，非世俗之所服。"王逸注："謇，难也。"《北史·李调传》："因跛而缓步，因謇而徐言。"《世说新语·排调》："此数子者，或謇吃无宫商，或尪陋希言语。"北周庾信《谢滕王集序启》："言辞蹇吃，更甚扬雄。""蹇吃"即"謇吃"，都指口吃。

今天，"謇"字已淘汰了。只有"口吃"沿用至今，只是来龙去脉不是人人都通晓。

204. 谈“盲”

“盲”是个会意字，从目亡。亡即茫。眼睛茫然莫辨即是“盲”。《释名·释疾病》说：“盲，茫也，茫茫无所见也。”最初主要指分不清颜色。《老子》第十二章：“五色令人目盲。”五色指青、赤、黄、白、黑。《韩非子·解老》：“目不能决黑白之色，则谓之盲。”《庄子·大宗师》：“夫盲者，无以与乎眉目颜色之好。”先秦，盲是侧重于因对颜色失去辨别力而看去模糊不清。表示失明即眼睛失去视力的是“瞽、蒙、瞍”等词（那时还没有“瞎”）。

从汉代起，“盲”才成了眼失明的泛称，与新出的“瞎”同义。《世说新语·排调》所记殷仲堪的参军所语：“盲人骑瞎马，夜半临深池”，“盲、瞎”对文同义。到了今天，广义的“盲”，指视力减退到0.02以下，于眼前一米处不能看清自己手指；狭义的“盲”，指完全丧失光感。“盲”是一种病象。盲通常是由青光眼、白内障等眼病导致的。

由上可知，“盲”义有二：色盲，视盲。它们都是一种有眼辨不清、有眼看不出的病象，因此，“盲”可以作一切眼病的总称，古今汉语中，盲女、盲臣、盲目、盲人……不一而足。还产生许多喻称义，不辨是非附随他人叫“盲从”。心不辨是非叫“盲心”。韩愈《代张籍与李浙东书》：“当今盲于心者皆是。”甚至不用眼睛也叫“盲”，如“盲棋”，洪咨夔《黄伯渊见寄诗》之一：“穷里埋头倾哑酒，凉边趁手应盲棋。”“趁手”，随手不看地下围棋。用于名物者更多。蛛形纲二长蹄科，视力甚差的蜘蛛叫“盲蛛”，动物体内一端闭塞、附生其他器官上的囊状物叫“盲囊”。“盲”之用广矣哉！

205. 盲·瞎

大家都知道，“盲、瞎”是同义词，瞎子就是盲人，但“文盲”“科盲”“计算机盲”这些词语，都用“盲”，不用“瞎”，不说“文瞎”之类，最多说“睁眼瞎”，这是为什么？

可能有人会说：“这是习惯用法。”但是在汉语的词语使用中，从来没有无缘无故、糊里糊涂的所谓“习惯用法”。常常是老祖宗时代大家定下的通则，后人自觉遵循成了“习惯用法”。

上古时期，古人对眼睛的失明很重视，类型分得很细。有“瞽”，眼睛睁不开，外留一条缝。有“蒙”，眸子蒙障翳而失明。有“瞍”，没有眼珠而只留一条凹缝，这该是最彻底的瞎了。有“盲”。《释名·释疾病》：“盲，茫也，茫茫无所见也。”“盲”与“茫”同源，无论有眼珠无眼珠，只要茫然失明，就是“盲”，故用为眼睛失明的总称，可以包括瞽、瞍、蒙等，如由瞽瞍等充当的乐官太师，可称为“盲臣”。《韩诗外传》八：“（范昭）顾太师曰：‘子为我奏成周之乐，愿舞。’太师对曰：‘盲臣不习。’”但是汉代以后，“瞽、瞍”渐冷落，而出现了“瞎”。《集韵·入辖》：“瞎，目盲也，或从曷。”这是何种盲？其字从目害声，害即“割”，犹“犗”之害亦为“割”，指割去势的阉牛，“瞎”即指失去眼珠的盲人。“瞎”的异体“暍”亦同义，曷声有尽义，歇，气泄；渴，水涸；暍也是眼珠无。故“瞎”的本义相当于上古的“瞍”，指没有眼珠而只留一条凹缝的盲人。扩大之，可指各种各样的盲人，于是成为口语中眼失明的总称，与书面语的总称“盲”文白相配。至《世说新语·排调》就有了“盲人骑瞎马，夜半临深池”的语句。

回到今天的用语。“文盲”类词语，所指非真的失明，而是有眼而不识字，相当于有眼看不出字，故用眼睛失明总称的“盲”来喻称，最为恰当。而“瞎”，虽也作眼睛失明的总称，但它本指没有眼珠的盲人，而不识字者都是有眼者，若用“瞎”就与所指不切合，自然不可喻用了。将“文盲”说作“睁眼瞎”亦可。此语正表明瞎子本是无目而闭合的。“睁眼瞎”一语正可印证“瞎”的本义和作“文瞎”之不可。

206. “眇”不是一目瞎

“眇（miǎo）”字今天虽少单用，但人们并不陌生。北宋大文学家苏轼的名篇《日喻》第一句是：“生而眇者不识日。”喻举一个眇者，大家告诉他，太阳样子像铜盘，叩击有声。以后他听到钟声，就以为是太阳。又告诉他，太阳光像火烛，摸烛细长。以后摸到一支笛子，就以为是太阳。这位眇者好像是盲人。则“眇”指盲瞎？

然而，一查词典就茫然了。有的说：“原指一眼瞎，后来也指两只眼睛瞎。”（《现代汉语词典》）。有的说：“偏盲，一眼瞎。”（《辞源》《辞海》）。有的干脆分列眼睛小和一目失明二义（《汉语大词典》），则以眼睛小为“眇”的初义。“眇”涉及偏盲、全盲和眼睛小三义。

尽管有分歧，但各词典都以为“眇”有一眼瞎，即偏盲义，只是别在先有，后有，还是始终有。这是造成释义混乱的根本原因。但以“眇”有偏盲，即一眼瞎义，有三“不合”。

其一，不合古人称名表物例。对于人体成双的器官及其疾病，其名都指全物，即指双不指单。如“股肱”，指二腿二肱。“躄”，指两足不能行。眼病包括眼瞎的词较多，如“瞽”“瞍”“蒙”等，诸名都指双眼之病。古人对这些词的训诂亦如此，一般都不标两眼，但都指两眼。对“眇”亦如此。《说文·目部》：“眇，小目也。”《正字通·目部》：“眇，目偏小不盲亦曰眇。”二训语之“目”未标出“两”，但都指双目。如果专指其一，才会特意标出。“眇”亦如此。《资治通鉴·唐僖宗中和三年》：“克用一目微眇，时人谓之‘独眼龙’。”这才是一目小，但“眇”本身还是“目偏小”，实指两目偏小。

其二，书证不合义。合观诸词典列偏盲义有三条书证，均不合偏盲义。一、《周易·履》："眇能视。"二、《穀梁传·成公元年》："季孙行父秃，晋郤克眇，卫孙良夫跛，曹公子手偻，同时而聘于齐。"三、《三国志·魏书·陈思王植传》在"诛丁仪"这句话下，裴松之注引《魏略》的一节文字："丁掾，好士也，即使其两目盲，尚当与女，何况但眇？"三例都属误解。一例，《周易》文明明说"眇能视"，按常理，乃指两目。孔颖达疏："眇能视物，目既隆眇，假使能视，无多明也。"孔氏也从两目解释，因眼睛小，故认为"能视无多明"，《汉语大词典》作为眼睛小义的书证，确然。二例，所记春秋时齐国的一次奇特的盟会，受聘的诸侯政要都有外见的生理缺陷；荒唐的是齐君竟然分别派出有相同生理缺陷的人"对等"接待。这里的郤克"眇"，从原文和注疏都看不出是偏盲者。恰恰相反，如果一眼失明，外观上并不显见，倒是两眼细小，其外观和视望动作必滑稽可笑，因而更有可能指两只眼睛小。末例，查核文本，就一目了然。上面《魏略》中句，是曹操亲自与丁掾（擢为"掾"，故称"丁掾"）言谈后的一番赞语。之前，曹操早萌"欲以爱女妻之"的想法，但被谏阻，《魏略》记云："五官将曰：'女人观貌，而正礼（丁仪字）目不便，诚恐爱女未必悦也。'"这里明明说丁仪"目不便"，即因眼小而"无多明"，而非一目瞎。因此，三条书证都不能证"眇"是偏盲，反而多能证两眼细小。也就是说，各词典都把眼睛小义误解为偏盲，即一眼瞎。

其三，不合文字构意。所谓"偏盲"的误解多或出于对构字的误解。"眇"字目、少，以为是少目会意，就成一眼瞎。其实，此"少"当取小义。少声字多有小义。"沙""杪""秒"等字之"少"都取小义。《方言》第十三："眇，小也。"故《说文·目部》就释"眇"为"小目也"。《淮南子·说山》："小马大目，不可谓大马；大马之目眇，可谓之眇马：物固有似然而似不然者。"这里"小马大目"与"大马""目眇"应构成对比，"眇"即是小目义。班固《答宾戏》："若乃牙、旷清耳于管弦，离娄眇目于豪（毫）分。"离娄又叫离朱，据说能于百步之外见秋毫之末。"眇目于豪兮"即指能细视毫分之微，“眇目”正是眯目细视。“眇”的引申义大致两系：一是细小，如“眇眇”“眇茫”等，二是高远，如“眇邈”“眇绵”等，显然都与小义有关。

由上可见，从称名表物例、“眇”的文字构意以及文献书证看，“眇”都没有一目瞎的影迹，而都是指眼睛细小。

现在清楚了，作为眼病的“眇”，前后有二义。一是其本义，指眼睛细小不能睁大的眼病，俗称眯细眼。上举《周易》“眇能视”，《穀梁传》的“晋郤克眇”，《三国志》裴注引《魏略》中丁掾“眇”，都是这一义。二是盲瞎义。目小细视再恶化，是完全失明，故引申为眼瞎义。文首所举苏轼《日喻》中的眇者属于此义。据王先谦说，大约晋代以前“眇”用为小目，晋代以后用为盲瞎义（《释名疏证补》卷八），大致合情。但后世也有用本义者。如上举《资治通鉴》的“克用一目微眇”之“眇”，因前有“微”，可知仍用眼睛细小义。

207. 蹇・謇

“蹇（jiǎn）、謇（jiǎn）”二字声韵同，都是寒省声。寒声字有曲与直两反义。如“搴”，拔举。此取直。又为卷缩义。《淮南子・俶真》：“擢德搴性。”高诱注：“搴，缩也。”此取曲。“褰”，《说文》释“绔也”，绔是直衣。又有曲义，《史记・司马相如列传》：“襞积褰绉。”司马贞索隐引苏林曰：“褰绉，缩蹙之。”“謇、蹇”亦如此。以此可准确解释二词“矛盾”的词义。

“蹇”的声符有曲义，故得本义。《素问・骨空论》：“蹇，膝伸不屈，治其楗。”王冰注：“蹇膝，谓膝痛屈伸蹇难也。”即是说，对于膝关节屈伸艰难的病人，治疗时可取股部经穴。它显然不专指跛或躄，故不能释为跛义。它的本义当指屈伸困难的足病。引申为困难、不顺当。《周易・蹇》：“蹇，难也。”《广雅・释训》：“蹇蹇，难也。”“蹇步”，行动困难。谢瞻《张子房》诗：“四达虽平直，蹇步愧无良。”用于动物，“蹇驴”“蹇兔”“蹇马”，指行动困难的驴、兔、马。如《战国策・秦策三》：“以秦卒之勇，车骑之多，以当诸侯，譬若驰韩庐而逐蹇兔也。”“韩庐”又称韩子庐，狡犬。蹇兔当然是驽钝行难之兔，不限于跛兔。完全不必为每一动物立一义。有时单称“蹇”。孟浩然《唐城馆早发寄杨使君》诗：“策蹇赴前程。”泛指策驽马。这是修辞的代称用法。正如“乘坚策肥”，指乘好车驾肥马，“肥”亦代称肥马。

“蹇”的声符又有直义，故引申出平直、坚义。扬雄《太玄经》六：“次五往蹇蹇。”范望注：“蹇蹇，平直也。”《吕氏春秋・别类》：“漆淖、水淖，合两淖则为蹇。”高诱注：“蹇，强也，言水漆相得则强而坚也。”指漆在水上湿处则令凝固而坚硬。

“謇”从言，声符有曲义，故指言之曲，即口吃。《北史・李谐传》："因謇而徐言。"又有直义。屈原《离骚》："余固知謇謇之为患兮，忍而不能舍也。"王逸注："謇謇，忠贞貌也。"《北史·徐纥传》："外似謇正，内实谄谀。""謇"构成的词组、复合词如"謇愕""謇谔"，都是正直义。这些都是取"謇"声符的直义而引申。

由上可见，"蹇、謇"是一根藤上的两个瓜，因而音同义近，故可互相通用。如北周庾信《谢滕王集序启》："言辞蹇吃更甚扬雄。"此"蹇"也可视为通"謇"。它们不是异体字，而是两个词，义各有特点。如此可归结它们的基本义项：

蹇：①行动困难的足病。②困难，不顺当。③平直，坚。

謇：①言语困难的口病，即口吃。②忠贞、正直。

208. 躄・盘散

我们知道毛遂自荐的故事,就一定知道战国有个平原君，他是战国四公子之一；知道平原君，就应该知道躄（bì）者的故事。在《史记・平原君列传》一开头就记载了一笑丧头的故事。事由很简单："民家有躄者，盘散行汲"，平原君的爱妾在楼上俯见而大笑，躄者第二天上门要求"君能贵士而贱妾"，交出美人的头，平原君假允而实不愿杀妾，一年多，宾客门客走掉了大半，平原君很紧张，有人说原因就是不杀那个美人之故。平原君这才斩下那娇美爱妾的头，亲上躄者家道歉。以后门客又渐渐多起来。

美人大笑，客散，斩首，客归……这一切，诱发于"躄者……盘散行汲"。这些词语当然要特别搞清楚。

现在有些词典都以《平原君列传》的"盘散行汲"句作书证，释"躄"为跛、两腿瘸。但其实看来有问题：如跛者提物，并不乏见，美人何至大笑？既是常事，躄者何至要取笑者的头？"躄"果是跛？那么"盘散"是跛状吗？

"躄"或作"躃"，《说文》作"壁"。诸家都释为"足不能行"，即指两足不能行。《吕氏春秋・尽数》："重水所多尰与躄人。""尰"，足肿。高诱注："躄，不能行也。"《礼记・王制》："瘖、聋、跛、躄、断者……各以其器食之。"陆德明释文与孔颖达疏都释"躄"为"两足不能行"。汉枚乘《七发》："虽有淹病滞疾，犹将伸伛、起躄、发瞽、披聋而观望之也。""起、伸"都是使动用法，则知躄者是不能起行者，而不是跛瘸。从人体说，"躄"是一种痿病。《素问・痿论》："五脏因肺热叶焦发为痿躄。"王冰注："痿谓痿弱无力以运动。"即由于足肢麻痹、肌肉萎缩，使足不能自由屈伸。当然，如仅是一足躄（较少），则会成跛状。但《平原君列传》中的躄者必是两足不能行者，因为他作“盘散行汲”。

何为“盘散”？这是个联绵词。“盘”从般声，般声字多有旋曲义。“盘散”又作“媻姗”。司马相如《子虚赋》“媻姗勃窣而上乎金堤”，李善注引《楚辞·沈江》“嫫母勃屑而日侍”，王逸注：“勃屑犹盘姗，膝行貌。”故“盘散”当为伏身膝行貌。这躄者就是因不能行而强行，只能伏身膝行而打水。这与其说“行汲”，不如说是两手当足、两腿旋甩的爬行，沉重的汲水器被一点一点挪动。面对此苦行状，楼上临观的美人如有善心，当下楼助之，今反而大笑，故痛苦不堪的躄者又大受伤害，也引起对平原君的不满，于是向平原君提出了极端、苛刻的要求。

作为对“躄”的解释，应该是：两足不能行的痿病。盘散：两腿旋曲膝行貌。

209. 皇帝的性——“幸”

“通”，直到今天还是指通奸，即男女不正当而又和谐的性活动、性关系。在上古已有其名，而且也可用于君主。《左传·桓公十八年》：“公会齐侯于泺，遂及文姜如齐，齐侯通焉。”《昭公二十年》：“公子朝通于襄夫人宣姜。”《战国策·楚策四》：“齐崔杼之妻美，庄公通之。”

但秦以后，有了封建皇帝，这种不光彩的“通”就不能用于皇帝，皇帝的性——“通”就变称“幸”。皇帝是龙身，他与谁“通”，非但不是“花心”和道德败坏，而且是赐谁以“幸”福，故当称“幸”。迄今，词典中与皇帝有关的“幸”有二义。一是驾临某地。帝驾所至，臣民享其“德泽”得到幸福，故称“幸”。《汉书·武帝纪》：“（元封）二年，冬十二有，行幸雍。”二是宠爱。所“幸”的对象可以是女子，也可以是男性。《史记·项羽本纪》记范增评沛公入关：“财物无所取，妇女无所幸，此其志不在小。”《汉书·佞幸传》：“（淳于长）少以太后姊子为黄门郎，未进幸。”但看来要增加第三种“幸”。请看：

《史记·外戚世家》：“怜薄姬，是日召而幸之。薄姬曰：‘昨暮夜妾梦龙据吾腹。’高帝曰：‘此贵征也，吾为女遂成之。’一幸生男，是为代王。”

薄姬自己也是私生女，是其父“秦时与故魏王宗家女魏媪通，生薄姬”（同上）。原先她与两个女友互约：“先贵无相忘。”后来两个女友“先幸汉王”，一次在高祖身边，她们取笑薄姬。当高祖了解原委后，起恻隐之心，于是发生了上记的“幸”事。“通”出来的薄姬又被汉高祖“幸”出了后来的汉文帝，自己当了太后，算是“幸”到极致了。

“一夜幸”而有结“果”，是不多见的，故常需再“幸”、多“幸”。卫子夫也是偶然在武帝一次“更衣”时，正好侍奉在尚衣轩，就与武帝一“幸”，但以后入宫一直没有再“幸”，她就抓住一次机会诉苦，“上怜之，复幸，遂有身”（同上），终于美梦成真。

以上的“幸”，不是一般的宠爱而已。因此，“幸”当增加一义：皇帝与正妃外的女子私通的婉曲语。

210. 野合

现代俗语中，带“野”的词往往与非法性活动、性关系有关。如“野鸡”，喻指娼妓；“野种”，贬称私生子；“野狗”，江南一带指称妇人的姘夫……

古代也有“野合”一词。《史记·孔子世家》：“纥（叔梁纥）与颜氏女野合而生孔子。”

“野合而生”，还不是私生子吗？在“史无前例”的批林批孔中，这也是一发难得的批孔炮弹：老子“野合”，其子就是“野种”，一大污点！真是欲加之罪，何患无辞？

“合”的本义是闭拢，引申为聚合，再引申为男女之“合”。这是个褒义词。古代的“结婚”，不用于青年男女，而是称男女双方父母。《汉书·霍光传》说：“光与左将军桀结婚相亲。”即指霍光与上官桀结为婚姻亲家。与今天“结婚”一词相当的古代称“合”。《荀子·富国》：“男女之合。”杨倞注：“合，配也……失合，谓丧其配偶也。”《诗经·小雅·常棣》：“妻子好合，如鼓瑟琴。”今贺人结婚，在礼物上往往书“心心相印，百年好合”的贺语。由此可见，“合”本就指男女正常的婚配，与私通正好相反，即是按一定礼仪结合成配偶。“野合”的“合”就是婚配义。

“野”，上古、秦汉尚无非法之义。《论语》中的“野”是不合礼仪之义。如“野哉由也”（《论语·子路》）之“野”，即作此义。上引《史记》的“野合”，也用此义。该句的唐代司马贞索隐早说过：“盖谓梁纥老而征在少，非当壮室初笄之礼，故云野合，谓不合礼仪。”说得很对。按常例，男二十及冠行冠礼，女十五及笄行笄礼，男三十而娶，女二十而嫁，可行婚礼。而孔子父亲叔梁纥，生过九女而无子，妻亡后，于是向颜氏求女续弦，颜氏女最小的叫征在，承父命许配叔梁纥。由于年龄相差悬殊，无法行男女婚配的常礼，故称“野合”。虽失常礼，但也是合法的男女两性结合，正常的两性关系，不是非法同居，更不是私通行为。诚然，查究起来，指男女私通的“野合”古代也有。《新五代史·朱友文传》：“庶人友珪者，太祖初镇宣武，略地宋亳间，与逆旅妇人野合而生也。”这是真的野合。但这个词义在唐代以后才出现，这样看来，古代先后有两种“野合”，孔子和司马迁时代的早期“野合”只指不合礼仪的婚配而已。

211. 志·方志

方志,即地方志。改革开放以来，全国各地逐渐形成了编修地方志的热潮。人们都会有个共同的问题：我国的方志是何时开始的？

这是至今纷争不已的公案。有说起于周代；有说方志是史，起于古代的国别史，如晋之《乘》，楚之《梼杌》，鲁之《春秋》；有说方志是地志，起于地文地理的《山海经》，人文地理的《尚书·禹贡》；还有的说西汉以来的“地记”特别是《汉书·地理志》，是方志的先声；更有的说东汉袁康《越绝书》是方志的滥觞，等等。

先从“志”字说起。

“誌”的本义是记录、记载。也作“志”，显然是“誌”的初文。《周礼·地官·诵训》：“掌道方志，以诏观事。”孙诒让正义：“方志，即外史四方之志，所以识记久远。”外史也是《周礼》一官。此说诵训一官专为王汇报方志所记述的四方之事。《周礼·地官·小史》：“掌邦国之志。”郑司农注：“志谓记也。”《列子·杨朱》：“太古之事灭矣，孰志之哉？”柳宗元《永州韦使君新堂记》：“宗元请志诸石，措诸壁。”苏轼《喜雨亭记》：“亭以雨名，志喜也。”

显然，“方志”之“志”即“誌”，记录、记载之意。其名《周礼》已见。《周礼》还有职方、土训之官，职掌天下地图、四方职贡，其范围基本包括了后世方志记叙的内容。这么看，似乎可助成起于周代说。

但是，“志（誌）”并不是“记”的等义词。“志”的本义是心志，这是一个人精神思想的集中表现和标志，故志声字都有聚标义。如指射击的目标。《尚书·盘庚上》：“若射之有志。”标志。《南齐书·孝义传·韩系伯》：“邻居种桑树于界上为志。”皮肤的斑疤。

《梁书·沈约传》：“约左目重瞳子，腰有紫志。”后出字作“痣”。作动词记录、记载义，也有集类记事作为标记的特点。墓志，记死者姓字、家世、籍贯、行事等等于石，放置墓中起标志作用。地方志也是如此。无论全国性的总志和地方州郡府县志，“举凡舆图、疆域、山川、名胜、建置、职官、赋税、物产、乡里、风俗、人物、金石、艺文、灾异，无不汇于一编”（张国淦《中国古方志考·叙例》），以标志出一个地方的特点。就是说，方志是兼有史（人物）、地、史书的志三合一综合性的志书。

按照这个标准，那么《周礼》只能是方志的渊薮。此书今一般认为是战国时的作品，载集周代王室和战国时各国典制。不可不信，不可全信。即便有其事，但并没有列出某一种方志的样板，无由看出作为“志”的特点，故不可成为始端。

《山海经》《禹贡》及西汉以来的地记也不是发端。方志是综合型的，并非从地理一系变来。而且这些并不是“志”。《汉书·地理志》用“志”，但这是史书中的一个分支，如果它是头，那么并列的《律历志》《食货志》《沟洫志》等为什么不能是头？每个志的内容在成方志中都有一个位置呢！

《越绝书》也不是头。这是作为吴越诸侯国的国史来写的，记述了自吴太伯至东汉建武二十八年止长达五百六十七年的史事。称“书”，正是史书文体。《三国志》本不称“志”而称“书”，陈寿依据了王沈《魏书》（又有鱼豢《魏略》）、韦昭《吴书》，自补了《蜀书》，都称“书”。《越绝书》又作《越绝纪》，更见出是国史。

不过综合性的方志，倒是从“书”发展来的。《史记》首作十书，分章综述了中国的典制、经济、文化科学的历史，开了史志的先河。到班固《汉书》就正式列“志”，他比司马迁更明确、更科学地把“志”作为社会一个方面中的综聚记载。从此“志”成为历代史书一个重要内容。方志就是一个地方的各种志的汇聚，史（人物）、地都成为“志”的几个方面。这样的方志当首推晋常璩《华阳国志》。这部书分十二志，记述了巴蜀诸地从远古到东晋间的史、地、人物、经济、生活等各个方面，梁启超赞为“有义法，有条贯，卓然著作之林”，是“方志之祖”，实是不刊之论。特别是作者在《序志》中对方志的价值与作用第一次作了精要的阐说：“夫书契有五善：‘达道义，章法戒，通古今，表功勋，而后旌贤能。’”这对后世方志编写有极大影响。

《华阳国志》是第一部以“志”称（方）志的名副其实的方志，是我国方志的不祧之祖。

212. 纪·记

现代的“纪、记”都有常用的记载义，于是常作为中学语文的练习和考试中的一个测试点。但是查词典，《现代汉语词典》说：“纪，①义同‘记’，主要用于‘纪念、纪年、纪元、纪传’等，别的地方多用‘记’。”这个答案恐怕学生和老师都不会满意。一、为何这几个例词要用“纪”？二、那些也属常用的“纪要”“纪录”等又如何？它们只能用“纪”还是也可并用“记”？总之，不明“为什么”，靠强制规定是很难使国人“规范”的。而这个“为什么”，常常不是靠令人眼花缭乱的电脑现代词频统计数字来找到答案的。

今离不开古。当明白了古代的“纪、记”之别，则现代的“纪、记”用法也就迎刃而解了。

古代的记载、记录义主要有四个词：记、纪、载、志（誌）。每个词在记载、记录义上各有特点，结成一个同义家园。“记”的本义就是记录、记载义，故“记”的特点是作此义的总称，适用范围广，《词典》说“别的地方多用‘记’”，道理就在此。“纪”也有自己的特点，因此有一些场合必须用“纪”或由“纪”构成的复合词，而不能用“记”。

“纪”的此义特点是什么呢？这得从本义查起。“纪”的初文是“己”，后来为“天干借义所专，因又制此加糸傍也”（朱骏声《说文通训定声·颐部》）。“己”是什么？有一些古文字学者以为“己”本是结绳记事的绳索，名词，加“糸”无非重其义，故“纪”的本义即同“己”。《礼记·礼器》：“纪散而众乱。”郑玄注：“丝缕之数有纪。”此已变成丝缕之线。作动词，即有记录、记载义。结绳记事之绳是一根纵线，所记事物有先有后；其记事是平日散记、届时综计。因此，其记载义，就有纵记或综理的特点。凡是需要突出其中一个特点就用“纪”，此外则还是用“记”等。请看：

纵线例。《五帝本纪》等。将帝王作历史的主宰，历史以帝王为纲，故记载帝王的事迹称“纪”。《五帝本纪》张守节正义：“纪者，理也，统理众事，系之年月，名之曰纪。”这里对纵线特点说得甚明。“纪传”同理。一世为一纪，一千五百年为一纪，都是纵序年数。“纪事本末”是史书的文体名，以一事件为纲，自本而末纵线记载，故用“纪”。《汉书》后有《汉纪》，它被列入《左传》的编年体，是以汉代帝王的纪年为纲的史书，故用“纪”。

综理例。南朝梁萧统《文选序》：“若其纪一事，咏一物。”韩愈《进学解》：“纪事者必提其要。”这些与“记事”不同。所谓“左史记言，右史记事”，是指史官纯客观地记录，未加整理。而“纪一事”是说那种综理一事而叙的事类赋，不是一般的载录某事。故应译为“综叙一事”，这正见出这些纪事小赋的特点。“纪事者”指综理史料成文，故谓“提其要”，应译为“综叙史事的人”。这些“纪”若作“记”，其综理而记的特点消失，便与原意不符了。“记录”与“纪录”也可对比。《颜氏家训·风操》：“汝曹生于戎马之间，视听之所不晓，故聊记录，以传示子孙。”这是搜集第一手资料，客观实录，故用“记”。明沈节甫有《纪录汇编》，此丛书收入明初至嘉靖前君臣杂记、诗评、志怪、时事之作，从文体也可见，虽都是作者原文，但都是经过编选的史料，名“纪录”者，显然是可作为纲纪、史事的材料之意。若作“记录”，只要用一种报道式文体已足。

现代也承古而用，有些词必须用“纪”，并不是不可理喻的“习惯用法”。

纵线例。《现代汉语词典》所举“纪年、纪元、纪传”已见上述。“纪念”，是可纪可念之意。“可纪”指可列入纪年史，大至国史、民族史等，小至家史、个人史；念，怀念。因符合“纪”的纵线记事（包括记忆所存）的特点，故必作“纪”。此外，“打破纪录”“创造新纪录”，也必用“纪”，因都是某事纵线的一个点。以上用“纪”者，若作“记”，当以错别字论。

综理例。某某会议《纪要》，是根据会议的记录、文件综理其事而提其要，当用“纪”。“纪录片”，是对某一事件作集中、完整报道的影片，虽是实录，但经过“剪辑”整理，故当用“纪”。“中央新闻纪录电影制片厂”，“纪”用得很对。可以说，所有的新闻报道，无论用图用文，都是“纪录”，而非“记录”。以上用“纪”者，若作“记”，当以错别字论。

很清楚，有些复合词或文句中，必须用“纪”，都是“纪”的记载义特点使然。“纪”“记”从来都不混用。奇怪的是，有些词典不仅不解“纪”之用，而且往往对有的词还标出“纪”“记”并用。至今我们还没有发现某个复合词“记”“纪”并用而完全同义之一例。

213. 绳·索

绳、索，都是绳子，但为什么“尼龙绳”不说为“尼龙索”，“铁索桥”不说成“铁绳桥”？

这说明现在“绳、索”仍有别。

绳，索，都是编捻物，不管用什么质料，都不能由动植物纤维直接制成，而必须先纺成线，再由两股以上的线捻绞而成。质料的不同决定了是绳还是索。

《说文》解“绳”为从糸、蝇省声。声亦兼义。蝇为小虫，故有小义。绳的小表现为细。故绳是用丝、麻、棉等细线编韧之绳。唯其细，可结渔网。《周易·系辞下》：“古者包牺氏之王天下也……作结绳而为网罟，以佃以渔。”可作木工打样的墨线。《荀子·劝学》：“木直中绳。”柳宗元《梓人传》：“齐其法制而整顿焉，犹梓人之有规矩绳墨以定制也。”“梓人”，木匠。

《说文》释“索”为从宋、系会意，“宋”是草木盛，段玉裁说：“宋系者，谓以草茎叶纠缭如丝也。”即索是用草茎皮、稻草等编的粗绳再编捻成的粗硬之绳。《尚书·五子之歌》：“予临兆民，懔乎若朽索之驭六马。”驭马应以丝缰绳，今用粗索且朽，当然使人心惧。司马迁《报任安书》：“其次关木索，被垂（棰）楚受辱。”“关木索”，上木枷、绑粗绳。作动词，绞紧义。《诗经·豳风·七月》：“昼尔于茅，宵尔索绹。”郑玄笺：“女（汝）当昼日往取茅归，夜作绞索，以待时用。”索用草茎等硬物编织，当须绞拧得紧。迄今我国所见最早的绳子是距今六千多年的浙江河姆渡文化遗址出土的一些植物茎皮捻成的粗线和一段草绳。草绳直径约一厘米，两股合成，单股为S捻向，整体是Z捻向，手工搓合。它应称“索”。

绳、索粗细有别，在对比时尤其明显。《诗经·大雅·绵》：

“其绳则直，缩版以载，作庙翼翼。”郑玄笺：“绳者，营其广轮方制之正也。既正，则以索缩其筑板，上下相乘而起庙，成则严显翼翼然。”量度以细绳，故称“绳”；扎板用粗绳，故称“索”。但有时不需分就同用不分，如杂技走绳索，有时称“绳”。《宋书·乐志一》：“两倡女对舞，行于绳上。相逢切肩而不倾。”有时称“索”，张衡《西京赋》：“走索上而相逢。”薛综注：“索上，长绳，系两头于梁。”“绳”是绳索总名，故薛综用绳释“索”。

现代的用法与古代一样：“绳”是总名，各种“绳子”都可称“绳”。相对有粗细之别：细的必须称“绳”，粗的只宜称“索”。因此“尼龙绳、铁索桥”之名不可改易。他如钢索绳、麻绳、棕绳等，都是细韧者；钢索、绞索、索道等，都是粗硬者。

214. 囊·橐

囊、橐（tuó），古代早有了。《诗经·大雅·公刘》："乃裹糇粮，于橐于囊。"词典都释为"盛物的袋子"。它们当有不同，但古注说法大相径庭：或称"无底曰囊，有底曰橐"，或谓"无底曰橐，有底曰囊"。今词典对此束手无策，只得取引一说为释。其实，古注往往随文释义，并非作物的分辨。我们如果将囊、橐分开，究物为旨，则就真相大白了。

先看囊。"囊"与"瓤"同声源。段玉裁《说文解字注》说："囊者，言实其中如瓜瓤也。"可见是瓤状物。《史记·淮阴侯列传》记韩信战楚将龙且，说"乃夜人为万余囊，盛满沙"，待楚军半渡时，"决壅囊，水大至"。这囊是大的沙包。《晋书·车胤传》记胤"家贫不常得油，夏月用练囊盛数十萤火以照书，以夜继日焉"。成语有"慷慨解囊""锦囊妙计"等。这些囊当是小的盛物袋、衣袋。无论大小不同，都是整体包裹如瓤，一端开口，盛物后扎束。因此应该说，囊，都是有底的，因而"无底曰囊"是不存在的。

橐则不同。段玉裁说："橐者，言虚其中以待如木欂也。"可见其特点是中空鼓凸。这在甲骨文中已出现，作形，中间袋身鼓凸，中一点示所贮之物，两端像用绳约束。实际上，这是一幅布帛或一块皮革，盛物后卷拢，两头一扎，就成了橐。因此，说"无底曰橐"，没错。《史记·田敬仲完世家》："田乞盛阳生橐中，置坐中央。"《资治通鉴·唐昭宣帝天祐三年》："全忠遣客将马嗣勋实甲兵于橐中，选长直兵千人为担夫，帅之入魏，诈云会葬。"要盛活人、各种形制大小长短不一的甲兵，临时用布帛等包卷，两端结束即成，最为灵便。

但是，当还有一种橐。骆驼，古名橐驼，即因其有二峰中凹似橐而名。马、驼等载物需要盛物垂挂两边的袋子，远行者需要肩挂前后的袋子，即出现另一种橐：将两端固定作底，中开口盛物。据我们观察，在唐以前文献中，凡记述某人出门远行，总是带着“橐”，而不是囊。因此，说“有底曰橐”也不错。《左传·宣公二年》记赵宣子田于首山，感于翳桑饿人灵辄极度孝母，重赐食物：“而为之箪食与肉，置诸橐以与之。”此橐就是古代外出者所用便于放肩、中开口的有底橐。《战国策·秦策一》记苏秦四出游说诸侯，是打着裹腿，穿着草鞋，“负书担橐”，这里是互文表达，意：书盛橐中，橐担肩上。试想：当时书是竹木简、绢帛，若用前一种橐，重包袱一样肩扛或背身后，岂可远行？故也必是像给翳桑饿人的那种橐。

这样看来，古代袋子共有三种。一是一端开口而有底，名为“囊”，二是两端无底又无口，三是两端有底中开口。后两种都名为“橐”。

不过，二者的区别主要在南北朝以前。大约南北朝以后，“橐”一般不单用，而常与“囊”连用，实泛称为“囊”。今天又都称为“袋”“袋子”。

215. 赏·赐

在一般词典中，“赏”是“赏赐”，“赐”也是“赏赐”，都是“指地位高的人或长辈把财物送给地位低的人或晚辈”。似乎二者等义无别。其实，它们不仅古代很有不同，即便现在也是承古有别的。

“赏”是从贝尚声，尚即“上”。《尚书序》：“以其上古之书谓之尚书。”故“赏”是指上给下的财物。具体特点有二：一、给有功者。《说文》：“赏，赐有功也。”《韩非子·难一》：“赏不加于无功。”二、给具体之物。财物、土地、官爵等一切实物都可作为赏物。不过，大约自唐代起，“赏”也可用于平辈、庶民，不必是上对下，君对臣，也不必是对有功者，如柳宗元《送薛存义序》：“于其往也，赏以酒肉，而重之以辞。”宋孟元老《东京梦华录·娶妇》：“（新妇）初拜尊长亲戚，各有彩段巧作鞋枕等为献，谓之赏贺。”指新妇送尊长、亲戚之物。但这是古代的口语用法。

“赐”从贝易声，声兼义。“易”通“益”，古音二字都在锡部可以相通。（从杨树达说，见《积微居小学金石论丛》卷一。）《说文·贝部》：“赐，予也。”故“赐”也指上对下给予。但是，一、“赐”的对象不一定有功。《礼记·玉藻》说：“凡赐，君子与小人不同日。”可见恩赐也可及卑小者。《汉书·文帝纪》：“其九十已（以）上，又赐帛人二匹，絮三斤。”这是不论尊卑的敬老之赐。二、“赐”的作用侧重在给某种权力、荣誉，故有礼尊色彩。最典型的是九锡（赐）。这是天子礼尊诸侯、皇帝礼尊大臣而恩授的九种器物，为衣服、朱户、纳陛、车马、乐器、虎贲、鈇钺、弓矢、秬鬯（据《韩诗外传》卷八）。在魏晋南北朝时，大臣要篡权，必先加九锡，以表示名正言顺。其他如授征伐之权的“赐履”（《左传·僖公四年》），给贱者尊誉的“赐姓”，给人爵位的“赐爵”，免除赋役之负的“赐复”等，无一不是显示权力、荣誉的礼制。至于“赐死”“赐剑”，如伍子胥受吴王赐属镂之剑而死，它不同于刑判的诛杀，而显示出作为卿大夫、柱臣的一种对于死的礼制性优惠，也有关荣誉。上所举《汉书·文帝纪》对九十岁的老人赐帛絮，虽也是一种物质享受，但重要的是作为一种礼尊的荣誉。

现在，“赏”“赐”也常单用或作为复合词的词素，仍保留着古代的特点。“赏”，一般也是用于上对下奖励有功绩者，重于实物，如“赏罚”“悬赏”之类。“赐”，进一步虚化，但礼尊色彩不变，只用为敬语，如“赐复（要求回信)”“赐教”“赐正”等。

216．旌表

“旌表”，早已有之。《晋书·荀崧传》：“今承大弊之后，淳风颓散，苟有一介之善，宜在旌表之例。”《北史·隋炀帝纪》：“义夫节妇，旌表门闾。”

要明“旌表”，先明“旌”和“表”。

旌从“㫃”，本是一种旗，《尔雅》说将牦牛尾缚竿头，《周礼》说将五彩羽毛缚竿首。旗是一种标志物。旌旗代表君命，上古用来传宣王命召唤、敦请士大夫；用作令旗，指挥军队；还作为君主出行的一种重要仪仗。因此，它的标志作用最为明显。《国语·周语上》：“故为车服旗章以旌之。”韦昭注：“旌，表也。”《尚书·毕命》：“旌别淑慝。”“淑慝”，善恶。孔传：“言当识别顽民之善恶。”都是动词标志义。标志的目的、效果是使人有效法的目标，故进而引申为表彰义。《左传·僖公二十四年》：“以志吾过，且旌善人。”与“志过”相对，此“旌”就是表彰义了。凡帝王行外，在所居的帷舍前插立旗帜，像门一样，叫“旌门”。《周礼·天官·掌舍》：“为帷宫，设旌门。”而对于义夫、节妇、孝子、顺孙，朝廷赐予匾额，挂在门上，也叫“旌门”，则成了表彰义。这一对比，可说明它从标志义引申的轨迹。《宋史·寇凖传》：“皇祐四年，诏翰林学士孙抃撰神道碑，帝为篆其首，曰：‘旌忠’。”扩大之，不一定来自朝廷，皇帝，但也有相当规格。明张溥《五人墓碑记》：“郡之贤士大夫请于当道，即除逆阉废祠之址以葬之，且立石于其墓之门，以旌其所为。呜呼，盛矣哉！”“当道”，泛指掌权者。由郡里贤大夫请示于上面的当权者，亦可谓是盛举了。由此可见，“旌”的表彰义，一、具有代表皇帝、朝廷官方的旨意的标志形式，如立碑石挂匾额之类。二、旌的对象是按当时社会道德标准认为贤善者，目的是彰扬其德，使人仿效。

“表”的本义与“旌”毫不关涉：指衣上的毛。但它含标志意：皮上之毛，彰扬动物的纹彩。假使去掉了毛，“虎豹之鞟（kuò）犹犬羊之鞟”（《论语·颜渊》），即大家都是一样的皮了。可见皮上的毛有标志作用。引申为测日仪兼测风仪。扩大指直立的标志、标记。《吕氏春秋·察今》：“荆人欲袭宋，使人先表澭水。”由此引申出表彰义，也是立表以彰扬之意。《荀子·大略》：“武王始入殷，表商容之闾，释箕子之囚，封比干之墓。”《尚书·毕命》：“表厥宅里，彰善瘅恶。”孔传：“表异其后里。”《后汉书·淳于恭传》：“刻石表闾，除子孝太子舍人。”这些“表”，与“旌”同义，所不同的是：“旌”的标志物，可以是直立的、横放的，而“表”一定是置放的直立物，如“表闾”，“表商容之闾”，一定是指立木石标志物于里门以彰扬。

这样看来，二者都有表彰义。但“表”比“旌”范围要小，因而作为表彰义，“旌”的使用比“表”更广泛，“表”则常常要与他词特别是“旌”连用以见义。于是，“旌、表”二词在表彰义上经常同义连用而成为一个并列式复合词。其义则与“旌”全同。表彰的方式各代都大同小异，明代以后多了树牌坊。概括起来，可以如此释义：旌表，朝廷用立木石、挂匾额等方式表彰贤善有德的人。

217. 绞·缢·经

“绞”从纟、交，会意兼形声。“交”原象人两腿相交之形，表示相交意，六书属指事；纟指绳带，“绞”字会其意指两股相交拧紧而成的绳带。因此，古代敛尸用的束带、丧制斩衰服所系的带子都称“绞”。用于刑罚，最早也还是作名词，取绳带义。《左传·哀公二年》：“若其有罪，绞缢以戮。”杜预注：“绞，所以缢人物。”“绞缢”，指用绞，即用绳来缢。“缢”也是会意兼形声字，即从纟、益。纟即绳；益即“嗌”，嗌者，咽喉，故缢是用绳索或外力加于人咽喉使窒息致死。“绞”若作为动词，即指用绳带交勒人颈，义同于“缢”了。故《左传·昭公元年》：“公子围至，入问五疾，缢而弑之。”杜预注：“缢，绞也。孙卿曰：以冠缨绞之。”冠缨是系冠的丝带子，它细而短，显然是不能将人悬吊而只可用于缢勒。秦以后，历代封建王朝的刑法都有这种绞刑。由于它可以保全尸体，隋唐后，成了轻于斩刑的一种死刑，如《唐律》就分死刑为绞、斩二等，规定：“七品以上及皇族若妇人，犯非斩者皆绞于隐处。”“若”，及。此所谓“绞”，即上古的“绞缢”，指用绳索勒缢，而不是悬吊。现一些词典和有的论古代法律的专书，将“绞刑”浑说为“勒死、吊死”，不太确切。总之，我国古代的绞刑性质是缢，用绳子勒颈，故不用绞刑架。

绞刑架、十字架，都是西方的极刑工具，在中国则属于近代的“舶来品”。上绞刑架，并不是缢死，而是悬吊。这种死法古代称“经”。“经”也是形声兼会意，从纟、巠。“經”（经）字甲骨文是原始踞织机的象形，上下两横代表两根卷纱棍，中间是多条直的经线与绞纱棒，故《说文》解“经”为“织从（纵）丝也”。引申为直，从巠得声的多有直义，杨树达《积微居小学金石论丛·释经》举十一事证明，诚可信从。“经”亦其一，指直线加于人颈而死。这就是悬吊，“以绳直悬而死”（段玉裁语）。《论语·宪问》：“岂若匹夫匹妇之为谅也，自经于沟渎而莫之知也！”意：难道像一般庸人那样只讲小信，在偏僻山沟里自杀没有人知道他吗？孔子看来，管仲不求“小信”为辅教的公子纠殉节，而去辅佐齐桓公成就霸业，这是值得赞许的。《国语·晋语二》：“申生乃雉经于新成之庙。”“雉经”，用牛鼻绳吊死。《公羊传·昭公十三年》：“灵王经而死。”何休注：“自经。”要之，“经”是悬吊窒息而死，但不是刑名。

218. 茅卜·琼茅·白茅·包茅

茅是土物、贱物，贫穷者与它日夜相伴；但也是贵物、灵物，公侯王公对它奉若神明。

茅有多种。用于占卜的茅是琼茅。它用于占卜称“茅卜”。最早见于《离骚》：“索琼茅以筳篿兮，命灵氛为余占之。”“索”，取。“琼”也作“藑”。琼茅气甚芳香可以缩酒（滤酒），又名香茅，即是零陵郡桂阳县的特产。“筳篿”，是竹片、竹卜之具。句意：取草卜竹卜之具，让灵氛为我占卜吉凶。茅卜法，据宋代周去非《岭外代答》记载，在后世楚地尚有遗俗，大致是：随手摘茅，照占者左手从臂肘量到中指头而掐断，交给占者；占者先祝语一番，然后祷所卜之事，一面祷，一面手掐茅，从当中掐到尾端，再从中掐到头上，各以四数，根据所余的多少而定各种吉凶。

用于封诸侯的是白茅。

《尚书·禹贡》：“厥贡惟土五色。”按天子社坛的五色土：东方青，南方赤，西方白，北方黑，上面覆以中央的黄土。孔传：“王者封五色土为大社。建诸侯则各割其方色土，与之使立社，焘以黄土，苴以白茅，茅取其挈，黄取五者覆四方。”这里说，当分封皇了吋，在五色土构筑的帝王礼祭之坛上，接受封地的方向（五色土配四方、中央），取这一方的色土，用白茅包裹，称为“茅土”，授给受封者到其封国中立社，称为“茅土”“茅社”。于是，茅也成了社稷的象征。周武王推翻殷纣时，王室的微子启就肉袒面缚（缚头），左手牵羊，右手握一把茅，膝行到武王军门投降。牵羊表示俯首臣服，握茅表示交出社稷，甘愿亡国（《史记·宋微子世家》）。《太平御览》卷九九六引《尹子》曰：“阳祷旱，素车、白马、布衣，身婴白茅以身为牲。”“婴”即“缨”，缠绕。“牲”，牺牲。表示作为社稷的牺牲，见出为民祷旱心意之诚。汉武帝封能通天的栾大为天道将军，用白茅包着玉印授给栾大（《汉武故事》）。这也是上古封建的孑遗。

用于祭祀缩酒的是包茅。

包茅或作“苞茅”。《左传·僖公四年》：“尔贡包茅不入。王祭不共（供），无以缩酒。”这是齐桓公南下伐楚时对楚国的责难，以为兴师讨伐的借口。“缩”，滤去酒滓。醴酒有糟，故用茅滤酒去滓。“包茅”，束茅，成捆的茅。这是一种菁茅草。《后汉书·公孙瓒传》载其上疏语：“代荆楚以致菁茅。”或以为就是“香茅”。《吴录·地理志》说：“零陵、泉陵有香茅，古贡之缩酒。”盛弘之《荆州记》：“零陵郡有香茅，桓公所以责楚。”（《太平御览》卷九九六引）

219. 斋戒·斋

“斋戒”，遍见于先秦、秦汉文献。“（齋）斋”也作“齊（齐）”。《墨子·尚同中》：“斋戒沐浴。”《管子·中匡》：“十日斋戒。”《史记·廉颇蔺相如列传》：“于是赵王斋戒五日。”在魏晋以前，中国尚无佛教，所谓斋戒，是指在祭祀或行重大典礼前的净身清心以示虔敬的行为。《孟子·离娄上》：“虽有恶人，斋戒沐浴则可以祀上帝。”《礼记·曲礼》：“斋戒以告神明。”分开来说，斋与戒为二事。“齋（斋）”，示为形旁，指供祀神明的整个过程。据规定，礼天地斋七日，祀宗庙山川斋五日，一般小祀是三日（《后汉书·礼仪志》）。在斋日内，不仅可以食肉，而且还要盛馔。《周礼》上说，君王平时每天杀一次牲，用于朝食，而斋日内要每天“三举”，即三次杀牲。其所以如此，正如朱骏声说：“古人祭祀行礼委曲烦重，非强有力者弗能胜，三日洗杀牲盛馔者所以增益其精神……凡敬其事则盛其礼，故斋之馔必加于常时也。”（《说文通训定声·履部》）但是，仅是盛馔，还不是真正的“斋”，凡斋，必须有戒。这就是要求不与妻妾同房，不饮酒，不食荤，这叫“变食”。《论语·乡党》：“斋必变食。”据说酒会乱性，与女人接触会耗费精神。而所谓荤，指有荤辛气味的蔬菜，像葱、韭、蒜等，这些荤菜会污秽人的气。此外，还要求斋日内耳不听乐，手不苟动，心无邪念，等等。这些戒条连同沐浴、端衣冕裳，构成了古人整个祀斋中一系列的浑身清心的行为。凡斋，必须戒，故“斋戒”常连用并出。可见，从饮食说，斋戒与今天忌食荤肉的吃素完全是两码事。

到后汉明帝时，佛教传入中国，情况有了变化。

“斋”原先既然包括净身清心的行为，故把佛教小乘过午不食也称“斋”，因为食过午之食不利于清净身心。《大乘义章》：“洁清故名为斋。”来自西域的沙门，不蓄资财，每日托钵乞食，赖俗家供食。于是施给道士僧尼的财物饭食也称“斋”。西晋时，寺院渐多，供奉神佛的食品也称“斋”。至于戒，比丘戒律并无不许吃肉的规定，因此当佛徒进了寺院，自办了饮食后，最初是就地取材，自耕自食，并不忌荤肉。但由于我国佛僧多信奉大乘佛教，他们受比丘戒外，并受菩萨戒，故很多佛僧甚至居士都不吃肉。据赵朴初先生说：“汉族佛教吃素的风习，是由梁武帝的提倡而普遍起来的。”（《佛教常识答问》）从此，佛徒们都守五戒：不杀生、不偷盗、不邪淫、不妄语、不饮酒食肉，而“斋食”也就指素食了，唐释道宣《叙任通林辨周武帝除佛法诏》：“头陀蔬食，至好长斋。”《西游记》第十九回：“我们是行脚僧，遇庄化饭，逢处求斋。”“斋”都指素食。这样，“斋戒”就与吃素有了关系。

但是，后世一般都分言，而不是“斋戒”连用。因此，作为“斋戒”这一复合词，一般都指佛教盛行前的净身清心行为，与吃素没有关系。